심리학으로 팔아라

DREW ERIC WHITMAN

심리학으로 팔아라

BrainScripts for Sales Success

드루 에릭 휘트먼 지음 | 문희경 옮김 | 곽준식 감수

갈매나무

《심리학으로 팔아라》에 쏟아진 찬사

"내심 출판되지 않으면 좋겠다는 생각이 드는 희귀한 책이다. 이 책은 실제 경험과 최신 연구 자료를 기반으로 한 새로운 비법을 소개한다. 정말 훌륭하다! 이 보물 같은 책이 세일즈의 새로운 성서가 될 것이다."

_조 비테일 박사 Dr. Joe Vitale, 《꽂히는 글쓰기Hypnotic Writing》와 《고객은 매 순간 태어난다There's a Customer Born Every Minute》의 저자

"드루 에릭 휘트먼이 다시 한 번 해냈다! 이 책에는 소비자가 구매를 하도록 만드는 데 유용한 검증된 심리 기술과 실제 스크립트가 실려 있다. 읽어라. 그리고 더 많이 팔아라. 아주 간단하다."

_로저 도슨 Roger Dawson, 《협상의 비법Secrets of Power Negotiating》의 저자

"드루 에릭 휘트먼의 《심리학으로 팔아라》에는 신념의 심리학과 신념이 우리의 결정 방식에 영향을 미치는 과정이 풍부하게 담겨 있다. 신념이 형성되는 과정, 신념이 행동에 영향을 미치는 방식, 그리고 무엇보다도 사업하는 사람들이 신념을 윤리적으로 활용해서 기업의 성장과 번영을 도모하는 방법을 상세히 소개한다."

_로버트 딜츠 Robert Dilts, NLP 대학교 설립자

"세일즈에서는 누구나 경쟁에서 우위를 점하려 한다. 드루 에릭 휘트먼은 잠재 고객의 마음에 대한 소중한 통찰을 제시한다. 잠재 고객을 그들 자신보다 더 잘 이해하면 세일즈 프레젠테이션이 얼마나 힘을 발휘할지 상상이 가는가?"

__**패트리샤 프립**Patricia Fripp, CSP, CPAE, 세일즈 프레젠테이션 기술 전문가, 미국강연자협회의 前 회장

"이 책은 무작정 이야기로 돌입하는 대신 실제 스크립트를 제시한다. 이로써 잠재 고객의 '무슨 꿍꿍이지?'와 '너무 좋다고 하니까 의심스러워' 같은 의구심을 불러일으키지 않고 설득력 있게 세일즈 메시지를 전달하는 데 도움을 준다."

__**톰 "빅 Al" 슈라이터**Tom "Big Al" Schreiter, 《즉각적인 신뢰, 신념, 영향, 공감대를 끌어내는 방법!How To Get Instant Trust, Belief, Influence, and Rapport!》의 저자

"이 책은 세일즈 전략의 핵심을 담고 있다. 포커를 치면서 상대의 패를 보는 격이다. 당신의 경쟁자가 이 책을 만나지 못하게 해달라고 기도하라."

__**엠제이 드마코**MJ DeMarco, 《부의 추월차선The Millionaire Fastlane》의 저자

"훌륭한 책이다! 이 책은 잠재 고객의 마음을 여는 마법의 열쇠다. 획기적인 아이디어와 통찰이 풍부하다. 세일즈에 몸담지 않은 사람이라도 사람들과의 거래에서 우위를 점하는 데 유용한 정보를 얻을 수 있다. 거의 부당하다 싶을 정도로 큰 혜택을 안겨줄 것이다. 물론 모두 철저히 합법이다!"

__**리처드 바얀**Richard Bayan, 《팔리는 말Words That Sell》의 저자

추천의 글

물건을 팔 것인가? 마음을 얻을 것인가?

많은 사람들이 영업을 비즈니스의 꽃이라고 한다. 그러나 아직까지도 영업을 단순히 물건을 만들어 파는 'Make & Sell'의 개념으로 이해하는 경우가 많다. 그러나 진정한 영업은 고객의 심리를 파악한 후 고객이 원하는 것을 제공해줌으로써 고객의 마음을 얻는 'Sense & Response'라 할 수 있다.

그렇다면 고객의 마음을 얻기 위한 비법이 있을까? 그것은 바로 인간이 가진 여덟 가지 생물학적 욕구 생존과 삶의 즐거움, 먹고 마시는 즐거움, 공포와 고통이나 위험으로부터의 자유, 성을 나누는 동반자, 안락한 주거 환경, 남보다 우월해지고 앞서가고 싶은 마음, 사랑하는 삶들에 대한 관심과 보호, 사회적 인정 욕구 와 아홉 가지 학습된 욕구 정보 욕구, 호기심, 청결, 능률, 편리함, 신뢰성, 아름다움, 경제/수익, 흥정 를 정확히 이해하고 이를 바탕으로 소비자를 설득하는 것이다. 이를 이 책에서는 인간의 마음을 움직이는 21가지 원리, 즉 소비자 마음의 수수께끼를 푸는 열쇠라고 말하고 있다.

좌뇌와 우뇌를 향한 연타공격

소비자 마음의 수수께끼를 푸는 열쇠를 모르는 영업자는 사실, 증거, 사례만을 나열해 고객을 이해시키려 든다. 그러나 이해하는 것만으로 소비자는 선뜻 지갑을 열지 않는다. 이해를 넘어선 그 무언가가 필요하다. 바로 공포, 유머, 죄책감 같은 감정을 자극하는 것이다. 사실 다른 세일즈 심리학 책들도 이 부분에 대해 언급하고 있다. 그렇다면 이 책만의 특징은 무엇일까?

그것은 다양한 심리적 이론들을 폭넓게 정리하면서도 실제 생활에서 직접 사용할 수 있는 스크립트를 매우 상세하게 보여준다는 것이다. 나아가 이 책은 스크립트를 통해 구체적으로 어떤 행동을 해야 하는지도 친절하게 설명해주고 있다. 예를 들어 감각 특정적 언어의 심리학에서는 '과즙이 풍부한 커다란 레몬'이라고 말하기보다 '과즙이 풍부한 레몬을 코로 가져가 냄새를 맡는다고 상상해보라. 이제 날카로운 칼을 잡고 레몬을 네 조각으로 나눈 후 시큼한 과즙이 입술에 떨어지고 혀로 흘러 목구멍으로 넘어가는 느낌을 떠올려보라'와 같이 잠재고객의 머릿속에 경험을 심어주기 위한 생생한 표현들을 직접 제시해주고 있다.

제품이 아닌 고객의 생각과 기분을 먼저 이야기하라

지금은 오프라인에서 체험을 하고 온라인에서 가격을 비교한 후 가장 저렴한 곳에서 제품을 구매하는 똑똑한 소비자가 지배하는 시대다. 이렇게 똑똑한 소비자를 상대해야 하는 영업자들은 소비자들이 자신이 원하는 것을 잘 말하지 않는다고 불평하곤 한다. 사실 불평할 필요가 없다. 왜냐하면 인간 의사소통에서 말은 7퍼센트만 차지하고, 38퍼센트가 말투, 그리고 55퍼센트가 자세라는 연구 결과가 있기 때문이다. 즉 사람들은 말로 이야기하지 않을 뿐 항상 상대방과 의사소통을 하고 있는 것이다.

영업자는 소비자의 말투와 자세에서 소비자의 심리를 파악한 후, 제품 그 자체가 아니라 소비자의 문제를 해결해줄 수 있는 혜택에 집중해 고객을 설득시켜 나가야 한다. 이때 21가지 심리학 원리를 알고 있는 노련한 영업자라면 고객의 말투와 자세만 보고도 고객이 원하는 것, 고객이 두려워하는 것, 나아가 고객을 좀 더 행복하게 해주는 방법을 알고 자연스럽게 행동할 수 있게 된다. 예를 들어 고객에게 20퍼센트 할인을 해줄 때 심리학을 모르는 영업사원은 한 번에 20퍼센트 할인이라고 이야기하지만 노련한 영업자는 10퍼센트 할인에 특별히 10퍼센트 고객 할인을 추가로 해준다고 설명함으로써 고객을 더 즐겁게 해줄 수 있을 것이다. 반대로 놀이기구를 탈 때마다 돈을 내야 하는 상황이라면 탈 때마다 돈을 내게 하기보다는 자유이용권과 같이 한 번에 돈을 지불하게 함으로써 고객의 상실감을 줄여줄 수도 있다. 심리학의 묘미는 이처럼 언제든 실생활에서 바로 바로 적용할 수 있다는 점이다. 저자가 제시하는 21가지 심리 스크립트를 따라 하나씩 영업에 적용해보라. 어느새 잠재 고객과 깊은 공감대를 형성하고 있는 자신을 발견하게 될 것이다.

곽준식 동서대학교 경영학부 교수, 《브랜드, 행동경제학을 만나다》 저자

목차

프롤로그

영업의 고수는 어떻게 심리학을 활용하는가

어떤 세일즈맨은 신들린 듯 거래를 성사시키는데 다른 누군가는 매번 문전박대를 당하는 이유가 뭘까?

예를 들어보자. 조는 300만 달러가 넘는 주택을 일상적으로 거래하는 반면에, 빌은 24달러짜리 휴대전화를 팔려고 애쓰지만 허탕만 친다. 린지는 비수기인 여름철 몇 달 동안 롤스로이스 팬텀을 38만 달러어치 팔아서 상까지 받았는데, 버피는 한 달에 79달러짜리 커피 배달 서비스를 이용해달라고 설득하지 못해서 얼마 전에 해고당했다.

사실 네 사람은 모두 성격도 좋고 활짝 웃는 얼굴이고 악수도 힘 있게 잘하고 고객 확보 능력과 사후 관리능력이 뛰어나다. 네 사람 모두 열심히 일하고 부양할 가족도 있다. 그러나 실적의 차이가 어마어마하고 그 차이는 통장에 숫자로 드러난다.

왜 어떤 세일즈맨은 수수료를 두둑이 챙기는 데 반해 다른 누군가는 근근이 살아갈까? 영업 고수들의 비법은 무엇일까? 비법은 바로 '심리학'이다.

사람의 마음을 능수능란하게 다루는 마술사처럼 고수익을 올리는

'세일즈의 귀재들'에게는 저마다 특별한 '요령'이 있다. 세일즈의 귀재들은 소비자 심리학을 활용한다. 사람들이 물건을 사게 만드는 효과적인 원리를 써먹을 줄 아는 것이다. 세일즈의 귀재들에게는 무엇을 파는지가 중요하지 않다. 소비자 심리학의 원리는 모든 사업에 적용되니 말이다. 더욱이 좋은 제품과 서비스를 홍보하는 데 활용하는 것은 전적으로 합법적이고 윤리적이고 효과적이다.

◆ ◆ ◆

이 책은 당신을 잠재 고객prospect의 마음속으로 데리고 들어갈 것이다. 그리고 실제로 써먹을 수 있는 소비자 심리학의 21가지 효과적인 원리를 소개한다. 나아가 실제 스크립트 수십 가지를 제시해서 이 책의 원리를 각자의 세일즈 프레젠테이션에 녹여낼 수 있게 안내한다.

당신이 어디에서 무엇을 팔든 상관없다. 이 책은 실용적인 데다가 술술 읽히며, 소개하는 개념은 모두 검증된 것이다. 당신은 여기서 다음과 같은 내용을 배우게 될 것이다.

- 공포라는 강력한 감정을 이용해서 요지부동인 잠재 고객까지도 설득하는 방법 – 당신이 무엇을 팔든 사람들에게 그것을 사도록 윤리적으로 동기를 부여하는 방법이다.
- 잠재 고객이 당신의 상품과 자신을 동일시하게 만드는 방법 – 잠재 고객에게 돈을 요구하기 전에 그들의 뇌를 X선 촬영하는 것과 같다.

- 다른 사람들의 신뢰성에 기대어 자신의 신뢰성을 끌어올리는 방법 – 사람들이 당신의 말을 믿어줄 때 훨씬 수월하게 세일즈 기록을 세울 수 있다. 난생처음 보는 사람도 당신이 하는 말을 믿게 할 방법이 있다.
- 잠재 고객의 현재 의식 단계에 따라 세일즈 프레젠테이션을 맞추는 방법 – 에릭은 당신의 제품을 좋아하지만 린지는 그 제품에 관해 한 번도 들어본 적이 없다. 두 사람 모두에게 제일 빠르고 쉽게 물건을 파는 방법이 있다. 당신이 생각하는 것보다 더 간단하다.
- 당신의 경쟁자가 무슨 일이 벌어진 건지 미처 깨닫기도 전에 그들을 압도하는 방법 – 이 책에서 소개하는 무섭도록 효과적인 방법이다. 이 방법대로 선수를 치면 경쟁자는 어리둥절해서 머리만 긁적일 것이다.
- 잠재 고객이 당신의 제품에 관해 생각하는 방식을 바꿔주는 방법 – 잠재 고객이 제품에 관해 무엇을 알든 상관없이 머릿속에서 제품의 가치를 산출하는 방식을 당신이 직접 심어줄 수 있다.
- 잠재 고객이 물건을 구매하기 전에 마음속으로 미리 제품을 시연해보게 하는 방법 – 세일즈 성사율이 무려 75퍼센트에 달한다.
- 어떤 제품이나 서비스에 대해서든 욕구를 최대치로 끌어내는 데 효과적인 화술을 활용하는 방법 - 잠재 고객의 구매 욕구를 일깨우는 데 상당히 효과적인 설득법이다. 전에는 전혀 관심을 끌지 못한 상대라고 해도 이제는 상대가 어떻게 반응하는지 가만히 기다리면 된다.

- '매우 특수한' 위력으로 경쟁자를 끌어내리는 방법 – 당신의 경쟁자들 중 누구도 이렇게 효과적인 전략을 세우지 못할 것이다. 그리고 당신이 이런 전략으로 세일즈에 임한다면 아마 싫어할 것이다.반대로 당신은 이 전략이 당신의 통장 잔고에 어떤 영향을 미치는지 알면 좋아할 것이다.
- 어떻게든 피해야 할 흔한 실수 – 이 책에서 소개하는 실수를 저지르면 내일 이불 속에서 아예 나오지 않는 편이 낫다.당신은 지금 이 순간 얼마나 많은 실수를 저지르고 있는가?
- 세일즈 프레젠테이션 중 절대로 하지 말아야 할 일과 반드시 해야 할 일 – 직접 만나든, 전화로 대화하든, 이메일이나 우편으로 소통하든 상관없다. 이 책의 조언을 따르면 몇 년씩 애를 쓰지 않아도 된다.
- 전문가의 지침과 조언, 전략 – 이 책의 모든 내용은 가설이나 추측이나 희망 사항이 아니라 검증된 소비자 심리학을 토대로 얻은 결과이다.
- 그 밖에 많은 내용이 있다.

◆ ◆ ◆

이 책을 날마다 두 쪽씩, 딱 두 쪽씩만 읽어라. 주말과 휴일은 여의치 않으면 건너뛰어도 된다. 그러면 고작 몇 주 만에 고객의 마음을 사로잡는 데 무엇이 필요한지, 나머지 99퍼센트의 세일즈맨들보다 더 많이 알게 될 것이다. 무슨 말을 어떻게 해야 할지 알게 될 것이다. 잠재 고객만이 아니라 당신의 통장 잔고에 막대한 영향을 미치도록 문장을 구성하는 방법을 알게 되는 것이다.

대기업에서 일하는 세일즈맨이든 직접 사업을 경영하는 세일즈맨이든 상관없다. 또 어떤 물건을 팔든, 가령 모루를 팔든 호박빵을 팔든 상관없다. 사람을 상대하는 일이기만 하다면 이 책을 통해 돈을 더 많이 벌어들이는 법을 배우게 될 것이다. 잠재 고객의 뇌가 주제이지, 뇌에서 구입하라고 지시하는 물건 그 자체가 주제는 아니기 때문이다.

준비되었는가? 이제 책장을 넘겨 세일즈맨으로 사는 동안 영원히 보상을 안겨줄 매혹적이고 수익성 높은 여행을 시작하자. 당신의 건승을 기원한다.

드루 에릭 휘트먼
직접반응 전문가TM

1부

심리학을 읽어라,
그리고 더 많이 팔아라

◆

수많은 영업자들과 세일즈 지침서는 말한다. "말하기보다 많이 들어라. 고객의 관심사로 대화를 나눠라. 가벼운 이야기를 먼저 나누고 용건을 말하라. 항상 즐거운 모습으로 다가가라. 성공하는 사람처럼 옷을 입어라." 물론 모두 기본적이고 바람직한 제안이다. 그러나 기본에만 충실한 판매 전략이 좋은 결과로 이어지지는 않는다. 이런 전략만으로는 소비자의 욕구를 자극하지 못하기 때문이다. 하지만 심리학에 기반을 둔 판매 전략은 다르다. 인간의 욕구를 바탕으로 하는 소비자 심리학을 효과적으로 활용하면 어렵지 않게 잠재 고객을 설득해서 지갑을 열게 할 수 있다.

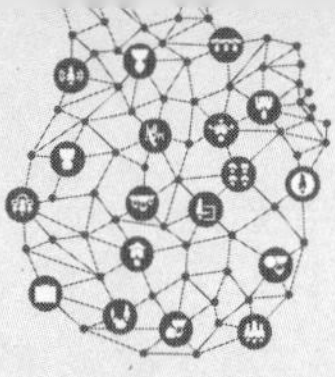

01 | 소비자 심리학

열심히 하는데 결과는 왜 거기서 거기일까?

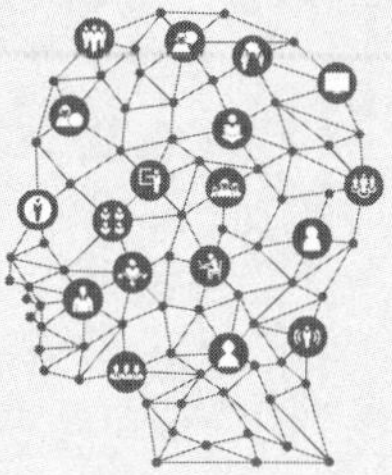

어설프게 굴지 마라. 유능한 세일즈맨은 단지 제품을 알고 그 제품을 파는 사람이 아니다. 세일즈맨은 과학자다.

지난번 차를 샀을 때를 떠올려보라. 세일즈맨과 나눈 훈훈한 대화가 그저 화기애애한 사담이었는가? 자동차의 감각적인 라인과 반짝거리는 진주광택에 동공이 확장되고, 차 안의 고급 가죽 냄새가 콧속으로 스며들고, 한 땀 한 땀 손으로 꿰맨 핸들의 감촉에 뇌가 군침을 흘리는 사이, 유능한 세일즈맨은 당신을 탐독하고 있었다.

그 세일즈맨은 당신을 면밀히 관찰하면서 자기 말이 당신에게 어떤 영향을 미칠지 판단하고 끊임없이 자신의 행동과 대화를 고쳐서 당신의 몸짓 하나하나에 실시간으로 반응했다.

당신은 세일즈 실험실의 쥐였고, 세일즈맨은 원하는 대로 당신의 행동을 유도했다. 그의 궁극적인 목적은 무엇이었을까? 바로 전설적인 마술사 후디니도 빠져나가지 못할, 법적 구속력을 갖춘 세일즈 계약을 체결하는 것이다.

사실 대다수 세일즈맨은 케케묵은 세일즈 서적에 실린 기법 이외에 다른 방법은 시도하지 않는다. "말하기보다 많이 들어라." "잠재 고객의 관심사를 알아내서 그 주제에 관해 대화를 나눠라." "가벼운 한담을 먼저 나눈 다음에 용건을 꺼내라." "항상 즐거운 모습으로 다가가라." "성공하는 사람처럼 옷을 입어라." "꾸준히 자격을 갖추어라." "살 생각이 있는지 항상 물어라."

물론 모두 바람직하고 기본적인 제안이다. 다만 38구경 권총을 들고 전쟁터에 뛰어들려는 순간, 7.62밀리 탄환을 분당 6,000발씩 퍼붓는 기관총이 눈앞에 있다면 어떻게 하겠는가? 당장 작은 권총을 내던지고 기관총을 집어 들지 않겠는가? 그렇게 하지 않는다면 어리석은 사람일 것이다.

기본에 충실한 전략은 놀랍지 않다

기본에만 충실한 이런 판매 전략은 좋은 결과를 안겨주지 못한다. 생각해보라. 세일즈맨들이 판매 전략을 주로 어떻게 배울까? 그냥 제품에 관해 읽고 시장에 대해 조금 공부하거나 혹은 전혀 하지 않은 채 활동하는 선배 세일즈맨을 보고 배운다. 그러고는 현장에 뛰어들어 사람들에게 물건을 사라고 있는 힘껏 설득할 뿐이다. 대부분 '평범한' 방법론으로 접근해서 고만고만한 성과만을 거둔다.

하지만 심리학에 기반을 둔 세일즈 전문가는 다르다. 이들은 소비자 심리학을 효과적으로 활용하여 잠재 고객의 머릿속으로 들어간다. 잠재 고객을 설득해서 계약서에 서명하고 신용카드를 꺼내고 돈을 건네게 만드는 방법을 아는 것이다.

이런 방법은 어느 영리한 작가가 파자마 차림으로 세일즈와 마케팅 잡지에 기고할 이야기를 쓰면서 만들어낸 피상적인 술책이 아니다. 물론 내가 지어내거나 발견한 방법도 아니다. 나는 그저 명료하고 직접적이고 흥미로운 방식으로 유용한 정보를 전달하는 한낱 전달자에 지나지 않는다.

이 책에서 소개하는 21가지 원리는 나보다 훨씬 똑똑한 소비자 심리학과 사회심리학의 저명한 연구자 수십 명이 수십 년에 걸쳐 밝혀낸 연구 결과이다. 실제 현장에서, 상상할 수 있는 모든 종류의 제품과 서비스를 대상으로 검증된 결과이다.

나는 전작《달리하라 튀게하라Cashvertising》에서 소비자 심리학의 기본 원리를 간략히 설명한 다음 광고심리학의 수십 가지 원리와 전술을 소개한 바 있다. 이로써 독자가 광고, 브로슈어, 이메일, 홈페이지, 판촉 우편물, 기타 광고 매체의 판매력을 높이도록 도와주었다.

반면에 이 책에서는 소비자 심리학의 21가지 원리에 초점을 맞추어 각 원리를 심층적으로 알아보고 실제로 적용하는 방법을 소개한다. 이를테면 심리학 원리를 실제로 적용하는 방법, 사람들에게 말하는 방법, 모든 세일즈 프레젠테이션에 설득을 끼워 넣는 방법을 제시하는 스크립트 들이다.《달리하라 튀게하라》가 광고에 중점을 두었다면 이 책은 직접 대면하는 일대일 세일즈에 주목한다.

앞에서 예로 든 자동차 세일즈맨을 생각해보자. 그 세일즈맨은 심리학을 이용해서 당신의 생각에 영향을 미치려 했다고 인정하지 않을 것이다. 비장의 무기인 비법을 함부로 떠벌리려고 하지는 않을 것이기 때문이다. 만약 당신이 어떤 기법으로 효과를 보았다면 비밀을 누설하겠는가?

소비자 마음의 수수께끼를 푸는 방법

심리학자가 아니라도 누구나 이 책에서 소개하는 원리를 활용할 수 있다. 모두 이해하고 적용하기 쉬운 원리다. 언제 그리고 어떻게 적용할지만 알면 된다. 무엇을, 어디서, 어떻게 팔든 상관없이 모두 효과를 볼 수 있다. 뇌가 정상적으로 기능하는 사람을 상대하기만 한다면, 이 책의 원리를 적용해서 배울 마음이 부족한 다른 세일즈맨들보다 크게 앞서 나갈 수 있다.

안타깝지만 이 책의 원리를 적용해서 효과를 볼 수 있다는 사실을 알고도 써먹으려 하지 않는 세일즈맨도 있다. 왜일까? 수입과 직결되는데도 어째서 최고의 실적을 올리기 위해 노력하지 않을까?

레스토랑의 웨이터를 예로 들어보자. 그에게 일자리가 주어지고, 수천 달러가 들어간 지역 광고를 보고 찾아온 손님들이 있다. 게다가 실력이 뛰어난 요리사들이 그를 위대한 사람으로 보이게 만들어준다. 그런데도 그는 형편없는 서비스를 제공하고 메뉴도 숙지하지 않은 채 손님들에게 무례하게 굴고, 매일 화가 난 상태로 하루를 마치면서 도무지 영문을 모르겠다는 듯 "도대체 왜 팁이 더 들어오지 않는 거지?"라고 투덜댄다.

생각해보라! 소득 체계가 모두 그를 위해 설계되어 있고 그의 주머니에서는 한 푼도 나가지 않는다. 그런데도 그는 완벽하게 작동하는 것으로 입증된 원리를 활용하여 최대의 효과를 끌어내지 않는다. 이 책에서 조언하는 원리를 활용하지 않는다면 당신도 이 웨이터처럼 주머니를 뒤집으며 왜 돈이 더 나오지 않는지 의아해할 것이다.

기본 원리 정도는 당신도 이미 습득했을 것이다. 잠재 고객을 아주 반갑게 맞이하고 공통점을 찾아서 공감대를 형성하려 할 것이다. 질문을 던져서 요구를 파악할 것이다. 제품이 잠재 고객의 요구에 얼마나 잘 부합하고 경쟁자의 제품보다 얼마나 더 좋은지 설명할 것이다. 지속적으로 거래를 시도한 끝에 세일즈를 성사시킬 것이다.

그럴듯하게 들리는가? 물론이다. 하지만 실제로는 세계에서 제일 빠른 최신형 1,200마력 부가티 베이론 슈퍼 스포츠를 저가 휘발유로 달리는 격이다. 차가 굴러가고 628마력 ZR1 콜벳처럼 아주 느리게 연기를 내뿜기는 한다. 그러나 막상 운전대를 잡아보면 어딘가 아귀가 맞지 않는 느낌이 들 것이다.

당신이 바로 지금 그런 처지에 놓였을지도 모른다. 자격도 충분하고 경쟁력도 있는 유능한 세일즈맨이면서, 그에 걸맞게 행동하지 않는 것이다. 훨씬 더 강력한 제트연료검증된 소비자 심리학의 원리가 놓여 있고 당장 급유해서 더 빠르게 더 멀리 갈 수 있는데도 저가 휘발유로 달리는 셈이다.

이 책에서 소개하는 원리는 윤리적이다. 물론 당신이 질 좋은 제품과 서비스를 취급한다면 말이다. 아무리 윤리적이고 정직하게 제품을 소개한다고 해도 제품 자체가 허접하다면 구매로 이어지지 않는다. 소비자는 결정하느라 애를 먹는다. 따라서 좋은 제품을 구매하도록 도와주는 일이야말로 진정한 서비스다. 세일즈맨도 덩달아 기분이 좋아질 수 있는 일이다.

지금 그냥 서점에 서서 이 책을 들춰보는 게 아니라면, 당신은 이미 이 책에서 소개하는 원리와 기법을 활용하여 윤리적 경계 안에서 세일즈 실적을 높이기로 마음먹은 셈이다. 그럼 이제 거두절미하고 본론으로 들어가자.

마땅한 발전 없이는 한순간도 흘려보내지 마라.

토마스 아 켐피스 Thomas à Kempis

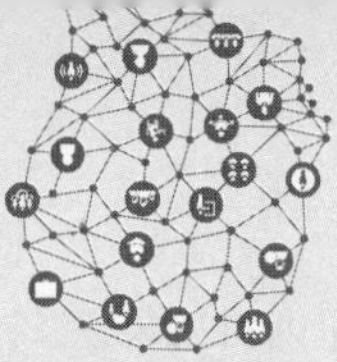

02 | 뇌 X선

:

인간의 뇌에 각인된 여덟 가지 욕구

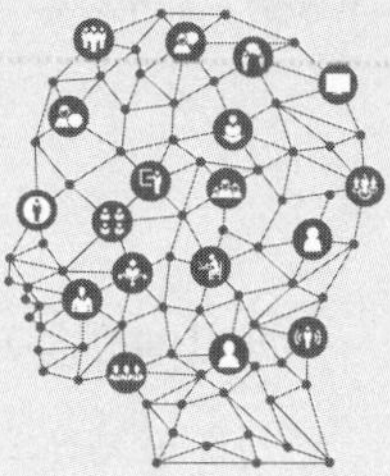

우리는 어머니 뱃속에서 나올 때부터 생물학적으로 여덟 가지 욕구를 타고났다. 뇌에 새겨신 욕구를 충족시키기 위해 끊임없이 노력하면서 살아간다. 누구든, 어디에서 왔든, 어디에 살든, 사회 경제적 배경이 어떻든 마찬가지다. 지금 이 순간 우리 그리고 우리의 잠재 고객과 고객 는 여덟 가지 강렬한 욕구, 곧 여덟 가지 생명력에 의해 통제되고 있다.

우리가 날 때부터 가지고 있는 여덟 가지 기본 욕구는 다음과 같다.

1. 생존과 삶의 즐거움, 삶의 연장
2. 먹고 마시는 즐거움
3. 공포와 고통, 위험으로부터의 자유
4. 성을 나누는 동반자

5. 안락한 주거 환경

6. 남보다 우월해지고, 앞서가고, 뒤처지지 않는 상태

7. 사랑하는 사람들에 대한 관심과 보호

8. 사회적 인정

당신은 어떤가? 전부는 아니라도, 이 여덟 가지 중 일부를 충족시키기 위해 안간힘을 쓰고 있지 않은가? 아니라고 답할 수 있는 사람은 거의 없다. 이 여덟 가지 욕구는 학습된 욕구가 아니기 때문이다. 선택받은 소수의 전유물도 아니고 어린 시절 부모가 머릿속에 심어준 것도 아니다. 주위 친구들을 보고 모방한 것도 아니다. 여덟 가지 욕구는 처음부터 우리의 뇌에 각인된 것이며, 우리 삶에서 거의 모든 선택과 행동을 통제한다. 여덟 가지 욕구는 아침에 알람시계를 꺼버리고 잠에 취한 머리를 다시 베개에 누일 때부터 온종일 우리와 함께 한다. 은밀하고 끈질기게 우리 곁에 머문다. 1년 365일, 하루 24시간 내내 작용한다. 좋든 싫든, 열심히 노력하든 말든, 훗날 이름 모를 의사가 사망진단서에 사망 일시를 기재하는 순간까지, 여덟 가지 욕구는 날카로운 이빨을 드러낸 칠성장어처럼 우리를 물고 놔주지 않을 것이다.

자, 당신도 물건을 팔 때 이런 욕구들 중 한두 가지를 건드리지 않는가? 아마 아닐 것이다. 거의 활용하지 않을 가능성이 크다. 수많은 세일즈맨처럼 플라스틱, 종이, 강철, 시멘트, 고무, 화학물질 따위에 관해 떠드느라 시간을 다 흘려보낼 것이다. 사고 싶은 마음이 들게 하는 욕구가 아니라 물건 자체에만 치중할 것이다. 당신 탓은 아니다. 누구도 당신에게 이런 얘기를 들려주지 않았을 테니까.

만약 당신이 생명력 8 LifeForce 8, 여덟 가지 삶의 욕구 중에서 한 가지 이상을 중심으로 세일즈 프레젠테이션을 구성했다면 대자연의 힘을 잘 활용한 셈이다. 잠재 고객을 움직이는 힘의 본질에 호소하기 때문이다. 기차의 방향잠재 고객의 생각을 바꾸려고 애쓰지 않고 기차에 올라타서 이미 설정된 가속도잠재 고객의 생명력 8를 이용해서 제품을 파는 것이다.

우리 인간은 아무리 발버둥을 쳐도 생명력 8에서 벗어나지 못한다. 당장 내일 아침부터 다음 과제를 시도해보라.

- 먹고 싶은 마음을 버려라. 생명력 8의 2번
- 건강하게 오래 살고 싶은 마음을 버려라. 생명력 8의 1번
- 육체적으로 안락해지고 싶은 마음을 버려라. 생명력 8의 5번
- 길을 건널 때 더 이상 아이의 손을 잡지 마라. 생명력 8의 7번

쉬운가? 그럴 리가. 이렇게 살지는 못한다. 5만 달러를 주고 이 과제를 수행하라고 제안하면 어떨까? 백만 달러쯤 준다고 하면 어떨까? 천만 달러를 준다면 할 수 있을까? 절대 아니다. 마약을 하거나 혼수상태에 빠지거나 뇌엽절리술을 받지 않은 이상 이러한 욕구는 줄어들지 않으며, 욕구를 충족시키려는 갈망도 멈추지 않을 것이다.

인간은 더 많은 것을 원한다

평생 살면서 여덟 가지 욕구만 충족시키고 싶어 한다면 어떨까? 삶이 무료하지 않을까? 인간은 더 많은 것을 원한다. 누구나 육체적으로 매력적이고 싶어 한다. 교육받고 싶어 하고 일을 잘하고 싶어 한다. 이것을 부차적 혹은 학습된 욕구라 하고, 아래와 같이 아홉 가지로 분류한다.

1. 정보를 얻으려는 욕구
2. 호기심
3. 몸과 주변 환경의 청결
4. 능률
5. 편리함
6. 신뢰성/자격
7. 아름다움과 스타일의 표현
8. 경제/수익
9. 홍정

아홉 가지 부차적 욕구는 생각하고 결정하는 과정에서 놀랄 정도로 강력한 통제력을 갖는다. 하지만 여덟 가지 생명력에 비하면 상대적으로 약하다. 이 아홉 가지는 학습된 욕구로 날 때부터 우리 뇌에 각인된 것이 아니다. 세포 차원에 새겨진 것이 아니란 말이다. 여덟 가지 생명력은 우리 존재 자체에 영구히 각인되어 있는 반면에 아홉 가지 학습된 욕구는 노력을 통해 무효화시킬 수 있다.

실제로 부차적인 아홉 가지 욕구를 학습한 적이 없는 사람도 있다. 가령 어떤 사람은 정보를 얻는 데 관심이 적을 수 있다. 이들은 주변 세계에 관해 매우 제한된 정보만 가지고 살아간다. 또 어떤 사람은 아무리 좋게 봐줘도 청결과는 거리가 멀다. 그럼에도 대다수 사람들은 물건이나 서비스를 구입할 때 부차적 욕구의 영향을 받는다. 다만 세일즈맨이 부차적 욕구를 활용할 때는 생물학적으로 반드시 충족시켜야 하는 생명력 8을 활용할 때에 비해 수익을 보장받지 못한다. 욕구는 순수한 생명 활동이다. 그러므로 세일즈 프레젠테이션에서 욕구를 활용하면 대자연을 내 편으로 삼아 거래를 성사시키는 데 도움을 받을 수 있다.

아래의 간단한 문제에 답해보라. 어떤 욕구를 먼저 충족시키고 싶은가?

- 쇼핑몰을 둘러보는 사이 어떤 미치광이가 기관총을 쏘려고 한다면 일단 바닥에 엎드려야 할까, 아니면 지금 입은 셔츠보다 맵시 있는 드레스 셔츠를 사려고 쇼핑을 계속해야 할까?
- 흠잡을 데 없이 작동하고 기꺼이 환불해준다고 보장하는 500달러짜리 새 손목시계를 사겠는가, 아니면 60일 안에 고장이 났다는 불평이 온라인 상품평의 94퍼센트를 차지하는 500달러짜리 근사한 첨단기술 시계를 사겠는가?
- 신발에 녹슨 못이 박혀서 발바닥이 찹스테이크처럼 보인다면 먼저 못을 빼고 싶을까, 아니면 못에 찔린 채로 우편함에 전기 요금 고지

서가 도착했는지 확인하고 싶을까?

- 열차가 달려오는 기찻길에서 아이를 밀쳐내겠는가, 아니면 그냥 신경 끄기로 하고 맛 좋고 신선한 샐러드나 먹겠는가?

터무니없는 질문 아닌가? 위의 네 가지 상황에서 후자를 선택한다면 너무나 어리석은 일이다. 그야말로 타고난 생물학적 본능생명력 8을 거스르는 일이다. 또 허접한 시계를 선택하는 경우에는 신뢰성과 자격과 같은 학습된 욕구마저 거스르는 것이다.

생명력 8은 인간의 뿌리 깊은 본능이므로 이 여덟 가지 욕구를 충족시키는 것 이외의 다른 선택은 그야말로 어불성설이다. 상상도 가지 않는다. 생명력 8이 우리에게 얼마나 강력한 영향을 미치고 우리의 삶을 통제하는지 보여주는 완벽한 사례들이다. 당신은 위의 선택을 단순히 어리석다고만 생각하지 않았을 것이다. 미친 짓이라고 생각했을 것이다! 위와 같은 상황에서 선택을 잘못하면 미친 짓으로 보이기 때문이다.

거의 모든 인간의 마음을 움직이는 21가지 원리

방금 우리는 인간 욕구의 두 가지 범주를 살펴보았다. 생물학적 욕구와 학습된 욕구이다. 그런데 욕구를 촉발시키는 지극히 단순한 기제를 모른 채 사람들이 무엇을 원하는지 아는 것만으로는 부족하다. 자극에서 만족에 이르는 3단계의 경로를 이해한다면 레이저 기기부터 소시지빵까지 뭐든 판매하는 데 적용할 수 있는 공식이 어떻게 만들어지는지도 이해할 수 있다.

한마디로 말해서 여덟 가지 욕구는 긴장이 해소되지 않은 상태이고 나머지 부차적 욕구나 소망은 아직 채워지지 않은 것이다. 배가 고플 때 혈당과 호르몬이 떨어지면 시상하부에서 척수로 메시지를 보낸다. 그러면 위에서 꼬르륵 소리가 나며 공복감이 든다. 누군가 어깨를 툭 치듯이 음식에 대한 욕구생명력 8의 2번가 일어날 것이고, 이 신호를 오랫동안 무시하면 뱃속에서 요란한 망치질이 시작될 것이다.

당신이 만약 세 살짜리 아이를 맡긴 유치원에서 은밀히 체벌이 자행된다는 소문을 들었다고 해보자. 당장 아이를 보호하려는 욕구가 일어나고, 유치원에서 한시라도 빨리 아이를 데려오고 싶은 욕구, 아니면 적어도 소문의 진상을 알아보고 싶은 욕구생명력 8의 7번가 일어날 것이다. 또 매트리스 한가운데 강철 스프링이 튀어나와서 침대에 누울 때마다 허리가 찔린다면 안락해지고 싶은 욕구가 일어나고 새 침대를 사고 싶은 욕구생명력 8의 5번가 생길 것이다.

우리 뇌에서 발생하는 간단한 3단계 욕구 경로와 이 경로가 도달하는 결과를 살펴보자. 정확히 이런 과정으로 작동한다.

① 긴장이 일어나고 ▶ ② 욕구가 쌓이고 ▶ ③ 욕구를 충족시키기 위한 행동을 취한다.

당신이 소비자의 생명력 8을 활용한다면 욕구 충족을 위해 맹렬히 돌진하는 심리학 열차에 올라탄 셈이다. 우선 특정 단어를 공격적으로 사용해서 긴장을 유발할 수 있다.

"초콜릿을 좋아하십니까? 갓 구운 브라우니를 좋아하십니까? 오븐에서 방금 꺼내 아직 김이 모락모락 나는 홈메이드 초콜릿 퍼지 브라우니를 큼직하게 몇 조각 잘라서 속이 깊은 유리그릇에 담아 방금 만든 바닐라 아이스크림을 한 덩어리 얹어서 드셔보신 적 있습니까? 진하고 뜨거운 초콜릿이 얼마든지 있으니 국자로 듬뿍 떠서 얹으세요.

그리고 방금 만든 몽글몽글한 휘핑크림을 그 위에 얹으세요. 자자, 즐기면서 삽시다! 갓 볶은 바삭바삭한 땅콩이나 호두를 뿌리고 달콤한 마라스키노 버찌 두 개를 얹으면 어떨까요? 바로 그겁니다! 이제 숟가락을 차가운 아이스크림과 뜨거운 초콜릿 퍼지와 따뜻한 브라우니 속으로 찔러 넣으세요. 숟가락이 풍성하고 맛있는 층을 서서히 뚫고 들어가는 느낌을 느껴보세요."

당신이 나와 같다면 짧고 건조하게 "아이스크림과 뜨거운 초콜릿과 휘핑크림을 브라우니에 얹으세요"라고 말할 때보다 방금 전 설명에 더 마음이 움직일 것이다.

핵심은 단어 선택만으로 다양한 수준의 욕구를 끌어낼 수 있다는 점이다. 화술의 효과를 최대로 끌어올리는 방법은 두 번째 원리인 '감각 특정적 언어의 심리학'을 논할 때 자세히 소개하겠다.

2부에서는 본격적으로 거의 모든 인간의 마음을 움직일 때 써먹을 수 있는 소비자 심리학의 21가지 원리를 살펴볼 것이다. 무엇보다도 21가지 원리로 사람들을 설득해서 질 좋은 제품과 서비스를 사도록 유도하는 방법을 제안할 것이다. 펜과 종이를 들어라. 메모를 많이 해야 한다. 이 책을 읽으면서 강조 표시를 해두면 더 좋다. 그러면 독자마다 자기 버전을 만들어서 이 책의 내용을 더 가치 있게 활용할 수 있다.

자, 준비됐는가? 그러면 시작해보자.

두려워하거나 욕망하는 것은 누구나 쉽게 믿어버린다.

장 드 라 퐁텐 Jean de La Fontaine

2부

세일즈를 성공으로 이끄는 소비자 심리학의 21가지 원리

어떤 시스템이나 계획, 기법, 세미나, 책을 보아도 모든 세일즈에서 매번 성공하는 비법을 알려주지는 않는다. 불가능하고 비현실적인 얘기이다. 지금부터 본격적으로 이야기할 소비자 심리학의 21가지 원리는 여러분이 세일즈 성공률을 서서히 높이도록 도와주는 데 있다. 한 가지 원리를 실행에 옮길 때 세일즈 성공률이 10퍼센트나 20퍼센트, 혹은 30퍼센트까지 높일 수 있다. 어떤 원리는 성공률을 더 많이 올리고 또 어떤 원리는 덜 올릴 수 있다. 어느 것이 여러분에게 가장 잘 맞을까? 직접 실험해보면서 찾아내야 한다.

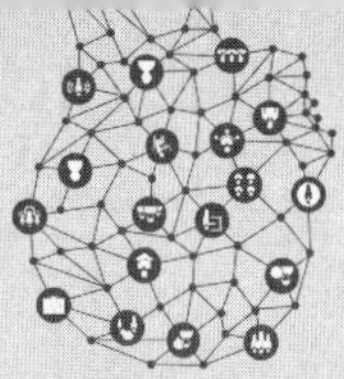

03 | 예방접종의 심리학

:

선제공격이 필요한 순간

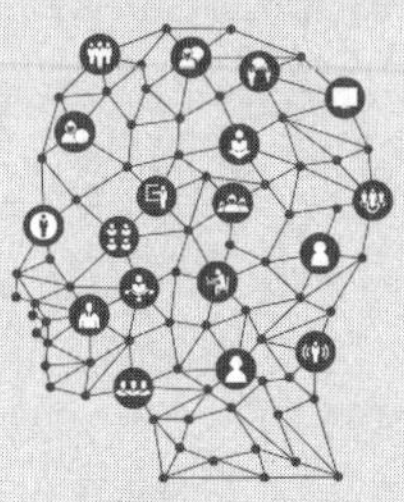

독감 예방접종에 사용되는 백신은 세포를 배양하는 동안 약화시킨 독감 바이러스로 구성된다. 세포 배양 중에 독감 바이러스의 유전자가 변형되어 바이러스의 감염 전략이 교란된다. 그 결과 예방접종을 통해 백신 안에 들어 있는 바이러스가 혈관에 들어가서는 처음처럼 공격적으로 번식하지 못한다. 다행히 우리 몸은 건강한 바이러스의 공격을 받은 것처럼 대응한다. 즉 백혈구가 신속히 바이러스를 공격하고 파괴해서 우리 몸은 해당 바이러스에 대해 영구히 저항력을 갖는 것이다. 경이롭지 않은가?

예방접종 이론을 활용하는 법

사회심리학자이자 예일대 교수인 윌리엄 맥과이어William J. McGuire가 개발한 소비자 심리학의 예방접종 이론도 백신과 비슷하게 작동한다.

예를 들어보자. 당신은 지금 제품이나 서비스에 대한 소비자의 우호적 태도를 강화하고 싶어 한다. 경쟁자가 시장에 끼어들려고 하기 때문이다. 경쟁자는 오만하게도 당신이 재주를 부리다 나가떨어질 때 당신이 어렵게 확보한 고객을 차지하면 된다고 생각한다. 강경하게 맞서기로 한 당신은 우선 심리적 도구함을 꺼내 자물쇠를 따고 뚜껑을 열어 특수한 마음의 백신을 꺼낸다. 당신의 계획은 경쟁자의 설득에 노출되기 전에 고객에게 예방접종을 해주는 것이다. 타이밍이 기가 막히게 맞아떨어진다. 예방접종하는 방법은 다음과 같다.

당신은 우선 자기 제품을 약하게 비난한다. 하지만 사실은 고객이 스스로 내린 구매 결정을 옹호하게 만드는 스크립트를 통해 고객에게 예방접종을 해주는 것이다. 여기서 자아가 어떻게 작용하는지 알겠는가? 자아는 구매 결정을 자신과 연관시키므로, 고객은 이제 마치 생존이 걸려 있는 양 자신의 결정을 옹호하려 한다. 그러는 사이 고객의 태도는 제품을 옹호하는 방향으로 공고해진다. 다음은 고객을 예방접종하는 3단계이다.

1단계: 임박한 공격을 경고하라

고객에게 현재 시장에서 무슨 일이 일어나고 있는지 알린다. 이를테면 다른 경쟁 업체가 고객에게 "우리 회사의 제품보다 품질이 떨어지는 제품을 속아서 사지 말라"고 주장할 것이라고 알린다.

2단계: 당신의 제품을 약하게 공격하라

경쟁자가 뭐라고 주장할지 알리고 고객을 바보 취급하는 그들의 태도가 얼마나 잘못되었는지 일깨워준다. 그러면 고객이 방어적이 되어 당신과 같은 편에 선다. 여기에는 두 가지 이유가 있다. ①고객은 전에도 당신에게서 구매한 적이 있기 때문에 이미 신뢰의 벽을 두텁게 쌓은 상태다. ②당신은 경고하는 주체이므로 고객은 당신 말이 옳다고 믿을 가능성이 크다.

3단계: 강력한 지지를 끌어내라

당신은 몹시 화가 났다. 동종업계에서 가장 잘나가는 그리고 가장 확고히 자리 잡은 경쟁자 이블 어빙이 방금 당신에게 가장 중요한 고객이 당신에게 쓰는 돈을 영구히 자기 계좌로 돌리기 위해 엄청난 변화를 약속한 것이다.

어빙도 당신처럼 방제업에 종사한다. 해충 박멸 사업. 어빙은 기계를 잘 다루는 아들을 둔 덕에 광고, 안내서, 판촉 우편물, 이메일, 소셜미디어 메시지, 잘 꾸민 홈페이지까지 만들었다.

어빙은 물불 가리지 않는 사람이다. 대대적인 신문 광고를 내서 지역 주민들에게 새로운 해충 구제업자들, 그러니까 당신처럼 경험이 적은 사람들에게 일을 맡기는 것은 시간 낭비, 돈 낭비라고 주장한다. 알록달록한 문구와 다소 혐오스러운 해충 사진을 광고에 넣어서 사람들에게 자기 서비스가 얼마나 효과적인지 강조한다. 직접 박멸한 벌레들이 한 무더기 쌓인 사진, 아름다운 에메랄드 빛깔 결정체로 처리해서 해충들과 함께 천국의 문으로 보내버린 쥐의 사체 사진 몇 장까지 싣는다. 그리고 주민들에게서 해충 방제 서비스에 대한 불만을 끌어내려 한다.

어빙은 자기 경험이 당신의 일천한 경험을 훨씬 능가하고, 자신의 지혜는 곧 고객의 마룻바닥을 기어 다니고 한밤중에 베개 밑에서 알을 까는 거미가 줄어든다는 뜻이라고 강조한다. 더욱이 해충 방제 분야의 풍부한 경험에도 불구하고 비용은 경험이 적은 '초짜들'과 같다고 강조한다. 한마디로 어빙은 당신을 무능해 보이게 만들고 현재 당신과 거래하는 고객들이 업체를 바꾸도록 부추기기 위해 사방으로 노력을 기울이고 있다.

불쌍한 어빙에게는 무척 안 된 일이지만 당신은 꽤 똑똑한 세일즈맨이다. 당신은 그의 약점을 발견하고 공격에 대비해 고객들에게 이미 예방접종을 실시했다. 저쪽에서 먼저 공격하지 않았다면 입에 올리지 않았겠지만 지금 상대가 공격을 개시한 마당이다. 각오해라, 어빙. 당신은 이제 송곳니를 드러내고 전투에 뛰어들어 예방접종을 한 고객을 상대로 강력한 지지를 끌어낸다.

알다시피 어빙은 아주 오래전부터 방제업계에서 일해온 사람이라 최신 살충제 스프레이를 구비하지 않았다. 환경문제에는 관심을 가져본 적도 없어서 어린아이와 동물은 물론 성인에게도 위험할 수 있는 화학약품을 함부로 사용한다. 게다가 조심성 없이 작업하는 편이다. 고객의 집에 들어갈 때 덧신을 챙겨 신지도 않는다. 주로 외부에서 먼저 살충제를 뿌리기 때문에 약품이 묻은 신발을 신은 채 무심히 마룻바닥과 카펫에 자국을 남기면서 집 안을 활보한다.

아기들은 마룻바닥과 카펫 위를 기어 다니지 않는가? 또 바닥에 떨어진 물건을 아무거나 주워서 입에 넣고 보지 않는가? 실내에 뿌린 독한 살충제에서 올라오는 증기는 또 어떤가? 고객과 자라나는 아기의 건강한 세포에 영향을 미치지 않을까? 어빙이 쓰는 독성 화학약품이 발암 물질일 수도 있지 않을까? 혹시 주방에서 살충제를 뿌리기 전에 조리 공간을 깨끗한 새 방수포로 덮는가? 불쌍한 어빙. 신경 쓸 게 한두 가지가 아니다.

"제가 살충제를 너무 많이 뿌린다니요? 그게 무슨 소립니까? 아뇨, 절대로 그렇지 않아요. 살충제를 뿌릴 때 각별히 주의합니다. 아니, 지금 벌레를 죽이는 게 중요한 거 아닙니까? 그런데 뭣 때문에 따지는 겁니까? 애들이 살충제를 먹을까 봐 걱정하다니 어리석군요." 어빙은 딱 잘라 말하면서 평생 달고 다니는 가래 끓는 기침을 토해냈다.

한마디로 어빙은 해충에 관해서는 잘 알지 몰라도 고객의 안전에는 눈곱만큼도 관심이 없어 보인다. 그는 값싸긴 하지만 구식이고 생명에 위협을 줄 수 있는 화학약품을 써서 비용을 절감한다. 그러고는 구역질날 만큼 벌레가 들끓는 다음 집으로 이동할 뿐이다.

자, 예방접종의 마지막 단계로서 어빙의 사례에 관해, 일부 해충 구제업자들이 어떻게 그렇게 부주의하게 서비스를 제공하는지에 관해 진지하게 생각해볼 차례다. "이런 관행을 어떻게 생각하십니까? 어린 자녀가 있습니까? 집 안에서 해로운 화학약품을 사용할까 봐 걱정되십니까?" 심리검사에 따르면 사람들은 방어적이 될수록 자신의 입장을 더 공격적으로 고수하려는 경향이 있다. 이 사례에서 당신은 해충 구제업자로서 더 유능하다는 입장을 고수하게 될 것이다.

인간은 자신의 생각과 결정을 공격하여 비판적인 사고를 자극함으로써 오히려 자신의 생각과 결정을 옹호하게 된다. 실제로 자기가 문제를 어떻게 받아들이는지 진지하게 생각해보게 되고, 그러는 사이 자연히 생각과 감정이 공고해지는 것이다. 토론이나 논쟁을 시작하기 전에 미리 연습하는 것과 같다. 이로써 실제로 어빙의 광고와 같은 형태로 공격이 일어날 때 고객들은 사전에 준비된 상태라서 설득당할 가능성이 줄어들 것이다. 당신이 고객들에게 예방접종을 해주고 만반의 준비를 갖추게 해서 임박한 공격을 미리 차단했기 때문이다.

이해가 가는가? 당신이 이런 정보로 무장시킨 덕에 고객들은 집 안의 해충 박멸을 위해 당신과 거래하기로 한 결정을 고수하게 된다. 더욱이 고객들 스스로 당신의 서비스를 옹호하고 어빙의 공격을 막아내도록 대비시킨 것이다.

결과는 어떨까? 어빙이 대규모로 광고를 내고 그의 아들이 소셜미디어에 게시물을 올릴 즈음, 당신의 고객들은 어빙의 무차별 공격에 저항할 면역력을 보유하고 있을 것이다. 당신은 어빙의그리고 수많은 다른 경쟁자의 서비스 관행에서 '더 노련한 사람을 고용하라'는 전략을 무색하게 만드는 결정적인 약점 두어 가지를 통해 예방접종을 해냈다.

원하지 않는다면 어빙이나 다른 경쟁자의 이름을 들먹일 필요는 없다. 개인적으로 나는 상대가 내 이름을 언급했다면 나도 그대로 갚아주는 편이지만, 원하지 않는다면 굳이 경쟁자의 이름을 언급하지 않아도 된다. 고객들에게 다른 구제업자들의 흔한 관행을 뭉뚱그려서 알려주면 고객들은 자연히 그런 관행을 따르지 않는다고 명확히 밝히지 않은 모든 구제업자를 의심할 것이다. 사실 경쟁자들을 에둘러서 죽이는 행위다. 당신이 충분히 목소리를 높이면 고객들은 당신의 경고에 귀를 기울일 것이다. 물론 당신은 언제나 정직하고 싶을 것이다.

고객의 편에 서라는 내 제안은 진심이다. 당신의 밥상에 음식을 차려주는 소중한 고객들에게 업계의 내막, 오직 업계 사람들만 아는 비밀을 밝히는 것은 당신의 의무다. 당신이 매우 가치 있는 서비스를 제공한다면, 그 서비스가 진실로 뛰어난 품질을 지녔다고 가정할 때, 당장 매출이 증가하고 고객들에게 큰 호감을 살 것이다. 고객들은 당신에게 귀중한 존재이므로 그들이 부도덕한 업자들에게 사기를 당하게 내버려둬서는 안 된다.

Note 다만 너무 가혹한 인상을 심어주어서도 안 된다. 그러면 사람들의 마음이 돌아설 수도 있다. 친근하고 편안하게 다가가야 공정하고 타당한 말로 들릴 것이다.

"다른 구제업자들도 다들 좋은 분들일 거예요. 하지만 사실 그분들도 업계의 최신 기술을 습득하셔야 해요. 이쪽 업계에서 오래 일하신 분들이 경험만 있으면 다 된다는 생각에 도취돼서는 안 되죠. 가정에서 화학물질을 다루는 일에서는 그저 '제가 이 바닥에서 오래 일했으니까 절 쓰세요'라고 말해서는 안 됩니다."

고객이 당신의 경쟁자에게서 연락을 받거나, 경쟁자의 세일즈 프레젠테이션에 노출되거나, 당신에게 불리한 쪽으로 설득당할 때까지 기다리지 말라. 먼저 예방접종을 감행해서 고객에게 경쟁자가 무슨 말을 할지 미리 알려주고, 경쟁자의 공격을 막아내고, 공격을 무력화시킬 수 있는 면역력을 길러야 한다.

다시 말하지만 고객의 사고 과정에 발동을 걸고 고객의 자아가 그 과정에서 나온 생각을 자기 것으로 받아들이고 옹호하게 만들려면 당신이 제공한 정보를 잠재 고객이 어떻게 생각하는지 물어봐야 한다. 고객이 자기 입장과 의견을 좀 더 정서적으로 표현하고 옹호할수록 예방접종이 성공한 것이다.

같은 원리는 광고에도 효과적으로 활용할 수 있다. 고객뿐 아니라 일반 대중에게 말하는 데다 앞서 설명한 피드백도 받지 못하지만, 경쟁 업체보다 당신 회사를 선택해서 얻는 장점을 열거하면 큰 효과를 거둘 수 있다.

내 조언은? 그야 물론 경쟁자가 당신에게 이 방법을 써먹기 전에 당신이 먼저 써먹으라는 것이다.

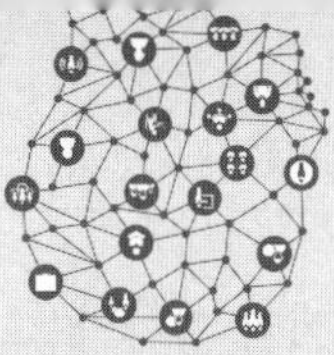

04 | 감각 특정적 언어의 심리학

잠재 고객의 머릿속에 경험을 심어주는 단어

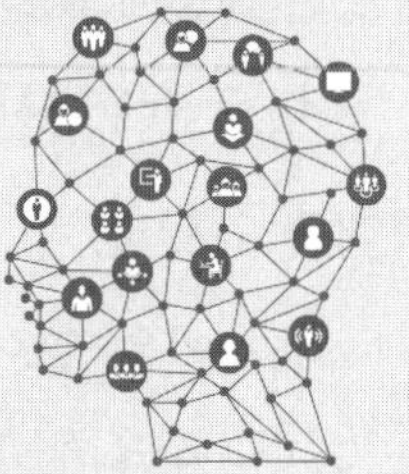

더욱 강력하고 효과적으로 고객을 설득하고 싶은가? 그렇다면 잠재 고객의 머릿속에 그림을 그리듯 이야기를 꺼내야 한다. 대다수 세일즈맨은 문장을 따분하게 구성해서 어둡고 뿌연 스크린 위로 펼쳐지는 영화를 감상하는 느낌이 들게 한다.

스크린 위의 영상이 산뜻하고 선명하고 다채롭지 않고 어둡고 뿌옇고 빛바랜 이미지라면 극장에 얼마나 오래 앉아 있겠는가? 작가와 감독의 작품에 지적으로나 정서적으로 얼마나 감동하겠는가? 스크린을 향해 버터맛 팝콘을 집어던지고 뛰쳐나가 환불을 요구하기까지 얼마나 더 참겠는가?

이런 불쾌한 극장 체험은 대다수 세일즈맨의 스크립트와 유사하다. 지루하고 따분하고 맥 빠지고 설득력이 전혀 없는 스크립트. 이들에게 더 잘할 수 있는 능력이 없어서가 아니다. 단지 이런 스크립트로 상대할 때 인간의 뇌에서 실제로 무슨 일이 벌어지는지 공부하지 않아서이다.

고객이 직접 상상하게 하라!

나는 세미나를 진행할 때 참가자들에게 단어 선택의 위력을 직접 보여준다. 우선 이렇게 말한다.

"제가 여러분에게 말하는 동안 여러분의 뇌에서는 제 말을 듣는 것보다 더 많은 현상이 일어납니다. 여러분의 뇌가 제 말을 더 풍성하게 만들기도 합니다. 여러분이 깨닫지 못하는 사이 여러분은 실재하지 않는 그림과 소리, 느낌과 냄새와 맛을 저절로 머릿속에 그립니다. 저는 할리우드의 영화감독처럼 제가 선택한 단어로 여러분의 머릿속에 이런 것들을 심어줍니다. 재미있는 건, 저는 이런 과정을 온전히 인지하고 있지만 여러분은 모른다는 겁니다. 다시 말해서 저는 여러분이 제 물건을 사기 전에 여러분의 머릿속에 제 제품을 구입해서 사용하는 모습을 미리 그려보게 유도할 수 있습니다!

예를 들어 제가 '자주색 캥거루'라고 말하면 이 동물이 어떤 모습인지 상상할 수 있습니까? '반짝이는 검정색 삼각형 접시 위에 반숙 달걀 프라이 두 개'라고 말하면 머릿속에 그림이 떠오르나요? 제가 그 접시를 머리 위로 들고 있다가 떨어뜨려서 깨트리면 무슨 소리가 날지 상상이 갑니까?

이번에는 과즙이 풍부한 커다란 레몬을 상상해보세요. 머릿속에서 만져보고 코로 가져가 냄새를 맡아보세요. 이제 날카로운 칼을 잡고 레몬을 똑같은 크기로 네 조각 자른 후 두 조각을 집어 입을 벌리고 모조리 짜 넣어서 시큼한 과즙이 입술에 떨어지고 혀로 흘러 목구멍으로 넘어가는 느낌을 상상해보세요. 레몬 맛이 어떤지 상상할 수 있는 분은 몇 분이나 계세요?"

스크립트의 이 지점에 이르면 어김없이 신음과 탄성, 웃음소리가 들린다. 내가 설명하는 것은 강당 어디에도 존재하지 않지만 참가자들은 실제로 체험하기 때문이다. 기괴한 캥거루도, 달걀 프라이도, 검은색 삼각형 접시도, 레몬도 존재하지 않지만 사람들은 완전히 자동으로 보고 듣고 느끼고 맛본다. 여기서 핵심은 사람들이 내 말을 귀담아듣기만 한다면 아무리 원하지 않아도 뇌에서 경험을 전달하는 과정을 막지 못한다는 점이다.

우리가 어떤 힘을 가졌는지 알겠는가? 말로써 영화감독처럼 사람들의 머릿속에서 내적 표상을 지시하고 순서대로 배열하고 통제한다. 설득의 달인은 현실에 존재하지 않는 경험을 심어주는 단어를 만들어낸다.

경험을 구성하는 다섯 가지 요소가 있다. VAKOG라는 약어로 표시하는데 V=시각Visual, A=청각Auditory, K=운동감각Kinesthetic, O=후각Olfactory, G=미각Gustatory이다. 모든 경험은 이 다섯 가지 요소의 조합이다. 우리가 5년이나 10년, 아니 20년 전에 롤러코스터를 탔던 기억을 떠올리면서 그 사건을 다시 체험할 수 있는 이유는, 우리 뇌에서 다섯 가지 요소의 특수하게 부호화된 조합으로 코드를 배열하기 때문이다. 이것을 내적 표상internal representation이라고 하며, 뇌에서 경험을 표상하는 방식이다. VAKOG는 모든 인간 경험의 조리법과 같다. 무엇보다도 프레젠테이션의 효율성은 잠재 고객의 머릿속에 심어주는 내적 표상의 효율성과 직접 연관된다.

말하는 것과 파는 것은 다르다

예를 들어보자. 나는 피자집 주인이다. 당신은 피자를 좋아하는 상사를 위해 사무실에서 점심시간에 깜짝 피자 파티를 열기로 했다. 당신은 우리 가게의 회식용 피자 세트 광고를 기억하고 우리 가게에 전화해서 이것저것 물어본다.

남달리 명민한 피자집 주인인 나는 판매 기회를 황금처럼 여긴다. 내가 당신에게 다른 모든 경쟁 업체 대신 우리 매장의 피자를 선택하도록 설득할 기회는 단 한 번뿐이다. 더구나 회식용이라는 말은 피자를 한 판이 아니라 아주 많이 팔 수 있다는 뜻이다. 당신네 회사를 잡으면 그 회사의 직원 수십 명이 우리 피자를 좋아하게 될 테고 그러면 향후 엄청난 수익을 올릴 수 있다는 뜻이기도 하다. 이런 이유에서 나는 우리 가게의 상호명과 로고를 누구나 알아챌 만큼 선명하게 붉은색으로, 피자 상자를 도배하다시피 찍어놓았다.

내가 "예, 보통 피자는 한 판에 12달러, 두 판에 22달러입니다"라는 식으로 무미건조하고 모호하며 생기 없는 단어로 그림을 그린다면, 전부터 우리 집 피자를 찾던 단골이 아닌 이상 우리 가게에 회식비를 한 푼도 쓰지 않을 것이다. 단골이 아닌 당신은 내가 조금 이상하거나 차갑고 인간미 없고, 다소 건방지다고 생각할 수도 있다.

내가 조금 흥을 돋워서 "좋아요! 치즈 페페로니 피자가 한 판에 12달러, 두 판에 22달러예요. 저희 집 피자가 최고예요"라고 말하면 어떨까? 아까보다 조금 낫긴 해도 크게 달라진 것은 없다. 그나마 곧 자살하고 싶은 사람의 말투가 아닐 뿐이다. 당신은 더 자세히 물어보고 싶어질 수도 있다. 그러나 사실 나는 당신에게 물건을 파는 중이라고 볼 수 없다. 그냥 말만 한 것과 같다. 말하는 것과 파는 것은 엄연히 다르다.방금 이 문장을 다시 읽어보라. 아무리 청산유수로 말한다 해도 여전히 파는 것이라고 할 수 없다. 말하는 행위는 누군가에게 어떤 일을 하도록 유도하지 않는 내용을 그저 읊어대는 것일 뿐이다. 반면에 파는 행위는 사람들에게 행동하고 우리에게 돈을 건네도록 설득하는 행위다. 대다수 세일즈맨 대다수 광고도 마찬가지로 은 그저 말을 할 뿐이고 팔지 않는다.

그러면 피자집 주인인 나는 어떻게 해야 할까? 구체적인 정보를 끌어와야 한다. 다시 말해서 상대가 내 말을 듣고 선명한 그림을 떠올리도록 VAKOG에 기반해 내적 표상을 형성하는 단어를 신중히 골라야 한다. 공격적으로 접근하면서 우리 피자가 우수한 이유를 명확히 설명해서 실제로 매출을 올려야 한다. 예를 들어보자.

"우선 저희 가게에 전화해주셔서 감사합니다. 저희 집 피자에 대해 소개하자면 우리 카운티에서 최고의 피자에 주는 상을 받은 피자입니다. 5년 연속으로 오션카운티 최고의 피자 상을 수상했습니다. '옐프Yelp, 생활정보 검색 사이트'에 올라온 저희 고객들의 평가를 읽어보세요. 반경 60킬로미터 이내의 어느 피자집보다 평균적으로 더 좋은 평가를 받았습니다. 저희는 싸구려 젖소 우유 모차렐라 치즈를 쓰지 않고 버펄로 젖으로 매일 아침 직접 만든 풍미가 아주 좋고 부드러운 모차렐라 치즈를 쓰니까요. 저희 가게 모차렐라는 아주 신선해서 만든 지 몇 시간 내로 꼭 드셔야 합니다. 신선한 홈메이드 버펄로 젖 모차렐라를 드셔보셨나요? 피자집들이 버펄로 모차렐라를 쓰지 않는 이유는 버펄로 젖이 우유보다 세 배나 비싸기 때문입니다. 저희는 그런 건 상관하지 않습니다. 저희는 최고만 고집합니다.

밀가루에 관해서도 한 말씀 드릴까요? 저희는 북부 봄밀만 씁니다. 이걸 쓰면 피자 겉면이 훨씬 더 바삭하고 속은 갓 구운 빵처럼 부드럽습니다. 바삭거리는 소리가 방 안에 퍼져나가지요. 가장자리가 두툼한 피자를 선호하십니까, 얇은 피자를 선호하십니까? 저희 가게에는 두 종류가 다 있거든요. 소스요? 통조림 소스는 절대로 쓰지 않습니다. 절대, 절대, 절대! 그건 피자에 대한 모욕입니다. 대신 이탈리아에서 공수한 최고급 토마토, 그러니까 진짜 산마르자노 토마토를 손으로 직접 으깨서 만듭니다.

올리브유요? 저희는 남부 이탈리아 풀리아 지방의 콜레타 올리비에리 농가에서 생산한 콜레타 올리비에리 엑스트라 버진 올리브유만 씁니다. 이 농가의 올리브 나무는 말 그대로 수백 년 된 나무입니다. 올리브에서 풍부한 과일 향이 나고 바닐라 향도 살짝 나지요. 저희는 반죽을 손으로 늘려서 만들지, 절대 기계로 밀어서 만들지 않습니다. 그리고 이탈리아에서 들여온 석탄 화덕을 800도로 아주 뜨겁게 달궈서 피자를 굽습니다. 이 화덕 덕분에 저희 고객들이 중독성이 강하다고 말씀하시는 훈연 향을 느낄 수 있습니다. 다른 피자집에서 사용하는 가스나 전기 오븐과는 비교가 되지 않아요. 그런 오븐이 더 편리하고 빠르기는 하지만 맛의 차이가 어마어마합니다. 저희 화덕에 구운 피자는 말도 안 되게 바삭합니다.

이제 왜 저희가 5년 연속 오션카운티 최고의 피자 상을 받았고 '옐프' 평가에서 다른 가게들보다 앞서는지 아셨을 겁니다. 회식에서는 몇 분이나 드실 건가요? 45분이요? 좋습니다. 그럼 보통 식사량의 45인분이면 라지 사이즈 12판이면 충분할 겁니다. 저희 집 라지 치즈 피자는 한 판에 12달러밖에 하지 않습니다. 그리고 이달 말까지 특별 행사 중입니다. 두 판에 고작 20달러예요."

나는 우리 제품의 장점을 소개하는 동시에 경쟁자의 단점을 부각시켰다. 물론 스크립트의 길이는 잠재 고객과의 공감대, 그리고 그사이에 잠재 고객에게서 받은 피드백에 따라 달라진다.

이것은 흡사 소비자를 옹호하는 시소게임 같다. 소비자 운동가 행세를 하면서 고객이 옳은 결정을 내리도록 도와주고, 마지막에 결정적 한 방을 날려야 한다.

"다른 사람들이 왜 당신에게 [냉동 반죽을 쓴다/품질이 떨어지는 재생 부품을 쓴다/디저트를 직접 만들지 않는다/동물 실험을 실시한다/'옐프'에서 일하는 친구가 있다/장비를 매일 청소하지 않는다/냉동 가공식품을 전자레인지에 데워서 점심으로 손님에게 내놓는다/우리 가게처럼 손님이 다녀갈 때마다 자외선으로 실내를 살균하지 않는다]고 밝히지 않았는지/않는지 궁금하군요."

경쟁자의 제품이 내 제품에 비해 부족하다고 넌지시 알리는 것이 다소 공정하지 않다고 느낄 수 있지만 요점을 함축적으로 전달하는 데 매우 효과적인 방법이다.

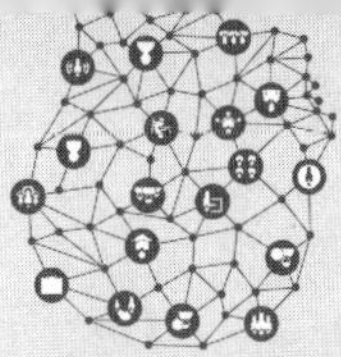

05 | 신뢰성 전이의 심리학

:

모든 잠재 고객의 마음속에는 반박 장치가 있다

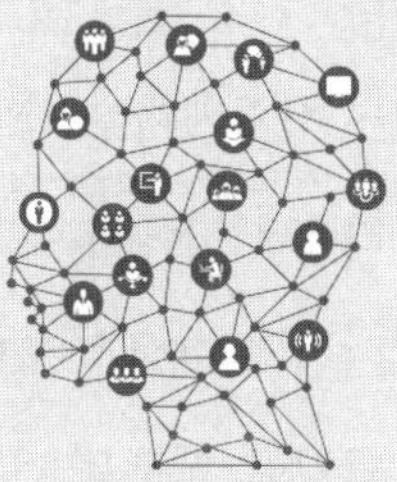

당신 회사 제품이 세계 최고라는, 아니면 적어도 훌륭한 선택이라는 말을 당신에게 직접 듣는 것과 다른 사람에게 듣는 것은 차원이 다르다. 잠재 고객은 '지금 나랑 대화하는 저 세일즈맨은 내가 물건을 사면 돈을 벌 당사자'라고 생각하기 때문에 당신은 잠재 고객이 방어적으로 행동하는 것을 막을 방법이 없다. 당신이 '이 거래를 성사시키면 내 주머니에 돈이 들어온다'고 생각하는 것 역시 마찬가지다.

물론 당신은 자신이 파는 제품을 전적으로 신뢰할 수 있다. 게다가 누구보다 인도주의적으로, 테레사 수녀처럼 동료를 배려할 수도 있다. 남을 돕는 일을 평생의 업으로 삼을 수도 있다. 하지만 똑바로 직시하자. 당신은 세일즈맨이고 당신이 일하는 가장 큰 목적은 돈을 많이 벌어서 가족과 함께 더 편안하게 사는 것이다. 여기까지는 문제될 것이 없지 않은가?

그런데 결과적으로 잠재 고객의 방어가 강화될 것이다. 이것은 인간의 자연스런 반응이다. 생존 본능이다. 내가 이런 처지라면 무의식중에 자문할 것이다. "나를 보호하려면 어떻게 해야 하지? 어떻게 해야 화상을 입거나 잡혀가거나 속아 넘어가지 않을 수 있을까?"

이런 반응은 배고픈 호랑이가 우글거리는 밀림 속을 걸을 때와 같다. 우리 뇌는 밀림에서 도망치거나 싸우도록 기운을 북돋워준다. 세일즈 상황에서도 잠재 고객의 뇌는 '지배당하지 말아야 해, 속으면 안 돼'라는 생각에서 에너지를 얻는다.

잠재 고객은 도망치거나 싸우는 대신, 마음속으로 당신이 하는 말에 일일이 질문을 던진다. 당신이 하는 말을 거의 믿지 않고 180도 뒤집어본다. 품질이 좋은 제품이라고 말하면 잠재 고객은 속으로 '틀림없이 그렇게 좋지는 않겠지'라고 생각한다. "정말 빠릅니다"라고 말하면 '아마 더 빠른 다른 제품이 있겠지'라고 생각한다. "20년은 끄떡없어요"라고 말하면 '흠, 5년 뒤에 고장 나면 당신은 진작에 이 바닥을 뜨고 없겠지'라고 생각한다.

세일즈맨만 이득을 볼까 봐 두려워하는 심리

모든 잠재 고객의 마음속에는 반박 장치가 있다. 이 장치는 정교하게 조율되고 기름칠이 잘되어 있으며, 당신이 하는 말을 튕겨내고 보고 듣는 정보의 일부만 믿도록 설계되어 있다. 잠재 고객의 입장에서 보면 당신은 좋은 물건을 팔아서 고객을 기쁘게 해주기보다는 자기 주머니를 채우기에 급급한 사람일 뿐이다.

이렇게 견고한 벽에 부딪혔을 때는 벽을 한 번에 허물 수 있는 조치를 취해야 한다. 바로 잠재 고객이 당신보다 더 존중하는 믿을 만한 새 정보원을 끌어들이는 것이다. 그것은 '굿 하우스키핑 Good Housekeeping', '미국보험협회시험소 Underwriters Laboratories', 〈소비자 보고서 Consumer Reports〉처럼 철저히 검증되고 인정받은 기업이나 기관일 수도 있고, 관련 주제의 전문성 덕분에 의견을 인정받는 개인일 수도 있다.

말하자면 당신이 잠재 고객에게 전혀 낯선 사람이라면 신뢰를 쌓는 데는 한계가 있다. 거래를 더 쉽게 더 많이 성사시키려면 잠재 고객이 당신에게서 발견하지 못하는 신뢰성을 다른 데서라도 빌려 와야 한다. 일방적으로 세일즈맨만 이득을 볼까 봐 두려워하는 심리를 해소해줄 두 번째 혹은 세 번째나 네 번째 목소리를 끌어들여야 하는 것이다.

예를 들어보자. 내가 당신 집 문을 두드리고 악수를 청한다. 그리고 내가 얼마나 유능한 정원사인지 알면 당신은 현재 일하고 있는 정원사를 해고하게 될 거라고 말한다. 이어서 나의 풍부한 경험과 좋은 장비를 소개한다. 현재 그 동네에서 내가 정원을 손질해주는 집이 얼마나 되는지 알려준다. 내가 얼마나 믿음직하고 얼마나 깔끔하게 일하는지 알려주고 지금의 정원사보다 비용을 얼마나 절약하게 해줄 수 있는지도 서면으로 제시한다.

나는 당신이 듣고 싶어 하는 말을 다 해주고 내 서비스의 특징과 장점을 상세히 소개하고, 당신이 얼마나 많은 비용을 절약할 수 있는지 알려줘서 당신을 흥분하게 만들 수 있다. 참, 실제로 내가 작업한 이웃집 정원 사진을 보여줄 수도 있다.

"이 사진 좀 보세요! 저의 '예술적인' 작업을 찍은 거랍니다. 얼마나 줄을 딱딱 맞춰서 잔디를 깎았는지 보세요. 인도와 진입로가 얼마나 깔끔하고 깨끗한지도 보시고요. 나뭇가지 하나, 돌멩이 하나, 유리 조각 하나 보이지 않습니다. 다빈치처럼 다듬은 저 관목도 보세요. 각도기로 잰 것 같지 않습니까? 참, 저 꽃밭도 보세요! 잡초 한 포기 보이지 않잖아요! 어때요? 제가 일을 좀 하지 않습니까?"

이 정도면 '내 자랑'을 꽤 잘 늘어놓지 않았는가? 물론이다. 그러나 잠재 고객은 내 설득에 넘어오지 않는다. 그 이유는 바로 마지막 문장에 있다. 나는 '내 자랑'을 잘했다고 말했다.

내가 품질 좋은 서비스를 제공하겠다고 주장할 때 이 말에 영향을 미칠 가능성이 가장 큰 사람은 누구일까? 그야 물론 나다. 문제는 여기에 도사리고 있다. 잠재 고객은 내가 사실을 보기 좋게 왜곡할 것이라고 예상하는 것이 당연하기 때문이다.

잠재 고객은 원반던지기 선수처럼 당신의 주장을 받아들고 "괜찮게 들리기는 하지만 사실입니까?"라고 적힌 지적인 구역을 향해 던진다. 그 사실을 이해하지 못한다면, 항상 왜 더 많은 사람이 당신에게서 물건을 사지 않는지 알아챌 수 없을 것이다.

전이 전략을 어떻게 활용할까?

전이transfer라는 소비자 심리학 전략이 있다. 권위 있거나 존경받는 개인 혹은 기관을 연상시키는 이미지나 개념, 상징을 제시해서 제품이나 서비스가 이런 개인이나 단체로부터 승인이나 보증, 허가를 받았다는 점을 넌지시 알리는 것이다.

미국 선전분석연구소Institute for Propaganda Analysis, IPA가 1937년부터 1942년까지 진행한 연구에 따르면, 하얀색 실험복 차림을 한 사람을 일반 대중은 의사로 인식한다. 이런 인식은 소비자 행동에 영향을 미치고 제품에 호감이나 반감을 느끼게 만든다. 실제로 수많은 건강 제품 광고에는 흰색 실험복을 입고 권위자처럼 보이는 인물이 등장한다. 이런 이미지는 곧 신뢰감을 준다. 광고업자들은 의사에 대한 감정이 제품으로 전이된다는 사실을 잘 안다. 이것은 아주 기본적인 원리이며, 거의 예외 없이 적용된다.

흥미롭게도 IPA에서는 전이를 '일곱 가지 일반적인 선전 기법' 중 하나로 꼽는다. 이 외에도 매도모욕적 언어, 카드 속임수한쪽 측면만 강조하기: 미디어 편향, 미사여구아무런 의심 없이 받아들이는 정서적 문구, 보통 사람스스로를 평범한 사람으로 소개해서 대중에게 더 가까이 다가가는 기법, 편승 효과, 증언이 있다마지막 두 가지 기법은 이 책에서 다루겠다.

전이 기법은 주변 경로 처리 개념에 포함된다. 이 개념은 이 장에서 나중에 정교화 가능성 모형[1]을 논의할 때 자세히 다루려 한다. 우선 여기서는 사실이나 수치와 달리 이미지나 상징 같은 미묘한 단서가 대다수 소비자에게, 특히 중저가 가격대의 제품과 서비스를 구입하는 소비자들에게 더 쉽게 다가가고 영향을 미친다는 점을 이해해야 한다.

그러면 전이 기법이 실제로 어떻게 작용하는지 살펴보자. 당신은 지금 캘리포니아에 본사를 둔 아동용품점 해피버디스HappyBirdies의 신규

---

1 elaboration likelihood model : 소비자가 설득적 메시지에 노출될 때 메시지 정보에 주의를 기울이며 자신의 욕구와 관련지어 정보를 처리하는 방식.

오픈 매장에 들어간다. 그리고 예쁜 펌프 용기에 든 1킬로그램짜리 버블베이비를 공급하려 한다. 버블베이비는 신생아와 유아를 위한 목욕 비누로, 100퍼센트 순수 유기농 제품이라 안전하다.

2년 전 어느 날 당신은 무심코 아이의 유아용 목욕 비누로 머리를 감다가 틈새시장을 발견했다. '아기에게 순하다'는 성분이 눈에 조금 들어가자 "아아! 오오! 아악!" 하는 비명이 절로 나왔다. 눈에서 불이 난 것처럼 따갑고 아프고 얼얼했다. 안구 고문이 끝없이 이어지는 동안 문득 유니버셜 스튜디오가 1943년에 선보인 영화에서 오페라의 유령이 견뎌낸 고통, 얼굴에 산이 뿌려진 고통이 차라리 낫겠지 싶었다. 간신히 안구의 고통이 가라앉고 시뻘건 핏발이 수그러드는 순간, 당신은 어린 안구를 그런 고통에서 지켜줄 제품을 구상했다.

시중의 많은 제품이 안전한 천연 제품이라고 주장하지만 사실은 안전하지도 않고 100퍼센트 천연 제품도 아니며 라이터 기름만큼 눈에 순하지 않다. 아니면 암을 유발하는 것으로 알려진 위험한 화학물질이 들어 있다. 게다가 진정한 경쟁 제품, 그러니까 품질 면에서 당신의 제품과 유사한 일부 제품은 가격이 터무니없이 비싸다. 가뜩이나 아이들의 목욕 제품과 기저귀, 물티슈와 장난감, 옷 같은 것을 구입하느라 버거워하는 부모들로서는 감당하기 어렵다.

당신은 해피버디스 매장 주인인 버디 부인과 악수하고 버블베이비에 관해 잠깐 소개한 다음, 버블베이비가 현재 매장에 진열된 다른 제품들보다 나은 이유를 자세히 설명한다. 버디 부인은 매장을 운영하느라 바쁘고 말 그대로 수천 종의 제품을 진열대에 쌓아놓느라 당신의 잠재 고객과 상당히 유사할 것이다 유아 목욕 제품에 관해서는 잘 몰랐다. 아는 거라고는 그저 아기들을 가끔 씻겨줘야 한다는 정도였다. 그나마도 오래전에 아이들을 씻겨주던 기억이 어렴풋이 남아 있어서 아는 것이다.

그러면 전이를 이용하여 버디 부인에게 현재 매장에서 판매 중인 유아 목욕 제품이 위험할 수 있다는 믿음을 심어주려면 어떤 전략을 쓸 수 있을까? 그냥 "버디 부인, 지금 여기서 파는 제품은 위험합니다. 발암물질이 들어 있어요. 저희 버블베이비는 100퍼센트 천연 성분으로 만들어서 특히 아이들의 눈을 자극하지 않아요. 게다가 현재 취급하시는 제품보다 판매 수익률이 평균 15퍼센트 높아서 더 많은 이익을 볼 수 있고, 다른 매장에서도 저희 제품이 불티나게 팔리고 있어요. 일단 12개짜리 한 상자만 놔두세요. 일주일 뒤에 다시 오겠습니다. 팔리지 않으면 기꺼이 제품을 수거해 가겠습니다"하고 말할 수 있다.

이렇게 길 가던 행인이 무심코 한마디 거드는 것 같은 기법으로 접근할 수도 있다. 버디 부인이 마침 제품 용기의 상표와 진열대에 놓인 제품과 추가 수익률에 매력을 느낀다면 그 틈을 파고 들 수도 있다. 또 당신이 일단 위탁판매로 몇 병만 놓고 가겠다고 제안하고, 부인이 당신을 마음에 들어 하며, 기분이 좋은 상태이고, 부인이 당신을 옷 잘 입고 꽤 성공했으며 진실한 사람이라고 생각하고, 당신의 향수가 부인에게 거슬리지 않는다면 아마도 제품 몇 통을 카운터에 놔두라고 말할지도 모른다. 아마도.

"그런데 부인이 왜 그렇게 하지 않을까요, 드루 씨? 버디 부인이 알아야 할 정보를 제가 모두 말해주지 않았나요? 제가 사실을 밝히지 않았나요? 전 다 말했어요. ① 이 제품은 눈이 따갑지 않다. ② 위험한 화학성분이 들어 있지 않다. ③ 수익이 더 높다. ④ 이 지역의 다른 매장에서도 잘 팔리는 제품으로 이미 증명되었다. ⑤ 팔리지 않으면 환불을 해주겠다. 뭘 더 바라는 걸까요?"

방금 그 주장을 펼친 사람이 누구인지 잊었는가? 바로 당신이다. 제조업자이자 세일즈맨인 당신이다. 버디 부인이 제품을 들여놓을 경우 이익을 볼 사람이다. 당신은 버디 부인에게 '미끼를 물지' 않도록 유도할 말을 절대 하지 않을 사람이다. 어쨌든 당신 제품이 아닌가!

앞서 설명한 내용을 떠올려보자. 버디 부인은 반박 기계다. 속으로 당신 주장에 아주 다양한 차원으로 반박을 늘어놓을 것이다. 버디 부인의 뇌에서는 필터가 당신의 설득을 걸러낼 것이고, 필터의 밀도는 이제껏 버디 부인이 속은 경험과 비례한다. 다른 세일즈맨에게 속은 일, 말은 이렇게 해놓고 행동은 저렇게 한 친구나 가족, 평생 헌신하기로 약속하고 배신한 고교 시절 남자 친구. 그리고 "버디, 이번 추수감사절에 휴가 내고 가족과 시간을 보내고 싶다는 건가? 그야 물론 괜찮지! 좋을 대로 하게. 즐거운 시간 보내게!"라고 말해놓고는 한 달 뒤 추수감사절에 일하지 않으면 해고하겠다면서 뒤통수를 쳤던 옛 상사…….

고객이 내 제품을 사지 않는 진짜 이유

흔히 제품이나 서비스를 사지 않는 원인이 상품 자체에 있다고 생각하지만, 사실은 잠재 고객의 사고방식과 관련이 있다.

이해가 가는가? 뇌에서 일어나는 승낙과 거절 반응은 본질적으로 지금까지 살면서 겪은 경험과 기분에 따라 결정된다. 뇌는 바다에 뜬 범선처럼 대개는 해류에 떠밀리지만, 그럼에도 여전히 당신의 말과 몸짓에 영향을 받는다. 이런 미로 같은 장애물 코스를 거쳐서 처리되고 걸러진 대답은 "예"나 "아니요"나 "아직 잘 모르겠어요"라는 말이 되어 톡 튀어나온다. 당신은 그런 반응이 오직 제품 때문이라고 믿는다.

반가운 소식이 있다. 잠재 고객이 구매 결정을 내릴 때 머릿속에서 거의 자동으로 논쟁을 벌인다고 해도, 우리는 설득의 돛을 채우는 바람에 힘을 보태어 물건을 사도록 유도할 수 있다. 지금부터 당신이 어떻게 전이 전략을 이용해서 버디 부인에게 유아 목욕 제품 한두 상자를 매장에 들여놓게 만들지 따라가보자. 제품에 관해 자세히 설명한 다음 대화를 살펴보자.

"버디 부인, 제가 오늘 온 이유는 국립독성물질관리프로그램National Toxicology Program과 국제암연구기관International Agency for Research on Cancer에서 최근에 발표한 두 편의 보고서 때문입니다. [충격적인 내용으로 시작하고 높은 신뢰감을 주는 발언이 이어진다.] 두 보고서에 의하면 유아 목욕 제품의 주요 브랜드에서 과거에 사용했고 현재도 사용하는 화학물질 두 종이 암을 유발하는 성분이라고 합니다. [가방에서 제품을 꺼낸다. 위험한 화학물질 이름에 빨간색으로 동그라미를 쳐놓았다.] 두 가지 화학물질은 바로 쿼터늄-15와 다이옥세인입니다. 쿼터늄-15는 많은 제품에 방부제로 쓰이는 암모늄염입니다. [해당 화학물질의 원자와 전자의 연결이 자세히 표시된, 진지해 보이는 루이스 구조 학술 도표를 보여준다.]

쿼터늄-15는 아기 피부에 포름알데히드를 배출해서 박테리아를 죽이는 아주 강력한 화학물질이죠. 믿기 어렵지만 실제로 이렇게 작용합니다. 포름알데히드는 살균제와 독주에 들어가는 냄새가 고약한 인화성 화학물질입니다. 국립독성물질관리프로그램과 국제암연구기관에서 발암물질로 선포했지요. [보고서에 이 단어가 노란색으로 표시되어 있다.]
또 미국환경보건국U.S. Environmental Protection Agency에서도 유력한 발암물질로 규정했고요. 여러 연구에서 포름알데히드 노출과 암, 특히 비인두암이나 백혈병과의 연관성을 제시합니다. 그러니까 이 독성 물질은 피부와 눈, 호흡기만 자극하는 것이 아니라 유전자 변이를 일으켜서 결국에는 이 물질에 노출된 아이들을 죽일 수도 있다는 뜻이죠. 유아기뿐 아니라 시간이 지난 다음에도요.
다이옥세인도 생명을 위협할 수 있는 화학물질이고 이런 유아 목욕 제품에 들어 있어요. [성분표에서 다이옥세인에 빨간색 동그라미를 친 경쟁업체 제품을 보여준다.]
다이옥세인은 눈과 기도를 자극합니다. 국립산업안전보건연구소National Institute for Occupational Safety and Health에 따르면 중추신경계와 간, 신장을 손상시킬 수 있다고 해요. [국제화학물질안전표International Chemical Safety Card 사본을 꺼내서 펜을 들고 도표에서 '급성 장애/증상'이라고 적힌 항목을 따라 내려간다.] 여기 보시면, '이 물질을 흡입하면 기침, 인후염, 메스꺼움, 어지럼증, 두통, 졸림, 구토, 의식불명, 복통이 일어날 수 있다'고 나와 있습니다. 다이옥세인이 피부로 흡수되어 홍반, 통증, 눈물 같은 증상이 나타날 수 있어요. 강한 인화성 물질로 분류되고, 증기와 기체 혼합물은 폭발성이 있어요. 자극적이거나 독성이 있는 연기를 내뿜고 국제암연구기관에서 2B군 발암물질로 분류됐지요. 부인은 어떠실지 몰라도 저는 제 아이를 이런 독성 화학 비누로 씻기고 싶지 않습니다.

2년 전에 개발된 버블베이비는 미국 환경 연구 기관Environ-mental Working Group, EWG 에서 운영하는 제품 안전 등급 데이터베이스에서 1점 미만 점수를 받았어요. 100퍼센트 천연 성분 제품이라는 말이지요. [노트북에 북마크 해놓은 EWG 홈페이지를 보여주고 버블베이비의 성분 분석표를 클릭한다.] 그에 반해 현재 이 매장에서 파는 베이비워시 두 종류는 6점과 8점을 받았네요. 두 제품에 들어 있는 화학물질은 암 말고도 내분비장애, 오염, 피부와 눈과 폐 자극, 생화학이나 세포 수준의 변화, 기관계 독성, 피부 흡수 증가라는 문제를 일으키고요.

저희 버블베이비는 독성 물질을 포함한 다른 두 제품보다 훨씬 더 안전할 뿐 아니라, 공업용 화학약품을 사서 제품을 만드는 게 아니기 때문에 한 통당 비용이 적게 들어가서 하나 팔릴 때마다 15퍼센트 이상의 추가 수익을 올릴 수 있습니다. 그리고 현재 부인의 가장 큰 경쟁 매장 두 곳에서도 매주 12개들이를 8박스씩 팔아치우고 있어요. 저희가 지역 언론매체에 공격적인 광고를 내보내면서 소비자들에게 베이비워시의 성분 분석표를 읽어보라고 주의를 주고 있거든요."

위의 설명과 첫 번째 설명의 차이가 보이는가? 길이를 말하는 게 아니다. 길다고 다 좋은 것은 아니다. 더 좋아야 더 좋은 것이다. 이 사례에서 더 좋다는 말은 자료가 풍부하고 전이 전략을 잘 섞었다는 뜻이다. 이를테면 이름과 로고를 모두 동원해서 심리적 설득력이 잘 녹아든 자료를 끼워 넣은 것이다.

버디 부인은 신뢰감을 주는 연구기관의 이름뿐 아니라국립독성물질관리프로그램과 국제암연구기관 이들 기관의 자료 보고서, 도표, 학술 묘사, 막대표,

그 밖에도 심각해 보이는 갖가지 자료를 접했다.

이런 자료는 카운터에 내놓고 시간을 들여 한 장씩 넘겨보지 않아도, 그 존재만으로 충분히 설득력을 갖는다. 이런 보충 자료 없이 설득하려고 하면 그저 '물건이나 팔려고 떠들어대는 세일즈맨'에 지나지 않는다.

이해가 가는가? 잠재 고객에게 당신은 그저 낯선 사람이다. 평생 처음 보는 사람이 대다수일 것이다. 그 사람들에게는 당신과 얽힌 역사가 없다. 당신은 그들과 신뢰를 쌓지 않았다. 은행에서 신용 평가 보고서를 확인하지 않으면 한 푼도 빌려주지 않는 이유가 뭘까? 신뢰라는 감정은 비즈니스 전략이 아니기 때문이다.

"아, 저 여자는 고급 서류 가방을 들고 다니는군. 대출금을 갚을 거라고 믿어도 되겠어."

"아, 기운이 넘치는 사람이군. 걱정 말고 몇 천 달러쯤 빌려줘도 되겠어."

"와, 기분 좋은 사람이야. 악수도 힘 있게 하고. 아주 진실해. 흠…… 저 친구한테 담보 대출을 해주자. ……저 친구의 신용 평가 점수는 따로 확인할 필요도 없겠어."

자, 이제 정신 차리자. 은행에서 수표를 내주지 않는 이유는 무턱대고 신뢰하지 않고 항상 검증하는 전략이 자리 잡은 탓이다. 즉, 불신을 제도화한 것이다.

무엇을 팔든 잠재 고객의 머릿속에는 항상 이런 불신이 도사린다. 최신 수면제를 파는 제약 회사 영업 사원이든 국내 제일의 접착제 제조업체 영업 대리인이든, 만나는 잠재 고객의 뇌에서는 거의 똑같은 상황이 벌어진다. 물론 이따금 더 믿어주는 사람도 있지만, 대개는 사기를 당하지는 않을까 걱정하며 끈적하게 달라붙는 공포와 싸운다. 따라서 믿을 만한 인물과 기관, 상징의 신뢰성을 제품과 서비스에 전이시키면 세일즈를 성사시키기 위한 순탄한 길이 열릴 것이다.

신뢰성 전이 credibility transfer 의 원리를 활용하려면 우선 목표 고객들이 존경할 만한 인물과 기관을 선정하고, 그 정보를 세일즈 문건에 최대한 많이 포함시켜야 한다. 신뢰성 전이를 일으키려면 정보를 눈으로 확인할 수 있게 해주어야 한다. 단순히 말로만 전달할 때보다 눈으로 볼 때 더 확실한 증거로 해석되기 때문이다. 이런 신뢰성 요소를 넣기만 해도 잠재 고객은 '나는 당신을 모르고 당신을 믿지 않아'라는 입장에서 '나는 이런 기관을 신뢰하므로 당신이 이런 기관의 메시지를 전하는 사절이라 간주하겠어'라는 입장으로 옮겨갈 것이다.

아래 스크립트는 잠재 고객에게 당신의 관심사가 그저 옳은 결정을 내리도록 도와주는 데만 있다는 믿음을 심어준다.

"제가 말씀드린 이 제품/서비스의 장점은 [존경받는 인물이나 기관의 이름]으로부터 인정받은 것입니다. 제가 [제품의 장점 1]이라고 말하면 [신뢰할 만한 인물이나 기관]이 동의하면서 _____라고 말합니다. 제가 [제품에 관한 사실 2]를 말하면 [신뢰할 만한 인물이나 기관]이 동의하면서 _____라고 말합니다. 저를 믿든 말든 그건 중요하지 않습니다. 저는 그저 [사업주, 투자자, 주택 구입자 등]이 [제품/서비스]에 돈을 쓸 때 현명하게 선택하도록 도와주는 일을 업으로 삼은 회사 담당자일 뿐입니다. 사실 저는 스스로를 세일즈맨이자 교육자라고 생각합니다. 저는 오늘날 가장 저명한 [금융 컨설턴트, 의사, 연구자]가 [사업주, 투자자, 주택 구입자 등]에 조언하는 내용을 공부했습니다. 제가 할 일은 제가 공부한 내용을 소개해서 고객님이 풍부한 정보를 바탕으로 선택할 수 있게 돕는 것입니다. 사실 저는 고객님이 물건을 사시든 그렇지 않든 고객님을 도와드릴 수 있어서 기쁩니다."

○

다음과 같은 세일즈의 황금률을 마음속에 새겨라.

"모든 조건이 동일하다면 누구나 자기가 알고 좋아하고 믿는 사람들과 거래하고 그들에게 일을 맡길 것이다."

밥 버그 Bob Burg

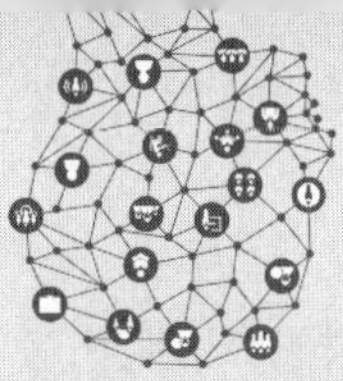

06 | 통합이론모형의 심리학

:

사람은 다 다르다.
파는 방법도 다 달라야 한다

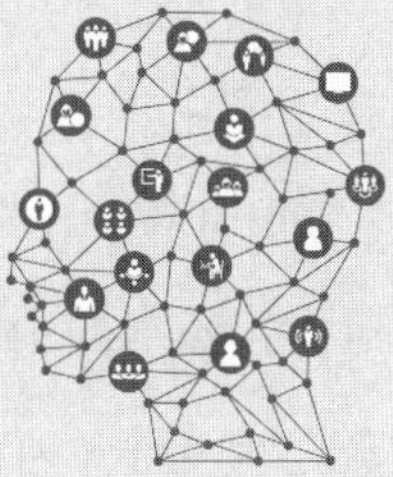

아, 이런 실수를 하다니! 어느 화창한 날 자동차 영업소에 들어서자 젊은 세일즈맨이 나를 맞이했다. 그는 처음 60초 동안 내가 거래를 중단하게 만들 법한 실수를 저질렀다. 어떤 실수였을까? 내가 아무런 조사도 하지 않고 온 사람인 양, 내가 어떤 차를 원하는지 전혀 모르는 사람인 양, 내가 자동차를 잘 모르고 차를 사본 경험도 없는 사람인 양 대한 것이다. 판매 실패!

그 세일즈맨의 문제는 다른 사람들에게 했던 것과 똑같은 방법으로 나한테 차를 팔려 한 점이다. 영업소 주차장에 늘어선 번쩍거리는 차들의 미로 사이를 실험용 흰쥐처럼 돌아다니는 사람들에게 했듯이 말이다. 그는 1초의 망설임도 없이 설득을 시작했다.

전혀 다른 상황을 예로 들어보자. 내가 당신 집 문을 노크하고 세일즈 프레젠테이션을 이렇게 시작했다고 해보자. "안녕하세요! 제 이름은 드루입니다. 새로 나온 텔로메트릭스 범위 제한 아동 접근 표시장치를 팔려고 왔습니다. 이 제품은 GPS 위성 삼각측량 방식으로 작동하고 VLIW와 2밀리 밴드 VX 통신 기능으로 구현된 MIMD 벡터 처리 기능을 장착했습니다." 아마 당신은 머리를 긁적이고 미간을 찌푸리면서 어쩔 수 없이 "어, 음, 그래요. 됐어요. 잘 가세요, 별난 친구!"라고 말하고는 내가 무슨 말을 하려고 하는지 더 들어보려고 하지도 않을 것이다.

왜일까? 사실 내가 파는 제품은 바로 당신이 찾던 제품일 수도 있다. 당신이 원하는 기능을 다 갖추었을 수도 있다. 여러 온라인 웹사이트에서 긍정적인 상품평을 535건이나 받았으며, 무료로 기술 지원을 해주고 보증기간도 무려 10년이다.

문제는 내가 어떤 물건을 팔려고 하는지 당신은 전혀 감도 잡지 못한다는 데 있다. 당신 귀에는 내 말이 낯선 외국어처럼 들렸을 테고, 단 한 마디도 마음에 가닿지 않았다. 당연히 설득 단계로 넘어갈 수 없다. 여기서 단절되면 나로서는 내 제품에 대한 욕망을 끌어낼 방법이 없다. 내 설명을 전혀 이해하지 못한 탓에 당신 머릿속 화면은 여전히 비어 있다. 나는 당신이 머릿속 화면에 감정이 풍부한 총천연색 영화를 상영할 만한 재료를 제공하지 못했다. 머릿속에 기존 정보를 불러낼 수 있도록 설명하지 못한 탓에 당신은 내 제품을 사용하는 모습을 그려보지 않았다. 문간에 서서 멍한 눈길로 내가 얼마나 더 떠들다 갈지만 생각했다.

나는 당신의 주의를 끌지 못했을 뿐 아니라 신뢰를 쌓거나 욕구를 자극하거나 신용카드를 내 손에 올려놓도록 유도하지도 못했다. 나는 도통 영문을 모르겠다는 표정으로 아무것도 팔지 못한 채 사무실로 돌아갔다.

제품이 아닌 고객의 생각과 기분을 먼저 이야기하라

새로운 잠재 고객을 만나면 언제나 당신의 제품이나 제품군에 대한 상대의 인식 수준을 고려해야 한다. 무엇을 팔든 거래를 성사시키는 가장 효과적인 방법은 잠재 고객을 그들의 세계 안에서 만나는 것이다.

예를 들어 어느 최면술의 대가는 내담자의 마음을 편안하게 만들어 주어 깊은 최면 상태로 유도할 방법을 찾는다. 최면술사는 심한 스트레스에 시달리고 제정신이 아닌 내담자에게 "진정하세요!"라는 말로 최면을 시작하지 않는다. 오히려 정반대이다. 우선 내담자가 곧바로 알아채고 동의할 만한 현재 상태를 말해줌으로써 내담자의 정서를 인정해준다.

"당신은 눈보라가 치는 지독한 러시아워에 여기까지 먼 길을 운전해서 오느라 스트레스가 이만저만이 아니군요. 당신의 뇌가 아마 분당 1마일로 질주하고 있을 겁니다. 몸은 바짝 긴장해서 움찔거리고 안절부절못하고, 아마 완전히 피곤에 찌들어 녹초가 되었을 겁니다. 이런 상태로 이따위 상담을 받는다고 과연 얻는 게 있을지 의문이 들겠죠. 사실 당신이 여기까지 온 건 긴장을 풀고 그런 건 다 잊고 모두 뒤로 제쳐놓고 아주 따뜻하고 아름다운 열대의 섬을 상상하기 위해서예요."

이 최면술사는 내담자의 세계 안에서 내담자를 만났다. 내담자가 그 순간 무슨 생각을 하고 어떤 기분인지 말해주면서 곧바로 공감대를 형성했다. 그러면서 '예 세트'[2]를 만들었다. 말하자면 내담자가 '예'라고 긍정적으로 생각하도록 조건화된 마음가짐을 만들어준 것이다. 계약을 많이 따내는 세일즈맨들은 이렇게 말할 것이다. "세일즈 프레젠테이션을 시작하면서 잠재 고객에게서 '예'라는 대답을 끌어내는 횟수가 많을수록 마지막에 거래를 마무리할 때 잠재 고객이 '예'라고 대답하기가 더 수월해진다."

처음에 내담자의 현재 상태를 알아채지 못하면, 다시 말해서 이 단계를 건너뛰고 당장 내담자의 긴장을 풀어주려고만 한다면 저항에 부딪힐 것이다. 긴장을 풀라고 제안하는 순간 오히려 긴장되고 불안해지기 때문이다. 세일즈맨도 대체로 이와 비슷한 저항에 부딪힐 것이다. 특히 잠재 고객이 이해하지 못하거나 생소한 물건을 팔려고 할 때 비슷한 상황이 벌어진다. 자, 이제 통합이론모형을 우리의 구명줄로 삼자.

고객의 인식 단계에 딱 맞는 세일즈 프레젠테이션

통합이론모형Transtheoretical Model, TTM은 소비자의 지식과 그 결과로 나온 행동을 다섯 단계로 나눈다. 그리고 잠재 고객을 설득해서 제품

---

2 yes set : 연속해서 'yes'라고 대답하게 되는 질문을 던지는 기법.

에 완전히 무지한 상태"네? 그런 물건은 들어본 적이 없는데요."에서 제품을 정기적으로 구입하거나 생활의 중요한 일부로 여기는 상태"사람들이 왜 다른 제품을 사는지 모르겠어."로 만드는 간단한 지침을 제공한다. 통합이론모형의 5단계를 이해하면 세일즈 프레젠테이션을 어디서부터 어떻게 시작할지 알 수 있다. 다음은 소비자가 제품에 관해 알기 이전과 제품을 알게 된 이후까지, 두 시기 모두를 거치면서 경험하는 인식의 5단계이다.

- **1단계: 심사숙고 이전**

  아직 제품의 존재를 모른다. '텔로메트릭스 범위 제한 아동 접근 표시장치가 대체 어디에 쓰는 물건이지?' 그리고 자기한테 제품이 필요한 줄도 모른다.

- **2단계: 심사숙고**

  이 단계에서 잠재 고객은 제품을 알고 한번 써볼까 생각하지만 아직 방아쇠를 당기지는 않았다. '시장에 가서 우리 아들 조나를 잃어버리면 어떻게 하지? 눈 깜빡할 새에 조나를 납치해서 데려갈 수 있는 미친놈들이 있어. 어휴, 끔찍해! 그러면 조나를 어떻게 찾아? 언제 한번 텔로메트릭슨가 뭔가 하는 물건에 관해 알아봐야겠다.'

- **3단계: 준비**

  계획 단계이다. 잠재 고객은 당신에게서 물건을 살까 생각하는 중이고 제품의 혜택과 장점에 관해 자세한 정보를 필요로 한다. '텔로메트릭스 장치는 만에 하나라도 아이를 잃어버렸을 때 아이의 위치를 추적해주는 좋은 장치인 것 같아. 그런데 시중에 나온 다른 아이 찾기 GPS 제품과는 어떻게 다르지? 가격은 얼마지? 제대로 작동

할까? 실제 사용해본 사람들이 온라인에 올린 상품평이 있을까?'

- **4단계: 행동**

  당신은 잠재 고객을 원하는 행동이나 구매 단계로 이끌었다. "이 제품을 사고 싶어요. 여기 비자카드로 결제할 게요. 얼마나 빨리 보내줄 수 있나요?"

- **5단계: 유지 보수**

  세일즈 이후의 이 단계에서는 제품이 고객의 일상에 필요한 물건이 되었다. 고객은 계속 당신한테서 물건을 사고 그때마다 지난번만큼 좋을 거라고 믿는다. 고객은 이제 경쟁자의 제품보다 당신 제품을 선호한다. 텔로메트릭스는 아동 보호 장치 업계에서 성능이 괜찮은 제품이고 시중에 나도는 싸구려 외국산과는 다르다는 생각을 먼저 할 것이다. 그러고는 제일 친한 친구와 가족에게 텔로메트릭스를 추천할 것이다. 아이의 안전 같은 중요한 문제에서는 다른 제품을 믿지 않을 것이다.

심리학자 제임스 프로차스카James O. Prochaska는 이런 기법을 활용하는 비즈니스의 목적은 소비자로 하여금 단번에 여러 단계를 거치게 해서 제품 사용을 습관으로 만드는 데 있다고 말했다. 물론 각기 다른 단계의 잠재 고객을 상대하는 것은 어려운 문제다.

잠재 고객은 자신에게 문제가 있는 것을 알까? 당신이 내놓는 제품의 구체적인 정보는 차치하더라도 제품의 유형에 관해 조금이라도 알까? 당신의 제품을 필요로 하거나 원할까? 아니, 그런 제품이 존재하는 줄 알기는 할까? 통합이론모형에서는 '내 제품/서비스는 훌륭해. 이런 생각으로 팔면 돼'라는 자세로 무작정 뛰어들기보다는 물론 가능성 있는 잠재 고객과 대화를 나누기로 결정한 다음 다음과 같은 핵심 질문을 던져보라고 제안한다. "현재 [제품 유형. 예: 아동 위치 탐지 GPS 서비스]에 관해 얼마나 아십니까?" 이런 간단한 개방형 질문을 던지면 대개 "그런 물건은 전혀 몰라요"부터 "현재 하나 가지고 있어서 아주 익숙해요"까지 갖가지 반응이 나올 것이다. 잠재 고객의 이런 반응은 세일즈 프레젠테이션의 연속선에서 끼어들 시점을 즉각 알려주므로 막대한 시간과 노력을 절약할 수 있게 해준다.

통합이론모형은 특히 광고와 안내서, 전단지, 홈페이지 같은 세일즈 보충 자료를 만드는 데 유용하다. 인쇄된 문서로는 "얼마나 아십니까?" 같은 질문을 던지지 못하기 때문에 통합이론모형에서는 인지 단계가 제각각인 잠재 고객에게 접근하기 위한 세 가지 선택을 제안한다.

우선 다섯 단계 모두에 적용되는 광고와 자료를 만든다. 그러면 잠재 고객이 어느 단계에 속하든 해당 단계에 주목할 수 있다. 하나부터 열까지 아주 상세한 정보를 담아서 전혀 모르는 사람도 필요한 정보를 습득할 수 있게 해준다. 약간 더 아는 사람은 자기 단계에 필요한 내용만 읽으면 된다.

그다음 1단계부터 5단계까지 이어지는 광고와 자료를 시리즈로 만든다. 1단계에서는 제품을 시장에 소개한다. 이어서 이전 단계를 기반으로 광고, 판촉 우편물, 안내서, 전단지, 이메일을 만든다.

마지막으로 홈페이지를 만들고 방문자의 현재 인식 단계에 맞는 여러 가지 버튼을 만들어서 각자가 관련된 하위 페이지로 이동할 수 있게 해준다.

당신에게 맞는 상자를 선택해서 'ENTER'를 클릭하세요.

☐ 아동 위치 탐지 GPS 서비스는 처음 접한다.

☐ 이 서비스에 관해 잘 모른다.

☐ 이 서비스를 잘 알고 현재 여러 브랜드와 모델을 비교해보는 중이다.

이런 제안들은 잠재 고객에게 개인적으로 관계가 있는 정보와 동기를 제시하게 한다. 궁극적으로는 정기적으로 제품을 구입하는 충실한 고객이 될 때까지 각자의 속도에 따라 다섯 가지 인식 단계를 거치게 해주는 데 목적이 있다고 할 수 있다.

경험이 부족한 세일즈맨처럼 굴면 안 된다. 박식한 일반인을 상대하면서 무지한 아이에게 파는 식으로 세일즈에 임해서는 안 된다. 앞서 예로 든 최면술사처럼 잠재 고객이 현재 어디쯤 있는지 파악한 다음 그들의 세계 안에서 만나야 한다. 그러면 시간이 절약될 뿐 아니라 고객에게 훨씬 잘 맞는 세일즈 프레젠테이션이 나와서 성공적인 결실을 거둘 가능성이 커진다.

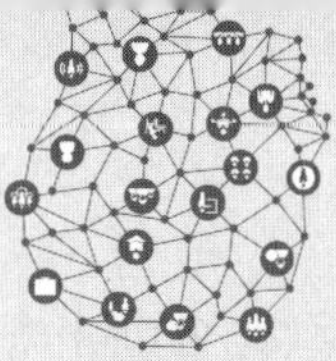

07 | 사회적 증거의 심리학

:

고객은 늘 옳은 결정을 내리고 싶어 한다

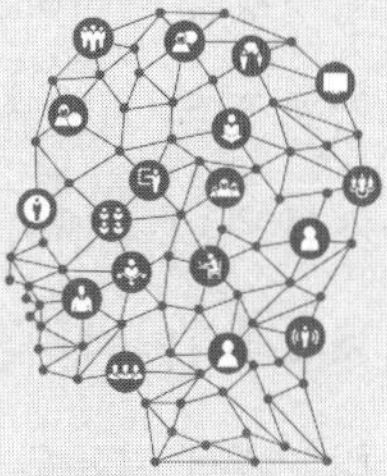

당신은 세상에서 가장 강력한 진공청소기를 판다. 청소기를 켜면 대형 비행기가 이륙하는 것 같은 소리가 난다. 무섭도록 공격적으로 카펫의 먼지를 빨아들여서 아래층 마음씨 좋은 노인의 부분가발까지 빨아들일 기세다.

이 이야기를 100명에게 들려줘 보자. 단어 선택과 신체 언어가 모두 충분히 신뢰감을 주었다면 100명 중 일정 비율은 당신이 더 이상의 증거를 제시하지 않아도 믿어줄 것이다. 하지만 나머지는 당신의 이야기를 진실이라고 믿어주기 전에 증거를 요구할 것이다. 어떤 잠재 고객은 시연을 한 번만 보고도 철석같이 믿을 것이고, 당장 당신 제품을 한 대 구입해서 영수증을 손에 들고 있을 것이다.

반면에 누군가는 여러 번 반복해서 시연을 봐야만 겨우 당신의 주장이 거짓이 아니라고 인정할 것이다. 뿐만 아니라 시연을 볼 때마다 속임수가 없는지 눈에 불을 켜고 찾을 것이다. 전선이든 거울이든 자석이든 뭐든 찾아내려 한다. 의심이 깨끗이 사라질 때까지는 시연을 보면서도 내내 믿지 못한다. 세 번이든 네 번이든 다섯 번이든, 거듭해서 시연을 거쳐야 비로소 그들을 납득시킬 수 있을 것이다. 그리고 그들이 당신 제품을 필요로 한다면 지갑을 꺼낼 가능성이 높아진다.

상황을 직시하자. 시간은 얼마든지 있다. 그러나 막대한 잠재 수익이 걸려 있는 거래를 대규모로 진행하는 경우가 아니라면, 모든 잠재 고객이 신뢰의 장벽을 뛰어넘도록 시간을 많이 할애하기는 어렵다. 어느 지점에서는 주어진 관계에서 얼마나 결실을 얻을지 판단해야 한다. 어디쯤에서 설득을 그만두고 좀 더 설득하기 쉬워 보이는 다른 잠재 고객을 상대할지 끊임없이 판단해야 한다. 효율적인 시간 관리와 실용성이 중요하다.

가령 한 시간 넘게 심혈을 기울여 제품을 소개하면서 온갖 노력을 다 기울여도 상대가 당신 말을 전혀 받아들이지 않을 것 같으면 빨리 다른 사람에게로 넘어가야 한다. 세 시간 더 쏟아부어 상대의 단단한 갑옷에 겨우 작은 틈을 하나 내느니 차라리 보다 수용적인 다른 사람에게 시간을 투자하는 편이 훨씬 바람직하다. 까다로운 사람 한 명에게 허비할 시간에 두 사람 이상과 거래를 성사시킬 가능성이 높다면 당연히 그렇게 해야 하지 않겠는가.

그렇다면 이런 상황을 모두 감안하여 시간을 많이 들이지 않고 신뢰성이란 장애물 코스를 통과할 수 있는 지름길은 없을까?

순금처럼 값진 타인의 증언

방법은 있다. 제품이나 서비스가 어떻게 됐든 당신이 얼마나 설득력 있는 사람이든 다 떠나서 인간의 존재 방식 덕분에 놀랍도록 효과적으로 신뢰를 쌓는 방법이 있다. 바로 사회적 증거라는 원리로, 내일 태양이 떠오르는 것만큼 확실한 방법이다.

간단히 말하면 사회적 증거social proof란 사람들이 타인의 행동을 보고 행동 지침으로 삼는 심리 현상이다. 많은 사람들이 흔히 남들은 유능하거나, 박식하거나, 기지가 뛰어나거나, 지적이라서 풍부한 정보를 기준으로 결정을 내릴 거라고 전제하기 때문에 나타나는 현상이다. 군집 행동herd behavior이라고도 부르는 이 원리는 효과가 좋으면서도 쉽게 써먹을 수 있다.

사회적 증거의 원리를 돈벌이에 활용하는 가장 흔한 방법은 만족한 고객의 증언을 가능한 모든 형태로 활용하는 것이다. 사회적 증거의 원리를 제대로 활용하려면 고객의 증언을 도배하다시피 널리 퍼트려야 한다.

증언testimonial은 1926년 화장품 회사인 폰즈Ponds사가 오늘날에도 유명한 폰즈 콜드크림[3]을 광고하면서 활용한 기법이다. 폰즈 콜드크림은 정치인과 왕족, 그 밖에 상류 인사들을 공략해서 '상류층' 사람들로부터 증언을 받아냈다. 앞에서 다룬 전이의 심리적 효과를 활용한 예이다.

---

3 원래 황금 보물Golden Treasure이라는 이름으로 출시되었으며, 위치하젤 성분이 함유된 특허 의약품이었다.

사회적 증거에서 전제가 되는 것은 소비자에게 같은 행동을 하고도 생존할 수 있다고 믿게 하는 일이다. 그렇다. 사실상 생존 기제다. 인간이 선천적으로 타고난 행동 원리이다. 우리의 행동은 모두 "내가 살아남을까?"라는 질문을 거쳐서 나온 결과이다. 뇌에서 아니라는 답이 내려오면 그 행동을 피하게 된다. 그렇다는 답이 내려오면 파란불이 켜져서 마음 놓고 그 행동을 택한다.

물론 사회적 증거만으로 세일즈가 보장되는 것은 아니다. 단지 마음의 장벽을 허물어서 세일즈 성사를 방해하는 뇌의 통제력을 약화시키는 데 도움이 될 뿐이다. 그렇기 때문에 바로 소비자 심리학이 존재한다. '개입'을 방해하는 마음의 장벽을 허물기 위해서 말이다. 물론 여기서 개입이란 잠재 고객이 돈을 내고 물건을 가져가는 행위를 뜻한다.

어떤 방법이 있을까? 오늘부터 당신에게 물건을 구입하고 만족한 모든 고객에게 다가가 글이든 음성이든 증언을 담아달라고 부탁한다. 물론 동영상이 가장 이상적이다. 그리고 제품 소개와 마케팅 자료로 활용할 수 있는 권한을 서면으로 허락받으면 된다. 이런 식으로 얻은 증언 하나하나는 순금처럼 값지다. 제대로만 활용하면 상상 이상으로 훨씬 더 빠르게 세일즈를 성사시킬 수 있다.

다만 사람들을 압도할 만큼 타당한 증언을 거침없이 쏟아붓는 것이 관건이다. 인용문, 편지, 비디오를 있는 대로 다 모아서 광고, 안내서, 판촉 우편물, 전단지, 이메일, 홈페이지, 소셜미디어를 비롯한 곳곳에 소개할 수 있다. 액자에 넣어 벽에 걸거나 인쇄해서 클리어파일에 보관할 수도 있다. 이렇게 파일이 모이면 바인더로 묶어서 고객을 만날 때 보여주면 된다. 여기서 핵심은 설득력이 층층이 쌓인다는 점이다.

이미 선로를 달리는 사회적 증거란 기차 위에 새로운 설득 원리를 얹는 셈이다.

우리는 흔히 '길이가 강도를 암시한다'는 휴리스틱[4]에 따라 길고 구체적인 정보일수록 신뢰성이 높다고 간주한다. 이 원리에 관해서는 뒤에서 자세히 다루겠지만, 일단 간단히 예를 들어보자.

직장에 지각한 당신이 화가 난 상사에게 이렇게 말한다. "어, 늦어서 죄송합니다. 오는 길에 타이어가 펑크나서요." 상사는 다음 세 가지 기준에 따라 당신 말을 믿을 수도 있고 믿지 않을 수도 있다. ① 당신과의 관계, ② 당신이 전에 지각한 횟수, ③ 당신이 매달 상사에게 벌어다 주는 금액.

당신은 신뢰성을 높이기 위해 대신 이렇게 말한다. "어, 늦어서 죄송합니다. 그래도 제가 지금 응급실에서 생명유지장치를 달고 있지 않아 천만다행이지 뭐예요. 10번 주간 고속도로를 달리는데 웬 낡은 대형 트럭이, 진 오트리 출구 바로 앞 왼쪽에서 갑자기 방향을 틀지 뭡니까. 하마터면 충돌할 뻔했어요. 그 차를 피하려고 핸들을 오른쪽으로 틀었는데 파란색 프리우스를 몰던 작자가 저한테 가운뎃손가락을 들더군요. 제가 충돌을 피하려다가 프리우스를 들이받을 뻔했거든요. 대형 트럭이 출구 바로 앞에서 저를 도로 밖으로 밀어냈고, 제 차는 날카로운 뭔가를 그대로 밟고 지나갔어요. 왼쪽 뒷바퀴 타이어가 터지는 소리가

---

4 heuristic : 심리학에서 의사 결정, 문제 해결의 특징을 설명하기 위해 사용하는 개념이다. 인간이 의사 결정이나 문제 해결에 있어서 시간이나 정보가 충분하지 않아 합리적인 판단을 할 수 없는 상황에서 사용하는 실용적인 어림짐작 기법을 말한다. 완벽하지 않지만 현실적으로 만족할 수 있는 수준의 답을 신속하게 찾는 방법으로 발견법, 추단법이라고 번역하기도 한다.

들렸어요. 차들이 시속 80마일로 쌩쌩 달리는 고속도로 옆에서 타이어를 갈아 끼워본 적 있으세요? 장전된 권총으로 러시안 룰렛 게임을 할 때처럼 차라리 죽고 싶죠. 아까는 정말이지 심장이 벌렁거려서 그 길로 집에 돌아가 전화로 병가 신청을 할까도 생각했어요. 어쨌든 지각해서 죄송하긴 하지만 그래도 이렇게 살아 돌아왔잖아요."

두 가지 핑계 중에서 어느 쪽이 더 신빙성 있는가? 물론 두 번째이다. 길이도 길 뿐 아니라 세세한 정보가 많이 들어 있어서 더 인상적이고 믿음이 간다.

고객의 피드백을 얻기 위해 해야 할 것

'유보적인 태도를 취하는' 잠재 고객에게 현재 고객과 이전 고객의 열정적인 증언과 상품평 파일이 가득 든 바인더를 보내면 잠재 고객은 두 가지 반응을 보인다. 우선 '와, 이 제품에는 뭔가 있구나. 이렇게 많은 사람이 열광하는 걸 봐'라고 생각한다. 잠재 고객은 당신이 하는 말을 믿거나, 아니면 구매자들의 상품평을 검증하기 위해 간단한 조사를 해본다. 두 번째로는 이렇게 많은 사람이 훌륭한 제품이라고 칭찬하니까 분명 좋은 선택일 거라고 확신한다. 당장 신용카드를 꺼내서 당신네 회사 금전등록기에서 철커덩 소리가 나게 만든다.

"저기요, 드루 씨. 증언이 세일즈 프레젠테이션에서 효과적인 요소라는 걸 누가 모릅니까?"

누구나 알지는 모르지만 알면서도 아무런 행동을 하지 않는다면? 당신은 어떤가? 세일즈 프레젠테이션을 할 때 얼마나 많이, 얼마나 다양하게 증언을 제시하는가? 증언을 보여주기는 하는가? 복사물 증언만 보여주는가? 노트북이나 휴대전화, 유튜브 동영상을 보여주는가? 오디오도 활용하는가? 당신이 활용하는 모든 세일즈 보충 자료에 증언이 들어 있는가? 안내서, 전단지, 공간 광고에 들어 있는가? 웹사이트 전체를 증언에 할애하는가?

그저 '누구나 안다'고만 말하지 말고 당신이 현재 이 원리를 활용해서 잠재력을 최대로 끌어내지 않는 이유를 자문해볼 필요가 있다. 마치 새로운 방법만이 수익에 영향을 미친다는 듯 어떤 방법이 새롭지 않다고 말하는 것과 그 방법으로 얻을 수 있는 것을 최대한 활용하는 것은 다른 문제다. 새로운 것이 중요한 것은 아니다. 이를 실행에 옮기느냐가 관건이다.

신문 광고업자를 예로 들어보자. 증언 광고가 가장 효과적인 분야는 소비자에게 처음 써볼 기회를 줄 만한 제품이나 서비스 광고이다. 그런데 지역 신문이나 쇼핑 책자에 실린 광고의 99.9퍼센트는 어떤가? 어설픈 구성으로 짜인 광고가 끝도 없이 이어진다. 게다가 소비자의 문의와 유동 인구, 현금 판매를 끌어올리는 데 도움이 되는 중요한 요소가 빠져 있다. 그들의 증언은 어디에 있는가? 그리고 당신의 증언은 어디에 있는가? 현재 당신의 제품을 이용하는 고객에게서 증언을 얻기 위해 적극적인 프로그램을 마련해두었는가? 한동안 만나지 못한 고객에게서 증언을 얻기 위한 프로그램은 있는가?

있다 해도 여기서 멈추지 말자. 새로운 증언을 얻어내기 위해 어떤 시스템을 마련했는가? 새로운 고객에게 적극적으로 피드백을 달라고 하는가? 아니면 '제품이 마음에 들면 뭔가 반응이 있겠지'라는 전략을 택하는가?

피드백, 즉 증언을 요구하는 것은 세일즈 성사 후에 하는 후속 작업이 아니라 세일즈의 핵심 요소여야 한다. 구매자에게 고객 서비스가 중요한 것처럼 우리 세일즈맨에게는 증언이 중요하다. 그런데 오래된 방식의 증언만을 원하지는 않을 것이다. 고객이 전화해서 "좋은 제품이에요. 감사 드려요"라고 말해주기를 바라지도 않을 것이다. 글이나, 더 이상적으로는 동영상으로 피드백을 받고 싶을 것이다. 그러므로 동영상을 받지 못한다면 현실적으로 여건이 될 경우 직접 만나거나 전화통화로 오디오 증언을 확보해보라. 실제 구매자의 목소리가 담긴 오디오는 개연성을 더해준다.

"맞는 말이에요, 드루 씨. 그런데 사실 저희가 증언과 피드백을 요청하기는 하지만 고객들이 저희 요청을 묵살해요."

그래서 놀랐는가? 놀랄 것 없다. 판매한 다음에 증언을 요청하는 것은 처음에 물건을 사달라고 요청하는 것과 별반 다르지 않다. 두 경우 모두, 우리는 고객으로 하여금 우리를 위해 무언가 해주기를 기대한다. 세일즈 과정에서 우리는 고객에게 우리 물건을 조금 가져가는 대신 돈을 조금 내라고 요구한다. 충분히 대화를 나누면서 우리 물건이 그가 내는 돈보다 더 가치 있다고 설득하고 나서야 비로소 세일즈가 성사된다.

이제 증언에 대한 요구를 생각해보자. 톰이라는 고객에게 자기 생활을 잠시 미루고 우리 비즈니스를 구축하는 데 도움을 달라고 요청한다. 그런데 그에게는 아무런 대가도 돌아가지 않는다.

물론 톰에게 돈을 더 많이 내라고 요구하는 것은 아니다. 그래도 잘 생각해보자. 지금 우리는 그에게 다른 두 가지 소중한 것을 더 쓰라고 요청하는 셈이다. 바로 시간과 노력이다. 톰이 우리를 무척 좋아해서 기꺼이 부탁을 들어줄 만큼 공감대가 공고하지 않은 이상, 우리 앞에는 새로운 세일즈 장애물이 놓인 것이다.

인센티브, 혹은 누군가는 달갑지 않은 투로 윤리적 뇌물이라고 부르는 것을 살펴보자. 톰의 증언을 얻어내려면, 그러니까 향후 수백 건의 세일즈를 성사시켜서 막대한 수익을 올리는 데 도움이 될 정보를 얻어내려면, 톰에게 수고에 대한 보상으로 소정의 가치를 돌려주어야 한다. 에인 랜드Ayn Rand는 1957년에 발표한 소설 《아틀라스Atlas Shrugged》에서 이런 식으로 주고받는 행위를 '가치에 대한 가치'라고 불렀다.

그러면 공정하지 않은가? 지금 고개를 끄덕이고 내심 좋은 생각이라고 동의한다면, 현재 이 개념을 실행에 옮기고 있는지 돌아보라. 나는 머릿속에 지식을 채우면 재미도 있고 자존감도 높아지지만 식탁에 음식이 차려지지는 않는다는 현실을 배웠다. 지식을 익히기만 하고 열심히 써먹지 않으면 그런 지식은 아무 소용이 없다.

신뢰를 쌓는 보여주기 기법

어떤 사람들은 세일즈가 그저 말만 잘하면 되는 일인 줄 안다. 이것은 세일즈를 반도 이해하지 못한 생각이다. 가장 효과적인 세일즈 프레젠테이션에는 보여주기가 포함되어야 한다. 세상에는 당장 써먹을 만한 상품평과 보고서, 잡지 기사가 수두룩하다. 모두 세일즈 프레젠테이션에 끼워 넣으면 훨씬 많은 세일즈를 성사시키도록 돕는 권위 있는 증언이다.

예를 들어 당신은 도요타의 세일즈맨이고 나는 잠재 고객이다. 나는 매장에 들어가 갓 출시된 아발론 세단을 살펴본다. 당신은 온종일 잠재 고객을 한 명도 만나지 못한 터라 심장이 쿵쾅거린다. 당신이 페퍼민트 껌을 입에 넣고 곧장 내게 다가온다.

가벼운 인사말을 주고받은 뒤 당신이 내게 "도요타를 사보신 적이 있습니까? 현재 타고 계신 차를 팔 생각인가요? 이 차는 영업용으로 쓰실 예정입니까? 여가용으로 쓰실 건가요? 승차감이 아주 끝내줍니다. 아주 부드럽고 조용하죠. 한 바퀴 돌아보시겠습니까?"라고 정해진 질문만 몇 개 던진다면 겨우 절반만 노력하는 셈이다. 신문 기사, 비판적인 평가, 비교 테스트, 수상 내역 같은 정보가 가득 든, 전문가처럼 보이는 책자를 꺼내서 다음과 같이 말하는 장면을 상상해보라.

> "이 신형 아발론으로 말할 것 같으면 중고차 시세 서비스 사이트 켈리 블루북의 재판매 가치 평가에서 동급 모델 중 최우수상을 받은 모델입니다. [보고서를 보여준다.] 자동차 시장 조사 기관인 폴크Polk에 따르면 지난 15년간 시중에 판매된 아발론 중 90퍼센트가 아직도 도로를 달리고 있답니다. [보고서를 보여준다.] 카스닷컴Cars.com에서도 아발론을 최고의 선택으로 꼽았습니다. 하이브리드 버전인 이 모델은 인텔리초이스IntelliChoice에서 똑똑한 연비 선택 분야의 우승자로 지명되기도 했어요. [보고서를 보여준다.] 미국고속도로안전보험위원회Insurance Institute for Highway Safety에서 가장 안전한 차량으로 선정되기도 했고요."

소비자로서는 세일즈맨의 생각만 듣기보다 인쇄된 문서로 정보를 확인해야 다른 모델이 아닌 아발론을 선택할 마음이 생기지 않을까?

잠깐! 아발론이 받은 여러 가지 상을 늘어놓고 나서 멈춰서는 안 된다. 절대로! 그다음에는 신형 아발론에 관한 칭찬으로 도배된 저명한 잡지를 제시해야 한다.

"렉서스를 갖고 싶어한 적이 없는 소박한 사람들에게 아발론은 렉서스의 영역을 잠식하는 스타일과 기능을 제공한다." - 〈자동차Automobile〉

"렉서스 ES와 캠리 모델보다 운전하기 좋으면서도 두 모델과는 확연히 다른 화려함과 정교함을 제공한다." - 〈차와 운전자Car and Driver〉

"최신형 아발론은 과거에 아발론을 성공시킨 고급스런 화려함과 편안함을 간직하면서도 열정적인 활동성과 위풍당당한 생동감을 더했다." - 〈켈리블루북Kelly Blue Book〉

"아름다운 실내 구조, 조용한 작동과 매력적인 가격 정책, 신형 아발론의 매력은 이전 모델의 한계를 뛰어넘는다." - 〈파퓰러 메케닉Popular Mechanics〉

어떤가? 갖가지 수상 경력을 듣고 나서 각종 매체의 평가를 듣고, 그 다음에 시운전까지 해본다. 세일즈 프레젠테이션에 신빙성을 더해주는 자료도 없이 말로만 나를 설득하려 할 때보다 내가 차를 구입할 가능성이 더 커지지 않겠는가?

갖가지 평가가 든 신빙성 높은 보충 자료를 제시하지 않는다면 제품에 관해 말해주는 사람은 당신, 즉 차를 팔고 수수료를 챙기는 세일즈맨밖에 없다. 물론 근거 자료 없이 물건을 판매할 수도 있지만, 그것은 마치 작고 빈약한 포크로 스파게티를 먹는 것과 같다. 굳이 그렇게 하고 싶겠는가?

아직 끝나지 않았으니 다시 세일즈 프레젠테이션으로 돌아가자. 이번에 당신은 아발론을 가장 가까운 경쟁 모델과 비교하는 대형 도표를 보여준다. 그리고 가격, 비교적 모든 옵션을 갖춘 가격, 도시와 고속도로 연료 효율, 마력, 토크를 비롯한 다양한 범주에서 아발론이 하나 이상의 모델보다 앞서는 것으로 나타난 시험 결과를 당당히 제시한다.

당신 혼자서 나한테 물건을 파는 것이 아니다. 당신은 신뢰성이 높은 지원군을 등에 업고 거래를 성사시켰다. 당신이 얼마나 오래 차를 팔았든 나는 관심이 없다. 당신은 내게 낯선 사람이고 내가 본능적으로 믿지 못하는 사람이다. 나는 지금 생존 기제를 가동시켰다. 나는 남에게 이용당하지 않으려고, 스타트렉 엔터프라이즈호에서 커크 선장이 사용하는 전략적 차폐막 같은 소비자의 갑옷을 착용했다.

당신은 내게 낯선 사람이지만 당신이 언급한 '켈리블루북'은 내가 온라인으로 차를 조사할 때 항상 참고하는 오랜 친구 같은 사이트다. 물론 나는 〈차와 운전자〉 잡지를 정기 구독하고 홈페이지에도 자주 들어간다. 〈파퓰러 메케닉〉은 내가 알기론 꽤 믿을 만한 잡지다. 그리고 그 모든 수상 경력까지. 폴크와 고속도로안전보험위원회는 안전 문제에 관해 거짓말을 할 리가 없다. 카스닷컴은 자동차를 구입하는 사람들에게 신뢰받는 사이트다. 나도 이 사이트에서 오랜 시간을 보내며 새로 나온 차량을 알아보았다.

당신이 무엇을 했는지 알겠는가? 이것을 신뢰성 쌓기 credibility stacking 라고 한다. 큼직한 뉴욕 델리 샌드위치처럼 한 가지 증언 위에 새로운 증언을 쌓았고, 새로 한 층씩 올라갈 때마다 신뢰성이 생겨서 전체가 부분의 총합보다 커 보이게 만든 것이다.

여기서 멈춰야 할까? 말도 안 되는 소리! 여기에다가 당신한테서 아발론을 산 사람들의 평가가 가득 든 안내서를 추가한다면 당신은 낯선 사람에서 권위 있는 소비자 정보원으로 변신한다. 이제 당신은 수수료를 챙기는 데 혈안이 된 세일즈맨이 아니라 소비자의 옹호자이다. 잠재 고객에게 실질적이고 입증된 사실, 믿을 만한 정보를 소개해서 현명한 결정을 내리도록 도와주는 조언자가 된 것이다.

당신의 목표는 불신과 두려움에 사로잡힌 잠재 고객을 확신 상태로 이끌어주는 데 있다. 이를 위해 그들보다 먼저 그 과정을 거친 사람들에 관한 믿을 만한 증거를 제시함으로써 세일즈맨과 제품 모두에 대한 인식에 정면으로 도전하여 잠재 고객의 생존 본능을 달래준다. 당신이 언급된 자료를 포함해 증언과 평가를 가능한 많이 수집하자. 이때 반대 의견에 반박하는 증언을 한데 묶는 방식이 가장 좋다. 한 가지 반대 의견에 반박하는 여러 사람의 의견을 연속해서 읽게 하면 견고한 반대 의견도 무너뜨릴 수 있는, '총합보다 더 큰 가치'가 생기기 때문이다.

다음 스크립트를 특정 제품이나 서비스에 맞게 바꿔서 사용해보자.

"고객님이 최선의 결정을 내리도록 도와드리는 게 제 역할입니다. 고객님이 누구에게 구입하든 [가입/등록/구독/대여 등] 결정하시기 전에 정말로 중요한 것은 바로 사실입니다. 제가 무슨 말씀을 드리든 고객님이 돈을 쓴 다음에 마주하는 것이 바로 사실이니까요. 사실 저야 제가 말하고 싶은 대로 말할 수 있잖아요? 하지만 제가 말씀드린 내용이 사실과 맞지 않으면 제 말은 다 쓸데없는 소리가 됩니다. 일리가 있죠?

제가 알기로 어떤 제품이나 서비스에 관한 사실을 판단할 때 가장 좋은 방법은 파는 사람의 말을 듣는 게 아니라 실제 구매자가 몇 달이나 몇 년 동안 직접 써보고 나서 뭐라고 말하는지 듣거나 읽어보는 겁니다. 제품이나 서비스가 얼마나 훌륭한지 제가 아무리 설명해도 실제 고객이 같은 얘기를 하는 것만은 못하지요." [증언과 평가를 보여준다.]

Note 제품이나 서비스에 관한 실제 구매자의 평가와 거래 경험을 잠재 고객에게 들려줄 필요가 없다고 생각했다면 잘못된 판단이다. 예를 들어 광고에서는 구매자의 증언이 신뢰를 쌓는 데 매우 중요하므로 광고에 증언을 포함하지 않으면 세일즈의 초짜라는 게 드러난다. 이용당할까 봐 두려워하는 잠재 고객의 두려움을 절대로 과소평가해서는 안 된다. 잠재 고객은 단 몇 달러짜리 물건을 사더라도 옳은 결정을 내리고 싶어 하기 때문이다.

돈은 교환 수단이므로 생산된 물건과 그 물건을 생산할 수 있는 인간 없이는 존재하지 못한다. 돈은 서로 거래하고 싶은 사람들이 거래하고 가치에 대한 가치를 주어야 한다는 원리의 물질적 형태다.

에인 랜드, 《아틀라스》

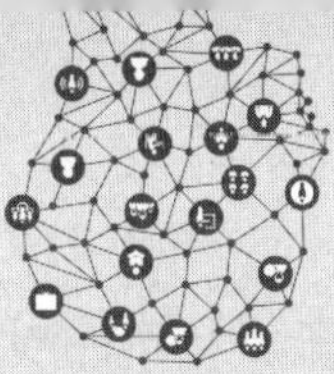

08 | 공포의 심리학

:

공포를 이롭게 활용하는 방식

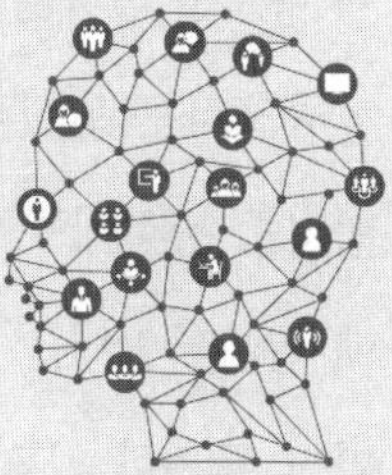

한밤중에 깊은 잠에서 깨어난 이유가 기괴한 신음 소리 때문일 수도 있고, 한창 흥정 중인 새집처럼 중요한 무언가를 잃어버린다는 불안 때문일 수도 있다. 더 심각하게는 끔찍한 사고로 팔다리나 시력을 잃는다는 생각 때문일 수도 있다. 공포가 인간에게 어떤 역할을 하느냐는 물음은 H_2O가 태평양에서 어떤 역할을 하느냐고 묻는 격이다. 대양이 곧 물인 것처럼 인간 행동은 주로 공포에서 나온다.

우리 몸은 위험을 지각하면 특정한 방식으로 반응한다. 교감신경계에서는 우리가 행동을 취하도록 준비시킨다. 우선 땀이 난다. 부신에서 혈류로 아드레날린과 코르티솔을 분비한다. 에너지를 늘리고 산소를 근육으로 보내기 위해 심박수와 혈압이 치솟는다. 이제 우리 몸은 도망치거나 싸우는 데 보다 적합한 상태가 된다.

원시적으로 들리는가? 사실이 그렇다. 우리 몸은 지금 내가 하는 것처럼 컴퓨터 모니터 앞에 앉아 있도록 만들어지지 않았다. 자연은 이런 상태를 예상하지 못했다. 문서 자동 저장 기능을 설정하지 않은 채 25쪽짜리 거창한 세일즈 기획서를 작성하는데 컴퓨터가 먹통이 되었을 때, 그 순간에 우리가 경험하는 공포에 대해서 자연은 대처 방법을 만들어주지 않았다. 무서운 침팬지가 우리 자식을 보고 군침을 흘릴 때 나오는 반응을 설계했을 뿐이다.

공포라는 원시적인 정서는 실재하는 위험이든 생생하게 상상한 위험이든 똑같이 위험을 느끼게 한다. 우리 선조들은 바로 이런 공포 덕에 살아남았다. 사실 할아버지의 할아버지의 할아버지의 할아버지가 어느 평온한 일요일 아침에 빠른 속도로 달리는 마차 앞을 지나면서 두려워하지 않았다면, 우리는 지금 이 책을 읽고 있지 못했을 것이다. 그 할아버지는 공포 덕에 살아남았다. 마찬가지로 우리도 공포 덕에 존재한다. 공포는 우리가 결코 벗어날 수 없고 벗어나고 싶지도 않은 정서이다. 공포라는 힘의 본질은 앞서 설명한 생명력 8의 첫 번째 욕구, 즉 생존 욕구에서 나온다. 우리는 유전적으로 우리 자신과 자손의 생명을 보호하도록 설계되었다.

관심을 끄는 게 다가 아니다

다행히 우리는 공포라는 강력한 정서를 우리에게 이익을 가져다줄 친구로 만들 수 있다. 어떻게 가능할까? 생명력 8 중에서 한 가지를 잃는 상황, 즉 생명 상실 생명력 8의 1번, 사회적 인정의 상실 생명력 8의 8번, 안락함의 상실 생명력 8의 5번, 그리고 사랑하는 사람의 생존과 보호 등을 포함해서 스크립트를 만들면 된다.

《누군가 나를 설득하고 있다Age of Propaganda》에서 앤서니 프랫카니스Anthony Pratkanis와 엘리엇 애런슨Elliot Aronson은 '공포를 조성해서 가장 큰 효과를 얻는' 경우를 아래와 같이 제시한다.

1. 사람들을 몹시 두려워하게 만든다.
2. 공포 유발 요인을 극복하기 위한 권장 행동을 구체적으로 제안한다.
3. 권장 행동이 위협을 줄이는 데 효과적인 것으로 지각된다.
4. 메시지를 받는 사람이 스스로 권장 행동을 수행할 수 있다고 믿는다.

우선 효과적으로 공포를 유도하려면 위의 네 가지 단계를 모두 거쳐야 한다. 그냥 "이봐요! 제 물건을 사시오"라고 말할 수는 없는 노릇이다. '공포 상자'를 만들면 자연스럽게 세일즈 메시지가 살아날 것이다. 일단 공포가 조성된 다음에도 잠재 고객에게 당신 제품이 완벽한 해결책이라는 확신을 계속 심어주어야 한다. 당신 제품을 사용하면 공포를 줄일 수 있다고 입증해야 한다.

어떤 광고에서는 공포 기법을 남용한 나머지 사람들이 공포에 질려서 아무것도 하지 못하게 만든다. 가령 생명보험 광고와 같은 광고 카피를 읽다 보면 사람들은 공포에 사로잡혀서 무기력해진다. 미래의 어느 날 아내와 자식들이 관 속에 누운 싸늘한 시신을 바라보는 장면이 나오고 이어 이런 카피가 등장하기 때문이다. "그의 싸늘하고 메마른

입술이 굳게 닫혀 있고 구부러진 바늘과 실이 아래턱으로 들어가 위턱을 지나서 오른쪽 콧구멍으로 들어가 중격을 뚫고 왼쪽 콧구멍으로 들어갔다가 다시 조심스럽게 중격을 뚫고 왼쪽 콧구멍으로 나와서 마침내 입으로 들어가 매듭을 지었다". 물론 장례식 중에 고인의 입이 벌어지지 않게 만들기 위한 방편이다.

이런 광고는 섬뜩한 흥미를 자아낼 수 있을지 몰라도 불필요한 사실이 나열된 탓에 다수의 잠재 고객은 아예 관심을 끊어버릴 수 있다. 공포 기법은 잠재 고객이 다른 대안을 멀리하도록 동기를 부여할 때 적절하다. 당신이 파는 제품, 곧 당신이 준비한 대안에서 멀어지게 만들면 안 된다. 당신은 잠재 고객에게서 "이런 물건이 정말 필요해요"라는 말을 듣고 싶지 "됐어요, 더는 못 들어주겠네!"라는 말을 듣고 싶지는 않을 것이다.

예를 들어 연기 탐지기를 팔려고 한다면 온갖 근사한 첨단 기능을 부각시키기 전에 잠재 고객의 생명력 8에 대한 잠재 위협을 밝혀야 한다. 세일즈의 힘이 바로 여기서 나오기 때문이다. "당신의 가족이 오늘 밤에 화재로 죽는다면 어떨까요?" 생명력 8의 1번 '생존'과 생명력 8의 7번 '사랑하는 사람을 보살피고 보호하기' 라고 질문을 던지면 "이 디지털 디스플레이는 배터리 교체 시기를 알려줍니다"라고 말할 때보다 훨씬 더 효과적이다. 여기서는 생명력 8 중 어느 하나의 상실을 암시하지 않는다. 다만 바꿔서 말할 수는 있다. "이 디지털 디스플레이는 배터리 교체 시기를 알려줘서 집에 불길이 번지는데도 세상 모르고 자는 일을 방지해줍니다. 그나저나 댁의 아들 노아의 방은 집 안 어느 쪽에 있습니까?"

생명보험을 팔려고 한다면, 가입자의 수입보다 적어도 다섯 배 반 이상의 가치가 있는 보험에 가입하는 것이 얼마나 현명한지 설명하는 것으로 시작해서는 안 된다. 대신에 "제가 오늘 여기 온 이유는 보험 증권을 팔기 위해서가 아닙니다. 이 댁의 가장이 생계를 책임지고 보호하고 보살펴주지 못하게 되는 경우가 생기더라도 부인과 자제분들이 집과 차를 잃고 밤마다 눈물로 지새지 않도록 도와드리기 위해서 온 겁니다"라고 말문을 여는 것이 좋다.

애견 미용사라면 "인기 있는 애견 미용 스타일 열 가지 중에 하나를 선택해서 플러피를 꾸며줄 수 있어요"라고 설득하고 싶지는 않을 것이다. 그보다는 이렇게 말하는 것이 효과적이다. "플러피한테 어울릴 만한 열 가지 근사한 스타일을 설명해드리기 전에, 우선 저희는 다른 애견 미용실처럼 위험한 진정제를 절대로 쓰지 않는다는 점을 알아주시면 좋겠어요. 그리고 절대로 미용 테이블에서 무시무시한 올가미로 강아지를 묶어두지 않아요. 강아지가 좁은 테이블에서 떨어지면 올가미가 기도를 옭아매서 털이 북슬북슬한 작은 목이 부러질 테니까요."

잠재 고객의 관심을 끌었을까? 물론이다. 그러나 관심을 끄는 게 다는 아니다. 처음에 가벼운 인사말을 나눈 뒤 아주 재치 있는 말로 세일즈 프레젠테이션을 시작해야 한다. 잠재 고객의 공포를 건드릴 뿐 아니라 당장 경쟁자보다 돋보일 한 방이 필요하다. 당연히 경쟁자는 이런 방법을 쓰지 않을 것이다.

나는 경쟁자와 무엇이 어떻게 다른가

공포심은 세일즈 프레젠테이션을 시작할 때 심어줘야지, 한창 프레젠테이션을 하는 중이나 모든 기능과 혜택을 설명한 다음에 꺼내서는 안 된다. 처음부터 공포심이 잠재 고객의 머릿속을 맴도는 편이 낫다.

"그런데 왜죠, 드루 씨?"

왜냐면 이것이 핵심이다! 잠재 고객은 속으로 다른 제품이나 서비스와 당신의 제품이나 서비스를 끊임없이 비교한 뒤에야 구매를 결정하기 때문이다. 긍정적인 행동이든 부정적인 행동이든, 가장 중요한 행동의 동인은 공포이다. 우리의 마음은 거의 모든 행동을 긍정적이고 생존에 도움이 되는 것으로 여긴다. 그것이 공포 때문이라 해도 말이다. 공포심을 이용하면 경쟁자를 제압할 수 있다. 또 적절하게 활용하기만 하면 강렬하고 본능적인 공포의 힘을 통해 잠재 고객들이 마음속에 품은 반박을 효과적으로 물리칠 수 있다.

다시 말해서 공포를 교묘히 제시하면 생물학적 근간을 건드려서 잠재 고객의 반박을 전부는 아니라도 대부분 억제할 수 있다. 공포 조장은 피상적인 방법이 아니다. "저희는 20년 동안 이 업계에서 성업해왔고, 저희 회사의 고객 서비스는 업계 최고로 손꼽힙니다"라고 말해서는 안 된다. 하품이 난다! 말도 안 된다. 인간의 여덟 가지 주요 욕구 중 한 가지를 잃을 수 있다고 넌지시 알리면, 그것만으로도 어리석고 일반적이고 기계적인 주장을 간단히 압도할 수 있다.

예를 들어보자. 나는 가라테 학원을 운영한다. 당신은 학교에서 왕따를 당하는 여덟 살짜리 아이의 아빠다. 아이 이름은 디에고라 하자. 당신은 이미 무술학원 세 군데를 돌아봤다. 당신이 중요하게 여기는 게 뭔지, 또 학원마다 무엇이 어떻게 다른지 이미 파악이 끝났다. 요컨대 당신은 우리 학원의 세일즈맨인 나에게 정신적으로나 언어적으로 반박하는 데 필요한 탄약을 조금 구비해둔 상태다.

내가 여느 가라테 학원 원장들처럼 소비자 심리학을 활용할 줄 몰랐다면 아마 이렇게 말했을 것이다.

"저희는 영춘권을 가르칩니다. 이소룡이 제일 좋아했고 호신술 중 최고로 꼽히는 이 권법은 300년 전통의 중국 쿵후입니다. 방어와 공격을 동시에 해서 아주 빠르고 효과적이죠. 배우기도 쉽고 안전하고 몸집이 작은 사람이 큰 사람에게 대항하는 데 완벽한 권법이에요. 수업은 월요일, 수요일, 금요일에 오후 6시에서 7시까지 있고, 토요일에는 12시에서 1시까지 있습니다. 수업료는 한 달에 150달러이고 굳이 계약서에 서명할 필요는 없습니다. 6개월 이상 등록하시면 할인해드립니다. 디에고, 너 무료 수업에 참여해볼래?"

이 설명에서 문제점은 뭘까? 딱히 흠잡을 데가 없어 보이지 않는가? 제품을 설명하고 어린 디에고의 왕따 문제에 적합한 혜택을 제시하고, 수업 시간과 가격 정보를 알려주고, 나아가 할인 혜택까지 언급하고서 아이에게 참여하도록 권유한다. 이정도면 훌륭한 프레젠테이션 아닌가?

그런데 아니다. 구멍투성이에 자료를 꺼내놓는 타이밍이 전혀 맞지 않았다. 초보자나 할 법한 프레젠테이션이다. 잠재 고객이 설명 내용보다는 세일즈맨 개인의 성격과 시설의 겉모습을 기준으로 구매 결정을 내리게 만드는 프레젠테이션의 전형이다. 계약이 성사된다면 순전히 운이 좋았거나 '어차피 어느 학원이든 다 거기서 거기이니 아이를 그냥 수업에 보내고' 싶은 아버지의 피로감 덕분일 것이다.

그러면 공포 심리를 이용하여 다른 경쟁자들을 따돌리고 잠재 고객의 반박 무기를 무력화시키며, 디에고 아버지가 이미 알아본 다른 학원들에 비해 비교우위를 느낄 수 있게 하는 올바른 방법을 알아보자.

아래 스크립트는 가벼운 인사가 오간 다음부터 시작한다.

"저희 학원을 찾아주셔서 다시 한 번 감사드립니다. 저희가 가르치는 권법이나 수업 시간이나 수업료에 관해 말씀드리기 전에, 우선 이런 것보다 더 중요한 점을 말씀드리고 싶습니다. [공백 두기/신뢰감 조성] 실질적인 효과에 관한 이야기입니다. 우리 시에는 무술학원이 꽤 많고 대부분 좋은 원장님들이 운영하시지요. 그중에는 제 친구들이 운영하는 곳도 있고요. [타당성 진술]

그런데 다른 학원에서 가르치는 권법과 수업 방식은 학생들에게 여러 가지 문제를 일으킬 수 있어요. [불만 생성] 다른 학원들은 아이들에게 애초에 싸움에 휘말리지 않는 법은 가르치지 않거든요. [기본적인 차이점 진술] 과연 현명한 선택일까요? [상식에 호소] 아이들한테 발차기와 주먹으로 때리는 방법을 보여주느라 바빠서 왕따를 조장하는 아이들을 상대하는 심리학과 대치 상황 자체를 피하는 방법을 가르치는 데는 시간을 전혀 할애하지 않습니다. [불만 생성]

얼마나 더 빠르고 더 세게 상대를 때릴 수 있느냐가 중요한 게 아닙니다. 이런 것만 가르쳐주기를 원하신다면 저희 학원과는 맞지 않을 겁니다. [물러서기] 저는 디에고에게 왕따에서 벗어나는 법을 가르쳐주는 데 관심이 더 많습니다. [심상 생성: 세일즈맨은 꼬리표를 떼어내는 시늉을 하고는 잠시 뜸을 들이면서 잠재 고객이 심상을 떠올리도록 기다려준다.]

아이들에게 처음부터 그런 대치 상황에 빠지지 않도록 처신하는 법을 가르쳐야 합니다. 아이들을 괴롭히는 아이가 나타날 때마다 자식이 끊임없이 시험에 들기를 바라는 부모는 없겠죠. [확인 생성] 저희는 아이들에게 대치 상황이 벌어지기 전에 따돌림의 대상이 되지 않는 법을 가르칩니다. [확인 생성] 다른 학원들은 이런 주제는 아예 건드리지 않아요. [불만 생성] 저희는 아이들이 손쉬운 먹잇감으로 보이지 않도록 처신하는 법을 가르칩니다. [확인 생성] 다만 집단 따돌림이 발생했을 때는 빠르고 쉽고 가급적 안전하게 해결하는 법을 알려줍니다. [혜택 제시]

다른 학원에서는 겉보기에 화려한 할리우드식 무술을 가르쳐요. 대형 스크린 위에서야 그럴듯해 보여도 실제로는 무척 위험한 무술이죠. [불만 생성] 그런 권법이 쓸모없다는 걸 아이들이 언제 깨닫는지 아세요? 네, 가장 절실한 순간이에요. 폭력적인 학생이 아이들을 벽에 밀치고 얼굴에 주먹을 날리고 코와 턱을 부러뜨리겠다고 협박하는 순간 말입니다. [상황에 따른 언어/심상 생성]"

어떤가? 그냥 길이만 길어진 것이 아니다. 질적으로 완전히 다르다. 이렇게 설명해보자.

첫 번째 세일즈맨은 명함에 적혀 있을 법한 기본적 내용을 그대로 읊은 데 지나지 않았다. 하품이 난다! 전화번호부처럼 우리가 누구이고, 어떤 일을 하고, 언제 그 일을 하고, 비용은 얼마나 드는지 줄줄이 늘어놓을 뿐이다. "그냥 사실입니다, 부인"이라고 설득하는 셈이다. 범죄를 수사하는 경찰에게는 괜찮은 방법이지만 세일즈 프레젠테이션에 수입과 가족의 생계가 걸린 사람에게는 아주 심각한 수준이다.

두 번째 세일즈맨은 소비자 심리학, 곧 공포를 끌어내는 요소를 프레젠테이션에 통합하였다. 목표는 잠재 고객, 여기서는 디에고의 아버지에게 다른 학원에 대해 문제의식을 품게 만드는 데 있다.

- 왜 다른 학원에서는 이런 문제에 관해 한마디도 하지 않았을까?
- 왜 다른 학원에서는 애초에 대치 상황을 피하는 방법에 관해 언급하지 않았을까?
- 왜 다른 학원에서는 디에고에게 집단 따돌림의 표적이 되지 않도록 처신하는 법을 가르쳐주겠다고 말하지 않았을까?
- 왜 다른 학원에서는 권법의 실용성에 관해 설명하지 않았을까? 무척 화려해 보이는 권법이었다. 실제로 써먹을 수 있는 권법인지, 아니면 아이들을 궁지에 몰아넣는 권법인지 의문이 든다.

세일즈에서 이처럼 공포의 힘을 활용하는 방법은 놀랄 만큼 효과적이다. 잠재 고객이 경쟁자에게 느끼던 만족의 양동이를 다 따라버리는 동시에 우리 제품에 대한 욕구의 양동이를 가득 채우는 방법이다. 대담하며 독특한 판매 제안Unique Selling Proposition, USP을 작성해서 잠재 고객이 경쟁자의 제품 가치에 의문을 품게 만들 뿐 아니라, 생명력 8 가운데 공포와 고통과 위험으로부터의 자유생명력 8의 3번, 생존과 삶의 즐거움과 삶의 연장생명력 8의 1번, 사랑하는 사람을 보살피고 보호하기생명력 8의 7번를 비롯한 여러 가지 요소를 활용한다.

나아가 잠재 고객에게 이와 같은 정보를 제시하면서 소비자 편에 선 것처럼 행동한다. 잠재 고객이 사실에 근거해서 최선의 선택을 내리도록 도와준다. 잠재 고객에게 남들은 말하지 않은 정보를 말해준 것이다.

똑똑한 소비자가 지배하는 시대

앞의 두 가지 스크립트에서는 단순히 비즈니스를 알기만 하는 사업가와 물건을 팔 줄 아는 사업가의 차이가 극명하게 드러난다. 사업가나 세일즈맨의 목표는 "저희는 영춘권 쿵후를 가르칩니다"처럼 잠재 고객에게 우리가 하는 일을 알리는 것이 아니다. "오늘 등록하면 학원 티셔츠와 물병을 선물로 주고 첫 달 수업료를 50퍼센트 할인해줍니다" 하면서 우리가 제공하는 혜택을 말해주는 것도 아니다. 목표는 방금 앞에서 살펴본 대화처럼 잠재 고객에게 우리의 '무엇'이 경쟁자의 '무엇'보다 낫다는 확신을 심어주는 데 있다.

당신이 5분 안에 나에게 제품이나 서비스를 팔아야 한다면 경쟁자에 대한 공격을 개시하기까지 얼마나 걸리겠는가?

"그런데요, 드루 씨, 제 차보다도 비싼 시계를 찬다고 자랑하는 저희 회사의 아주 현명한 세일즈 매니저는 '우리 제품은 아주 좋으니까 경쟁자를 건드리지 않아도 돼. 우리 제품으로 승부해. 그것만으로도 팔릴 거야'라고 말씀하세요."

말도 안 되는 소리다. 요즘 소비자들은 몇 년 전보다, 특히 인터넷이 우리 생활을 장악하기 이전 시대보다 훨씬 더 많은 정보를 안다. 인터넷 덕에 평범한 소비자가 뛰어난 선별가로 변모했다. 사실 세일즈맨이 제품을 설명하는 동안 소비자는 이미 조사를 마친 다른 경쟁자의 제품이나 서비스와 어떤 점이 비슷하고 무엇이 다른지를 따져본다. 문제의 핵심은 경쟁자가 제공하는 것에 대해 잠재 고객이 우리보다 더 잘 안다는 점이다.[5]

잠재 고객에게 제품에 관해 몇 가지 말해주고 구매하라고 설득하는 것은 또 다른 문제다. 제품이 얼마나 많은 기능과 혜택을 제공하는지 한눈에 확인할 수 있는 스프레드시트를 꺼내 보여주어라. 경쟁자에게 부족한 지점을 일일이 짚어주고, 확인 표시와 X표를 섞어서 시각적으로 표현하라. 큰 그림이 한눈에 들어오게 하는 것이다.

그냥 말로만 설명할 때보다 문서로 제시할 때 더 인상적이다. 무정형이던 소비자 심리 상태에 질서와 명료성, 방향과 속도, 경제성을 부여하는 것이다. 그러면 잠재 고객은 이렇게 생각할 것이다. '아, 좋네! 내가 뭘 고민하고 있었는지 알겠어. 결정에 필요한 모든 요소가 눈앞에 펼쳐지는 것 같군.' 이런 방법이 얼마나 놀라운 힘을 발휘할 수 있는지 알겠는가? 잠재 고객은 혼란에 빠지면 아무런 행동을 하지 않지만, 반면에 생각이 명료해지면 행동을 감행한다.

무엇보다도 경쟁자와 비교하면서 판매하는 데 시간을 할애하지 않으면 경쟁자의 제품에 대한 잠재 고객의 태도는 끄떡도 하지 않는다. 이해가 가는가? 잠재 고객은 마음속으로 우리와 싸우고, 우리는 그들 마음속에서 무슨 일이 벌어지는지 전혀 모른다. 어차피 잠재 고객은

---

5 이런 일을 피하려면 경쟁자가 무엇을 제공하는지 완벽하게 파악하라. 그만큼 경쟁자를 제압할 기회를 갖게 되고, 소비자가 몇 가지 단서에 의존해 구매하려 하는 휴리스틱 구매heuristic buying 현상을 최대로 활용할 수 있다. 이점에 관해서는 뒤에서 자세히 다루겠다.

우리 제품이 우수한지 모르므로 제품의 우수성 자체는 중요하지 않다. 우리가 그들에게 제품의 우수성에 대한 확신을 심어주어야 한다. 잠재 고객이 사전에 다른 경쟁자를 알아보지 않았거나 적어도 몇 분간 인터넷으로 조사해보지 않았다고 가정하는 것은 세일즈에서 자살행위이다.

고가의 시계를 찬 당신의 상사가 모르는 것이 있다. 모든 인간을 동일한 방법으로 설득할 수 없다는 사실이다. 실제로 세일즈맨에게 "이 물건을 이런 식으로만 팔라"고 말할 수는 없다. 터무니없는 소리다. 그래서 최고의 세일즈맨은 세일즈 도구함에 두 가지 이상의 영향력 도구를 갖추는 것이고, 또 마찬가지 이유로 이 책에서도 두 가지 이상의 원리를 소개하는 것이다.

잠재 고객의 확신 전략을 예로 들어보자. 이 말은 신용카드를 꺼낼 만큼 확신이 서려면 저마다 다른 요인을 필요로 한다는 뜻이다. 내가 카시트에 한번 뿌려두면 얼룩이 묻지 않는 기적의 스프레이를 판매한다고 해보자. 이 제품을 '얼룩 방지 O'라고 부르자.

내 잠재 고객 조는 제품 소개를 세 번은 들어야 확신하는 사람이다. 이 점을 감안해서 나는 조에게 간단히 얼룩 방지 O가 얼마나 획기적인 제품인지 설명하며 믿기지 않을 만큼 뛰어난 효과에 놀라는 고객들 사례를 들려주고, 이 제품이 섬유에 무해한 물질로 막을 씌워서 액체가 스미지 않게 해주는 원리를 설명할 수 있다. 그런 다음에 마지막으로 30일 동안 써보고 마음에 안 들면 100퍼센트 환불해준다는 조건을 덧붙일 수 있다.

짜잔! 잠재 고객의 확신 전략이 충족되었다. 조가 지갑으로 손을 가져간다.

반면에 린지는 제품 소개를 한 번만 들어도 되지만, 얼룩 방지 O를 시중에 나온 다른 대여섯 가지 제품과 직접 비교해보기 전에는 물건을 사지 않는다. 다시 말해서 린지는 카시트에 포도주스와 초콜릿 시럽 같은 끈적거리는 물질을 쏟아놓고 쓱 닦아냈을 때 아무런 흔적도 남지 않는 장면을 자기 눈으로 확인해야 한다. 일단 그런 시연을 해 보이면 린지의 확신 전략이 충족된다. 신중한 소비자인 린지의 손이 핸드백으로 들어가 신용카드를 꺼낸다.

여기서 요지는 무엇일까? “내 제품만 제대로 설명하면 돼”라고 말할 수 없다는 것이다. 세상의 모든 소비자는 세일즈맨이 “저희 제품이 최고예요”라고 말할 걸 예상한다. 경쟁자들을 정면으로 공격하지 않고서 어떻게 당신 제품을 경쟁자의 제품과 효과적으로 비교할 수 있을까? 사실상 불가능하다. 더구나 이 일을 잠재 고객이 대신 해줄 거라고 기대한다면 착각이다. 그런 일은 일어나지 않는다. 설사 일어난다고 해도 당신에게는 결과에 대한 통제력이 없다.

그러니 당신 상사가 270만 달러짜리 아에테르니타스 메가 4를 찬 게 아니라면, 세일즈 심리학에 관한 그의 개똥철학이나 ‘돈을 아껴서’ 산 3만 달러짜리 롤렉스 프레지던트가 조금도 인상적이지 않다고 말해주어라.

공포심을 세일즈에 적절히 활용하려면, 우선 경쟁자의 제품이 인간의 여덟 가지 기본 욕구 중 한 가지 이상을 충족시켜주지 못한다고 은연중에 밝히고, 그다음엔 긴장을 피하면서도 잠재 고객의 목표를 성취할 수 있는 손쉬운 방법을 제시해야 한다.

우선 당신 제품을 잘 살펴보고, 잠재 고객이 생명력 8과 관련된 중대한 상실이나 상처를 피하는 데 경쟁 제품보다 더 도움이 되는 요소를 찾아본다. 제품 설명을 시작하면서 잠재 고객에게 당장 기본적인 기능과 혜택을 얻을 수 있다고 말해야 한다. 다만 그전에 당신의 제품에는 있지만 경쟁사의 제품에는 없는 요소에 관한 중요한 문제를 밝혀야 한다.

"이 제품에 관해 드릴 말씀은 많지만 그 얘기를 꺼내기 전에 ________를 설명해야 할 것 같습니다. 경쟁자는 ______은 중요하지 않다고 말하지만 아마 그들은 진실을 말하지 않을 겁니다. 혹시 이 얘기를 하던가요? 안 했어요? 정말요? 흠, 제가 ______가 없으면 어떻게 되는지 말씀드리죠. [고통 설명]."

잠재 고객이 받을 수 있는 부정적인 영향을 설명할 때는 가급적 구체적이고 노골적이어야 한다. 상실이 어떻게 보이고 어떻게 들리고 어떻게 느껴지고 어떤 맛을 내는지 들려줘야 한다. 최선의 결과를 얻으려면 소비자 편에 서서 주장의 신뢰성을 최대로 끌어올리고, 경쟁자의 제품을 선택하면 어떤 부정적인 영향을 받는지 설명한다. 이때 아주 구체적이고 상황에 맞는 언어를 사용해야 한다.

○

공포는 이유가 아무리 비합리적이어도 잘 팔린다.

미국 공영 라디오

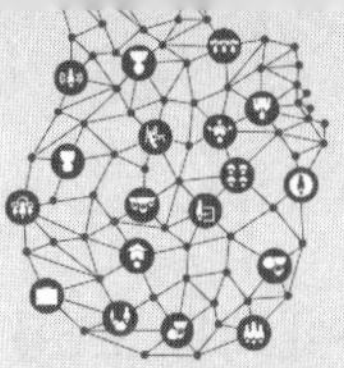

09 | 수단 목적 사슬의 심리학

:

소비자는 제품이 아닌 가치를 산다

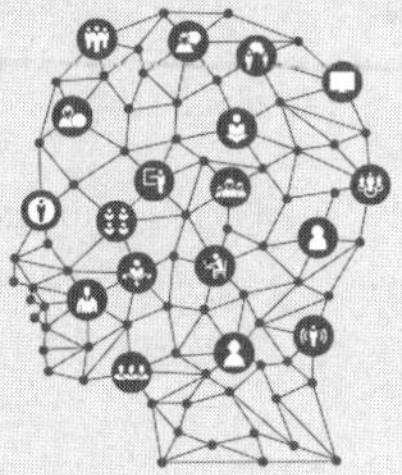

당신은 당신이 파는 제품이나 서비스를 얼마나 잘 아는가?

"아주 잘 알죠, 드루 씨. 속속들이 다 알아요. 사실과 수치를 수도 없이 늘어놓을 수 있고 기능과 혜택을 대라면 끝도 없이 댈 수 있어요. 맙소사, 저는 날마다 제품과 살아요. 아마 제 제품에 관해서는 세상 누구보다 잘 알 거예요."

다 좋다. 좋은 세일즈맨이라면 제품에 관해 알아야 할 모든 것을 알아야 한다. 그러나 워크숍 중에 고객을 위해 정확히 무엇을 하느냐고 물어보면 당황해서 아무 말도 못하는 세일즈맨이 부지기수이다. 물론 일반적으로 대답할 수는 있다. 아주 뻔한 이유이기는 하지만 고객이 왜 신용카드를 넘겨주어야 하는가를 말할 수는 있다. 하지만 심문하듯 따져 묻지 않으면 사람들이 제품이나 서비스를 사는 가장 큰 이유를 열에 한 명도 말하지 못한다. 당신은 어떤가?

논지를 명확히 전달하기 위해서 나는 워크숍 참가자들에게 "새로 시작한 소매업을 위해 옥외 광고를 하는 이유는 뭘까요? 광고로 얻는 가장 큰 혜택을 말해보세요"라고 제안한다. 대개 아래와 같은 대화가 오간다.

참가자: 음, 광고는 사람들에게 당신이 누구인지 말해줘요.

나: 그래요, 그런데 사람들에게 내가 누구인지 말해서 얻는 혜택은 뭘까요?

참가자: 그렇게 하면 당신과 거래를 하겠죠.

나: 맞아요. 그런데 사람들이 저랑 거래해서 얻는 혜택은 뭘까요?

참가자: 그러면 당신은 물건을 팔 수 있잖아요!

나: 물론입니다. 그런데 제가 물건을 팔아서 얻는 혜택은 뭘까요?

참가자: 그럼 당신이 돈을 벌 수 있잖아요!

할렐루야!

알다시피 소비자가 물건을 살 때는 돈을 써서 그 물건을 손에 넣고 싶게 만드는 뿌리 깊은 욕구가 수반된다. 사실 사람들은 당신이 파는 물건을 원하지 않는다.

"뭐라고요?" 사실이다. 사람들이 당신 제품이 주는 혜택을 똑같이 누리면서도 그런 혜택을 얻기 위해 실제 물건을 접하지 않아도 된다면, 당신은 당장 문을 닫게 될 것이다. 어떤 제품이든 마찬가지다.

고객이 갈망하는 욕구를 찾아야 한다

차를 사는 사람들은 쇳덩어리와 가죽을 원하는 게 아니다. 집을 사는 사람들은 벽돌과 시멘트, 목재를 원하는 게 아니다. 보험에 가입하는 사람들은 보험증서에 인쇄된 깨알 같은 글자를 원하는 게 아니다. 수영장을 사는 사람들은 화학약품을 탄 물이 든 거대한 구덩이를 원하는 게 아니다. 온도계를 사는 사람들은 수은으로 채워진 유리관이나 액정 디스플레이LCD 패널을 사는 게 아니다.

당신의 제품이나 서비스를 비롯해 이 모든 것은 수단 목적 사슬 means-end chain 이라는 현상의 끝에 있다. 사람들이 당신 제품을 원하는 이유는, 자신들의 갈망을 채워줄 거라고 믿기 때문이다.

예를 들어보자. 네 아이의 아버지인 조가 어느 날 일어나 가족들에게 큰 소리로 말한다. "오늘 연기 탐지기를 살 거야." 물론 어느 집에나 한 대씩 갖춰 놓아야 할 물건이기는 하지만, 조는 구체적으로 어떤 이유에서 연기 탐지기를 사려고 할까? 그가 연기 탐지기를 원하는 가장 중요한 이유는 무엇일까? 천장에 매달아두면 흥미로운 대화 소재가 될 것 같아서 사려는 건 아닐 것이다.

"음, 드루 씨. 당연하죠. 화재를 예방하려고 사는 거잖아요." 맞는 말이기는 해도 꼭 그래서 사려는 건 아니다.

"가족의 안전을 지키려고 사는 거잖아요." 역시 맞는 말이지만 정확한 이유는 아니다.

조는 연기 탐지기를 설치하지 않아서 아내와 아이들이 고통당하는 모습을 상상했다. 연기 탐지기를 구입하지 않은 자신이 아이들의 아버지이자 한 집안의 가장으로서 얼마나 부정적으로 비칠까 걱정되었다. 조는 좋은 아버지와 좋은 남편, 좋은 보호자가 되지 못할까 봐 걱정한다. 물론 조는 모두를 안전하게 지키고 싶어 한다. 그건 모두가 아는 사실이다. 그런데 가장으로서 무엇인가 해야 한다는 생각이 바로 오늘, 돈을 쓰고 싶은 욕구에 기름을 부었다. 이런 정서적 동인, 즉 결정적인 주요 혜택이 조의 뇌 조직에 깊이 박힌 심리적 사슬의 한쪽 끝에 위치하고, 다른 한쪽 끝은 제품 구매와 연결되어 있다.

잠재 고객은 우선 제품의 속성을 생각한다. "9볼트 배터리를 사용하고, 현대적인 디자인이고, 좋은 평가를 받았다". 그다음 제품의 기능적인 결과를 생각한다. "연기를 감지하면 귀청이 찢어질 듯 경고음이 울린다". 이어서 심리사회학적 결과를 생각한다. "우리 가족이 안전하리라는 걸 알아서 안심이 된다". 그리고 마침내 제품이 보완하고 충족시키는 가치, 곧 궁극적으로 구매 결정에 힘을 실어주는 동인을 생각한다. "나는 우리 가족의 보호자이고, 좋은 남편이자 아버지로서 아내와 아이들을 안전하게 지킨다".

소비자가 말하는 것과 말하지 않는 것

루이스는 새 차를 사고 싶어 한다. "새로 나온 포르쉐 카이맨이 좋겠어요." 좋은 차이고 최근에 나온 차 중 가장 화려한 스포츠카로 손꼽히지만 루이스가 이 차를 사려는 이유는 그게 아니다. 빠른 속도로 달리고 싶다거나 차가 두 대나 들어가는 차고는 비워두고 그 앞에 주차해서 동네 사람들에게 날렵하고 매혹적인 차체의 라인을 자랑하고 싶어서도 아니다.

루이스가 이렇게 섹시하고 반응이 빠른 스포츠카를 사려는 이유는 나이 일흔에 젊음을 맛보고 싶어서다. 번쩍거리던 아버지의 새 차, 1966년형 빨간색 포드 머스탱을 타고 펜실베이니아 시골의 뻥 뚫린 도로를 유유히 달리던, 근심 하나 없던 젊은 시절로 돌아가고 싶은 것이다. 아, 1966년에는 얼마나 자유롭고 평온했던가! 스물두 살의 앳된 얼굴에 세상사 걱정거리 하나 없이 살았다. 맞다. 바로 그런 기분을 다시 맛보고 싶은 것이다. 루이스의 뇌 안쪽 깊숙한 곳에서 1조 개의 시냅스가 연동하여 현재의 재정 상태를 철저히 검토하지 않고 이런 결론에 도달했다. "그래, 포르쉐를 사고 싶어."

이런 것을 소비자 인과관계consumer cause and effect라고 한다. 여기서 원인은 중요한 정서적 욕구를 충족시키려는 뿌리 깊은 생각이며, 심리적으로 생존과 연결되어 있는 경우가 많다. 결과는 신용카드를 꺼내는 행위로 이어진다.

당신은 잠재 고객을 얼마나 잘 아는가? 그들은 정확히 어떤 이유로 당신 제품을 원하는가? 나는 지금 잠재 고객이 제시하는 첫 번째 이유를 말하는 것이 아니다. 나는 보다 핵심적인 이유에 관심이 있다. 모든 피상적인 이유 아래에 감춰진 사적인 이유, 즉 자려고 누운 잠재 고객의 신경을 건드리는 이유조와 연기 탐지기처럼이며, 잠재 고객이 감당할 수 있는 수준 이상으로 돈을 쓰는 행위를 정당화하는 이유루이스와 포르쉐처럼이다. 나는 수단 목적 사슬의 마지막 연결 고리, 말하자면 아주 강력해서 나머지 모든 고리를 붙잡아주고 그것이 없다면 나머지 고리들은 순식간에 흩어져버리는 이유를 찾는 중이다.

이 책을 쓰는 동안 내 머릿속에서 조그만 목소리가 속삭인다. "드루, 이발해야겠어." 머리가 너무 길어서가 아니다. 머리가 길다는 건 뇌에서 이발을 정당화하는 요인이다. 아내가 머리가 지저분해 보인다고 말해서도 아니다. 또 하루가 다르게 사람들 앞에 서는 일이 부쩍 힘들어져서도 아니다. 나의 수단 목적 사슬을 잇는 마지막 연결 고리로서 머리를 자르고 싶은 가장 실질적이고 중요한 이유는, 내가 사람들 앞에서 어떤 인상을 줄지, 풍동[6]에서 자고 일어난 것 같은 머리를 하고 돌아다니면 남들이 뭐라고 할지 걱정되기 때문이다.

누군가 무심코 "드루 씨, 이발은 왜 해요?"라고 물으면 나는 기꺼이 수단 목적 사슬의 나머지 연결 고리들을 읊어댈 것이다. 머리가 길어서라거나 아내의 성화 때문이라거나 손질하기 쉬워서라고 말할 것이다. 더 집요하게 캐물어야 마지막 연결 고리가 나올 것이다. 왜일까? 그것은 좀 더 사적인 영역이기 때문이다. 입 밖으로 꺼내면 내면의 불안감이 흘러나올 수 있다. 그러면 어릴 때부터 꽁꽁 숨기라고 배워온 우리 안의 나약한 모습이 노출될 수 있다. 무심코 허영심을 드러내거나 스스로를 비판의 눈길에 노출시켜서 상처를 입을 수도 있다. 그래서 그냥 이렇게 말하는 편이 훨씬 수월하다. "머리가 얼마나 길었는지 보세요. 당연히 이발해야죠."

내 머리 얘기는 이제 그만하고 다시 당신의 잠재 고객에게 돌아가보자. 일반적으로 잠재 고객이 원한다고 말하는 것은 수단 목적 사슬의 핵심에서 한참 벗어난다. 내가 머리 깎는 행위를 정당화하듯이, 당신은

---

6 wind tunnel : 비행기 등에 공기의 흐름이 미치는 영향을 시험하기 위한 터널형 인공 장치를 말한다.

잠재 고객한테서 당신 제품을 원하는 피상적인 이유만 듣게 될 것이다. 잠재 고객이 밝히는 이유는 대체로 그들의 약점을 노리는 세일즈맨에게 노출시켜도 될 만한 내용일 것이다.

가령 루이스는 포르쉐를 사면 젊은 시절로 돌아간 기분이 들고 더 젊어 보일 거라고 생각하지만, 지나치게 사적인 이유인 데다가 부끄러운 마음도 들어서 세일즈맨에게는 말하지 않는다. "내가 차를 사려는 이유요? 남이 알 바 아니잖아요! 세일즈맨은 그저 내가 이 차를 살 자격이 있는지만 알면 되잖아요."

세일즈맨의 목표는 제품이나 서비스를 파는 데 있다. 수단 목적 사슬을 이용하면 소비자가 제품이 선사하는 궁극적인 가치나 혜택으로 눈을 돌리게 할 수 있다. 나는 이것을 혜택 중의 혜택이라고 부른다.

수단 목적 사슬의 사고방식을 가동시키려면 제품이 제공하는 가장 중요한 혜택에 관해 당신이 아는 만큼 정보를 제공해야 한다. 그러면 잠재 고객은 실제 제품의 장점과 단점을 비판적으로 분석하기보다는 궁극적인 혜택에 따라 구매 결정을 내릴 것이다.

소비자가 원하는 궁극적인 혜택은 무엇인가

잠재 고객이 마지막 연결 고리를 밝히지 않더라도 당신은 차선책을 알아낼 수 있다. 연결 고리 한두 개만 건너면 무엇이 있는지 파악할 수 있는 것이다.

예를 들어 당신이 삽을 판다면, 사람들이 원하는 건 기다란 자루에 납작한 쇠가 달린 연장이 아니라는 걸 알아야 한다. 사람들이 원하는 건 아름다운 나무와 알록달록한 꽃을 심어서 이웃들에게 매력적이고 인상적인 집으로 보이게 만들어줄 구덩이다. 당신이 전자레인지를 판다면 사람들이 원하는 게 유리판이 돌아가고 버튼이 잔뜩 달린, 공간을 차지하는 커다란 상자가 아니라는 걸 알아야 한다. 사람들은 조리 시간을 아껴서 다른 일에 쓰고 싶어 하는 것이다. 무엇을 팔든 사람들이 원하는 것은 물건 그 자체가 아니라는 점을 명심해야 한다. 사람들은 궁극적인 혜택을 구입한다. 사람들이 당신 제품을 접하지 않고도 그 제품이 제공하는 혜택을 얻을 수 있다면 두 번 생각할 것 없이 그쪽을 택할 것이다.

손가락을 한 번 튕겨서 순식간에 집이 정돈되고 깨끗해진다면 굳이 집을 청소해달라고 당신에게 전화할까? 이소룡처럼 쌍절곤을 휘두르며 자기를 보호하는 호신술을 배울 수 있다면 무술학원에 등록할 사람이 몇이나 될까? 스포츠카를 사지 않고도 고속으로 질주하는 짜릿한 기분을 맛볼 수 있다면 누가 자동차를 사기 위해 대출 서류를 작성할까?

사람들은 물건 자체를 원하는 게 아니다. 물건은 혜택을 전달하는 수단에 불과하다. 어떤 물건의 혜택을 누리기 위해 하는 수 없이 견디는 구매 과정은 필요악이다. 그래야 물건이 주는 혜택과 그 혜택이 가치관에 미치는 영향에 관해 나름대로 생각할 수 있기 때문이다.

"아, 드루 씨, 어떻게 그런 식으로 말할 수 있습니까? 제 제품이 필요악이라니요? 사람들이 하는 수 없이 물건을 산다니요? 그런 식으로 말씀하시는 걸 보니 제 제품을 전혀 모르시나 보군요!"

이렇게 반응하는 이유는 어떤 제품을 구성하는 물리적 재료가 곧 소비자에게 그 물건을 소유하는 즐거움을 선사한다고 믿기 때문이다. 플라스틱, 금속, 종이, 그 밖에도 제품이 물리적으로 존재하는 형태에 사람들이 기꺼이 돈을 내려 하는 마술적인 속성이 깃들어 있다고 말하는 셈이다.

요컨대 사람들이 사랑에 빠지거나 갈구하는 대상이 당신의 제품이라는 생각을 끊어야 한다. 사실은 그렇지 않다. 제품이나 서비스가 사람들에게 무엇을 해줄 수 있는지가 중요하다. 당신에게서 물건을 산 고객들은 선천적으로 타고난 여덟 가지 강렬한 욕구2장에서 설명한 생명력 8를 충족시키고 싶어 하고, 그 물건을 소유하거나 사용하면 여덟 가지 욕구 중 한두 가지를 충족시킬 수 있다고 믿는다. 앞서 말했듯이 여덟 가지 욕구는 인간의 다른 모든 소망을 다 합친 것보다 세일즈에 더 강력한 영향을 미친다.

따라서 가장 성공한 세일즈맨들은 제품의 혜택에 초점을 맞추지, 배달 장치나 제품 자체에 주목하지 않는다. 이렇게 생각해보자. 피자집을 운영하는 당신이 배달부를 고객 집으로 보냈더니 피자는 차에 놔두고 고객 집을 노크한다. 피자는 건네지 않은 채 자기가 타고 온 차에 관해 30분 동안 떠들어댄다. "피자요? 신경 끄세요. 그보다 저기 제 차를 보세요. 얼마 전에 변속기를 개조했어요. 새로 단 크롬 배기관을 좀 봐주세요. 와, 아기처럼 가르랑거리는 소리를 들어보세요. 340마력이에요, 믿어지세요? 오, 세상에, 정말 멋져요!" 배달부는 피자를 건네지 않고 배달 장치에 관해 떠들면서 고객을 만족시키려 하고 있다.

완전히 헛짚은 것이다! 피자를 주문한 고객이 고물 자동차 따위에 관심이 있을 리가 없다. 그저 화덕에서 갓 구운 바삭한 빵 껍질과 신선한 슬라이스 페퍼로니, 양념이 완벽하게 조합된 홈메이드 소스와 부드럽고 신선한 홈메이드 버펄로 젖 치즈를 어서 맛보고 싶을 뿐이다.

당신의 제품이 선사하는 혜택 중의 혜택은 무엇인가? 당신이 직접 결정할 수 있다. 그러나 잠재 고객의 수단 목적 사슬에서 핵심 연결 고리를 잡아당기려면 그들이 왜 당신네 제품을 원하는지 끊임없이 질문하는 수밖에 없다. 아마 조금 깊이 파고들어야만 겉으로 드러나는 동기와는 다른, 진정한 이유가 드러날 것이다.

이유를 무심결에 툭 털어놓는 잠재 고객도 있다. "웬 불한당이 모두 잠든 오밤중에 우리 집에 침입하면 어쩌나, 아무런 대비책을 마련해두지 않아서 비극이 벌어지면 어쩌나 걱정돼요. 가족을 보호하는 건 제 임무인데도 이제껏 저는 가족을 안전하게 지키기 위해 아무것도 하지 않았어요. 우리 가족은 저를 보호자로 생각해요. 지금까지는 운이 좋았죠. 더 늦기 전에 빈틈없이 대책을 마련해둬야겠어요."

제품에 관심 갖는 이유를 알아서 털어놓는 잠재 고객은 만나지 못하더라도, 이유를 좀 더 캐물어 얻어낸 답변은 다음과 같이 평범하게 피상적인 질문만 던져서 얻어낸 정보보다 거래를 성사시킬 가능성이 훨씬 크다. "아, 언제쯤 구매하실 생각입니까? 현재는 어떤 제품을 운전하고/사용하고/임대하고/구매하고/드시고 계십니까? 어떤 기능을 원하십니까?"

'사적인 질문으로 저 사람을 방해하고 싶지 않아'라고 생각하는가? 하지만 이렇게 '연못에 파문을 일으키지 못하는' 질문으로는 아주 미미한 힘을 가진 가벼운 자료밖에 얻지 못해서 세일즈의 결과에 영향을 미치는 데 거의 도움이 되지 않는다.

"하지만 드루 씨, 저는 잠재 고객의 핵심 욕구를 몰라도 잘만 팔거든요."

이에 대한 답은 두 가지다. ① 구매자가 핵심 욕구를 표현하지 않았다고 어떻게 단정하는가? ② 당신한테서 구매하지 않은 잠재 고객은 어떤가? 당신이 그들의 본능적인 욕구를 건드렸다면 그중에 얼마나 더 많은 사람이 당신과 거래했을까?

당신이 잠재 고객의 궁극적인 핵심 욕구에 근접했는지 여부를 판단하는 간단한 방법이 있다. 그들이 말하는 구매 이유를 생명력 8과 비교해보면 된다. 일치하는 항목이 있으면 올바른 길에 들어선 셈이다. '왜'라는 질문을 몇 번 더 던져서 조금 깊이 파고들어가 보면 대체로 정확한 지점을 건드리는 순간을 알 수 있다. 잠재 고객이 지극히 사적인 정보를 밝히거나 나약한 일면을 노출하는 순간이다.

예를 들어 당신은 BMW를 파는 세일즈맨이다. 잠재 고객인 제인이 현재 타는 차보다 더 편안한 차를 찾는다고 말한다면 여기서 멈춰도 될까? 아니다. 편안함은 물론 생명력 8에 들어 있는 항목이지만 여전히 피상적인 대답이다. 아마 요령이 없는 여느 세일즈맨이라면 이 대답에 만족하고 제인에게 아주 부드러운 메리노 가죽 시트에, 뒷좌석에는 마사지 옵션까지 달린 차를 보여줄 것이다.

그에 반해 당신은 생명력 8을 지침서로 삼아 영리한 질문을 던져서 잠재 고객과 바람직한 공감대를 형성한다. 아하! 전남편이 자기는 '좋은' 차를 타면서 제인에게는 실패자 같은 기분이 드는 차를 타게 한 사실이 드러난다. 당신은 제인이 험한 꼴을 겪으며 이혼한 사연을 듣고, 그녀에게는 안락함이 중요하기는 해도 지위와 연관된 문제가 더 중요하다는 사실을 알아챈다. 제인에게는 무너진 자존감을 다시 세워줄 새 장난감이 필요한 것이다. 이럴 때 모든 옵션이 장착된 신형 BMW 760Li 세단보다 나은 선택이 있을까?

이제는 편안함에만 치중하지 않고 훨씬 강력한 힘으로 달릴 만한 빠른 길을 찾았다. 잠재 고객의 자아와 함께 기적 같은 성과를 거둘 수 있다. 지금 생명력 8의 6번 남보다 우월해지고 남보다 앞서가고 남에게 뒤처지지 않는 상태 과 함께 8번 사회적 인정 과 1번 삶의 즐거움 으로 넘어가는 동기를 살펴보고 있다. 참, 5번 안락한 주거 환경 도 넣어보자.

세일즈 가능성이라는 거대한 상자가 어떻게 열리는지 알겠는가? 당신이 제인에게 가장 강력한 영향을 미치는 욕구에 집중하는 사이, 다른 세일즈맨들은 주로 푹신한 좌석과 부드러운 승차감 따위에 관해 떠들 뿐 가장 뜨거운 주제를 건드리지 못한다.

아래의 짧은 스크립트는 생명력 8과 일치하는 핵심 욕구를 끌어낼 수 있게 질문을 설계했다. 잠재 고객이 갈망하는 욕구의 근간에 접근하는 방법이다.

세일즈맨 [공감대 형성 이후]: 오늘 구매하시려는 가장 중요한 이유는 뭔가요, 짐?

잠재 고객: 믿고 탈 수 있는 교통수단이 필요해요. 걸핏하면 고장이 나는 고물 자동차에는 진력이 났거든요. [신뢰성은 학습된 욕구다. 계속해서 생명력 8을 탐색하라.]

세일즈맨: 그래요, 차가 자꾸 고장 나면 무척 당황스럽죠. 이 신형 아발론은 도로에서 가장 믿을 만한 모델로 유명해요. 그런데 훨씬 낮은 가격대로 똑같은 안정감을 선사하는 모델도 있어요. 이건 어떠세요?

잠재 고객: 아름답군요. 디자인이 아주 근사하네요. [학습된 소망 7: 아름다움과 스타일의 표현. 계속해서 생명력 8을 탐색하라.]

세일즈맨: 예, 디자인이 기가 막히게 잘 빠졌죠. [특히 아름다운 몇 가지 특징을 지적하면서 잠재 고객의 진술을 인정해주고 계속해서 생명력 8 욕구를 한 가지 이상 탐색하라.] 그런데 스타일이 전반적인 성능보다 중요할까요?

잠재 고객: 경주용 차는 필요 없어요. 제 고객들에게 좋은 인상을 심어줄 수 있고 운전하면서 기분이 좋아지는 차를 원해요. [생명력 8의 6번 우월해지려는 욕구과 8번 사회적 인정이 드러났다. 생명력 8의 욕구가 드러나면 그 내용을 좀 더 파고들어간다. 이미 드러난 욕구를 중심으로 제품 설명을 이어가면서 모든 상세 정보에 결합시키거나 여러 번 다시 언급한다.]

생명력 8 욕구는 구매자의 내면에서 물건을 사라고 가장 열심히 부추기는 욕구이자 반드시 충족시켜야 할 욕구라는 점을 기억해야 한다. 다른 세일즈맨들이 세일즈에 이용하려고 덥석 무는 아홉 가지 학습된 욕구에 주의를 빼앗겨서는 안 된다. 학습된 욕구는 대개 케이크 겉에 입히는 생크림처럼 구매의 핵심 이유를 감추는 부수적인 욕구일 뿐이다.

예를 들어 아름다움과 스타일을 표현하려는 학습된 욕구는 생명력 8의 4번 핵심 욕구성을 나누는 동반자를 은폐한다. 신뢰성과 품질에 대한 학습된 욕구예: 일산화탄소 탐지기는 생명력 8의 3번 핵심 욕구공포와 고통, 위험으로부터의 자유를 은폐한다.

가치관을 바꾸는 모든 것은 행동을 바꾼다.

조지 시핸 George Sheehan

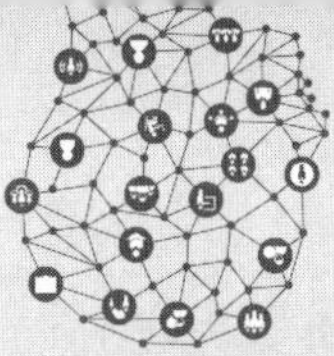

10 | 정교화 가능성 모형

:

세일즈를 성공으로 이끄는 결정적인 요인

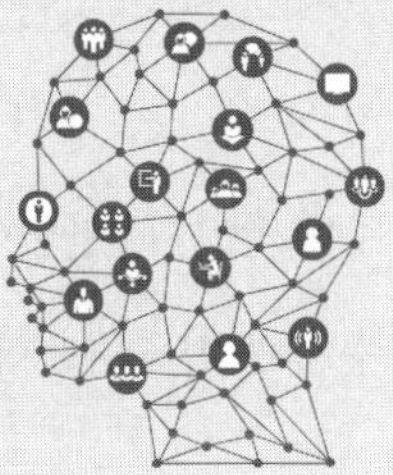

19센트짜리 고무 문버팀쇠를 팔면서 130만 달러짜리 부가티 베이론을 팔 때처럼 접근하는 사람은 없다. 중국산 문버팀쇠를 팔 때는 19센트어치만큼의 영향력이 필요하다. 부가티를 팔 때는 점심시간도 없이 일해야 겨우 세일즈를 성사시킬까 말까다.

그런데 세일즈 성공에 결정적인 영향을 미치는 것은 우리가 잠재 고객에게 하는 말이 아니다. 우리가 하는 말을 잠재 고객이 어떻게 생각하느냐가 중요하다.

"음, 무슨 말이지?"

잘 들어보시라. 소비자가 구매 결정을 해야 하는 순간 두 가지 유형의 사고 과정이 발생한다. 두 가지 사고 과정이란 소비자의 태도를 변화시키는 두 가지 경로를 뜻한다. 주변과 중심이다. 여기서 주변은 '어떤 사물의 가장자리나 주변, 혹은 어떤 사물과 관련된' 것을 뜻한다.

주변 경로peripheral route는 게으른 사람이 생각에 이르는 길이라고 부를 수 있다. 이는 사람들이 피상적인 이미지나 단서에 치중하게 만드는 과정에 지나지 않는다. 실제로 이런 단서는 여자들에게 이렇게 말한다. "여기 이 아름다운 여자를 보세요. 저희 제품을 들고 있죠. 당신도 이 여자처럼 보일 수 있어요." 순수한 정서, 반사 반응이다. 이치에 맞지도 않고 맞아서도 안 된다. 이름에서도 알 수 있듯이 주변 경로에서 일어나는 생각은 뇌의 표면을 스치듯 지나갈 뿐이다. 이런 생각은 주변적이다. 반면에 중심 경로central route는 잠재 고객이 사실과 자료, 수치에 집중하게 만든다.

"일산화탄소는 매년 미국의 주택 보유자 400명을 죽이는 조용하고 냄새 없는 살인자입니다. 일산화탄소는 미국에서 일어나는 중독사 중 가장 큰 원인이죠. 해마다 2만 명 넘게 응급실에 실려 가고 4,000명 이상이 일산화탄소 중독으로 입원합니다. 일산화탄소에 중독되면 몸에서 필요한 산소를 흡수하지 못해 사망합니다. 일산화탄소는 색깔도 없고 냄새도 없고 맛도 없어서 언제 몸으로 침투하는지 알아채지 못하죠.

일산화탄소는 혈액에서 산소를 운반하는 헤모글로빈에 달라붙어서 일산화탄소를 계속 흡입하면 몸의 조직과 기관, 뇌로 전달되는 산소가 점차 줄어들게 됩니다. 이내 어지럽고 속이 메스껍고 기운 빠지고 피곤하고 혼란스러워지죠. 그리고 수많은 다른 일산화탄소 희생자처럼 결국 자기가 게워낸 토사물을 뒤집어쓴 채 의식을 잃게 될 겁니다. 한밤중에 일산화탄소가 새면 온 가족이 다시는 일어나지 못할 수 있습니다. 29달러짜리 저렴한 일산화탄소 탐지기와 5달러짜리 9볼트 배터리만 있으면 자다가 서서히 죽어가는 비극에서 당신과 가족을 지킬 수 있습니다."

소비자가 어떤 제품을 더 진지하게 생각할까? 19센트짜리 문버팀쇠일까, 아니면 일산화탄소 탐지기와 한밤중에 죽어가는 가족일까? 물론 일산화탄소 탐지기이다. 이 제품의 목적이 더 중요하기 때문이다. 이 제품이 없으면 생명을 잃을 수도 있다. 좀 더 구체적으로 말해서 세일즈 프레젠테이션에는 잠재 고객이 더 깊이 생각하도록 만드는 이유와 사실, 자료가 넘쳐난다. 여기에 감정을 조금 가미해서 잠재 고객을 조금 더 흔드는 것이다.

소비자의 태도를 변화시키는 두 가지 경로

사실상 마비 상태로 하루를 보내는 사람이 많다. 무슨 일도 진지하게 생각하려고 하지 않는다. 깊이 생각하려면 너무 어렵고 많은 노력을 요하기 때문이다. 신경언어프로그래밍 Neuro-Linguistic Programming, NLP의 공동창시자인 리처드 밴들러 Richard Bandler는 이렇게 말했다. "사람들을 흔들어 저마다의 최면 상태에서 깨운 뒤 당신의 최면 상태로 끌어들여야 합니다."

소비자들은 제품을 이해하기 위해 최소한의 노력만 기울인다. 어떤 물건을 팔든 잠재 고객이 얼마나 똑똑하든 상관없이 세일즈 프레젠테이션은 간결하고 명료해야 한다.

소비자 심리학에 따르면 사람들은 일반적으로 개인적 연관성이 높은 사안, 자기에게 중요한 사안을 더 진지하게 생각하려 한다. 어떤 물건을 구입할지 고민할 때 가격이 종종 사고 유형 주변 경로나 중심 경로 을 좌우한다.

앞에서 고무 문버팀쇠와 부가티 베이론을 예로 들었다. 소비자가 구매하기 전에 사고하는 과정 유형을 명확히 보여주는 극단적인 사례다. 이번에는 일상에서 흔히 볼 수 있는 두 가지 소비자 사례를 살펴보자. 껌을 한 통 살 때와 두 살짜리 아들에게 가장 적합한 유치원을 결정할 때를 예로 들어보자.

두 가지 결정 중 어느 쪽에 생각의 힘을 더 쏟아야 할까? 껌 선택을 전혀 문제로 생각하지 않는다면 "당연히 유치원이죠"라고 답할 것이다. 그러나 껌을 사는 행위가 삶에서 전혀 중요한 일이 아니라 해도, 뇌에서는 수백만 개의 시냅스가 움직이면서 우리가 상상하는 것보다 훨씬 복잡한 고민 과정을 거친다. "나는 어떤 껌을 원하지? 덴타인을 좋아해. 아, 크기가 두 가지라고? 큰 걸 원해."

이런 간단한 결정을 내리는 순간에도 생물학적으로 복잡한 기제가 개입되긴 하지만, 어쨌든 이 정도만 고려하면 된다. 반면에 유치원 선택은 사랑하는 아이가 개입된 문제라서 무수한 질문과 걱정을 불러낸다.

"우리 동네에서 어느 유치원이 아이에게 최선일까? 안전한 곳일까? 교사들은 어떤 사람들일까? 자격을 갖춘 사람들일까? 경력이 충분할까? 응급 상황에서 기본적인 인명 구조 조치를 취할 수 있을까? 유치원이 청결할까? 아이들에게 어떤 음식을 제공할까? 한 반에 몇 명씩 가르칠까? 아이들이 밖에서 뛰어놀 공간이 있을까? 문이 제대로 갖춰져 있을까? 문이 없다면 어느 미치광이가 운동장으로 들어와 내 아들을 납치해서 더러운 차에 밀어 넣고 두 번 다시 나타나지 않을 수도 있는데, 그런 상황에 대한 대비책은 마련되어 있을까? 아픈 아이가 있으면 어떻게 할까? 곧바로 귀가시킬까? 아니면 온종일 수도꼭지처럼 콧물을 줄줄 흘리면서 주위 사람을 감염시키도록 놔둘까?" 머릿속에서 질문이 끝도 없이 이어진다.

이것은 중심 경로의 완벽한 사례다. 진지하고, 적극적인 생각, 무심하지 않은 성찰. 중심 경로 처리가 작동하는 이유는 이런 종류의 구매 결정에서는 최종 결정이 실질적인 결과를 낳기 때문이다.

반면에 껌은 사고 나서 마음에 들지 않으면 바꾸거나 그냥 버리거나 스무 번쯤 씹고 뱉으면 된다. 어떤 껌을 살지 결정하는 일은 중요하지 않으므로 이런 결정에 도달한 사고 유형도 중요하지 않다. 이 점을 이해하면 가능한 적은 노력을 들이고도 수십 가지 상표를 둘러볼 수 있다. 하지만 이제는 껌을 사는 상황에 중요성을 더해서 피상적인 주변 경로가 어떻게 더 중요한 중심 경로 사고 유형으로 바뀌는지 살펴보자.

예를 들어 배우자가 당신에게 장을 봐 오라고 시키면서 몇 가지 식료품을 사다 달라고 한다. 우유, 달걀, 빵, 그리고 얼마 후 회사 연수로 애틀랜타에 갈 때 비행기 안에서 씹을 껌 몇 통이다. 민간 항공사에서는 약 2킬로미터 상공의 기압까지만 재현할 수 있으므로 그 이상 올라가면 귀에 심한 통증이 일어날 수 있다. 이때 껌을 씹으면 타액 생성이 자극되어 침을 삼키게 된다. 그리고 침을 삼키면 귀 안쪽으로 이어지는 유스타키오관이 열려서 기압이 풀리고 통증을 줄일 수 있다.

하지만 생각처럼 간단하지가 않다. 배우자는 최근에 페닐케톤뇨증

phenylketonuria 진단을 받았다. 이 병은 유전적 대사 질환으로, 체내에서 페닐알라닌을 대사하지 못한다. 이 물질은 여러 종류의 껌에 흔히 첨가되는 인공감미료 아스파탐의 원료이기도 하다. 페닐케톤뇨증 환자가 이 성분을 섭취하면 어떻게 될까? 몇 가지만 꼽자면 정신 지체, 뇌 손상, 발작, 그 밖에 생명에 지장을 주는 문제가 발생할 수 있다. 껌을 사는 행위는 중요하지 않은 결정으로서 주변 경로 처리의 전형적인 사례이지만, 이런 배우자를 위해 껌을 살 때는 생사가 걸린 문제가 된다.

앞으로 껌 포장지의 성분 표시를 읽는 데 시간을 더 많이 쓸 것인가? 아니면 과감히 걱정을 떨치고 재미있어 보이고 알록달록한 포장지의 껌을 집어 든 뒤, 배우자가 껌을 입에 넣을 때 좋은 일이 있기를 바랄까? 틀림없이 중심 경로 처리가 더 부각되어 발작과 뇌 손상을 일으킬 수 있는 화학성분은 피하려 들 것이다. 원하는 껌을 찾을 때까지 진열대에 놓인 모든 껌의 성분표시를 읽을 것이다.

하지만 이것은 매우 특이한 상황이 아닌가? 껌 제조업체에서는 페닐케톤뇨증을 앓는 소수를 걱정해서 '페닐케톤뇨증: 페닐알라닌 함유'라고 경고문을 표시하지 않는다. 이 성분 때문에 피해를 볼지도 모르는 사람들을 위해 광고를 바꾸지도 않을 것이다. 게다가 페닐케톤뇨증 환자들은 스스로 알아서 해로울 만한 성분을 찾아내고 피할 것이다.

세일즈는 의사소통이다

깊은 사고를 요하지 않는 물건을 파는 수많은 제조업자들은 그저 단서 이미지와 정서 를 이용해 물건을 판다. 단서는 전 세계에서 매일 수천 억 달러의 제품과 서비스를 파는 강력한 설득 요인이다. 이를테면 옷을 거의 벗다시피 하고 아슬아슬한 비키니 패션을 광고하는 여자들, 거의 모든 향수 광고에 등장하는 낭만적인 이미지를 풍기며 남성 화장품 광고에 나오는 강인하고 탄탄한 몸매의 남자들 그중에 그 제품을 써본 사람은 거의 없다, 거대한 광고판에서 기존의 말보로 모델 데이비드 매클레인, 웨인 매클래런, 딕 해머 이 모두 폐암으로 사망한 줄도 모른 채 사람들에게 말보로 담배를 사라고 신호를 보내는 남자 모델이 보여주는 단서가 그렇다.

"필터 담배? 웃기는 소리. 그런 건 여자들이나 피우는 담배지"라던 사회적 인식이 "강인한 남자들만 말보로를 피운다"로 바뀌는 데는 고작 몇 달밖에 걸리지 않았다. 말보로는 1퍼센트 미만이던 시장점유율을 확 끌어올려서 1년 새에 네 번째로 잘 팔리는 브랜드로 급성장했다. 단서를 활용한 덕분이다. 당신도 단서를 적절히 활용하면 제품을 파는 데 어떤 도움을 받을지 생각해보라.

이 기법에 관한 스크립트는 처방전에 가깝다. 제품의 범주와 상관없이 매출을 끌어올리는 최선의 방법은 논쟁의 여지가 없는 명백한 사실로 접근하여 정서적 비틀기를 더한 견고한 데이터에 초점을 맞추는 것이다. 여기서 데이터란 단순히 숫자만을 뜻하지는 않는다. 사실과 숫자 이외의 세부 정보, 주로 물건을 소유할 때 누릴 수 있는 혜택이 철저히 논리적으로 제시된 정보이다.

광고계의 대부인 클로드 홉킨스 Claude Hopkins 가 '리즌 와이 Reason Why' 라고 부른 이 기법은 제품을 향한 욕구를 자극하는 방식이다. 그냥 제품이 훌륭하다고 말하는 대신 그 제품을 사야 하는 이유를 제시하는 데 초점을 맞춘다.

"예? 차이를 모르겠는데요, 드루 씨. 모든 세일즈에서 사람들에게 물건을 사야 하는 이유를 말하지 않나요?" 아니다. 이 점을 잘 보여주는 사례를 들어보자.

당신이 인쇄업을 한다면 "저희 업체의 고품질 프린터는 경쟁 업체보다 고객님 서류가 더 돋보이게 해드립니다. 신형 디지털 프린터여서 해상도가 훨씬 좋고 더 좋은 종이에 인쇄하니까요"라고 말해서는 안 된다.

이런 스크립트는 잠재 고객에게 왜 꼭 당신을 선택해야 하는지 말해주지 않는다. 물론 높은 해상도로 좋은 종이에 인쇄해서 인쇄 품질이 좋다는 설명을 해야 한다. 그러나 그걸로 끝나서는 안 된다. 잠재 고객이 이런 단조로운 단어를 들었을 때, 당신과 꼭 거래해야 하는 매력적인 이유라고 해석하게 해야 한다.

해석은 당신에게 달렸다. 거래를 원하는 사람은 바로 당신이기 때문이다. 게다가 누군들 "저희가 일을 더 잘합니다"라고 말하지 않겠는가? 나는 이것을 일반성의 저주라고 부른다. 이유를 말할 때 감정을 빼놓은 채 주요 항목을 나열하기만 해서는 안 된다. 지극히 일반적인 이유라서 신뢰를 거의 심어주지 못하기 때문이다. 잠재 고객에게 기관총을 난사하듯 줄줄이 이유를 대고 망치로 못을 박듯이 머리에 쏙쏙 박히도록 정서적으로 흥미로운 설명을 하고 싶을 것이다.

세일즈맨이 할 일은 단지 정보를 제공하는 것이 아니다. 세일즈맨은 뉴스 기자가 아니다. 세일즈 실적 상을 수상하려면 이런 철학으로는 안 된다. "나는 컨설턴트지 세일즈맨이 아니다. 내 회사 명함을 봐라. '제품 컨설턴트'라고 적혀 있다. 나는 잠재 고객에게 데이터를 제공하고 지적인 사람들이 스스로 결정하게 도와준다. 내가 파는 제품을 제대로 이해하는 한 영향력을 행사하는 과정은 따로 필요하지 않다."

어느 고객 서비스 담당자의 생각을 들여다보자. 실제로 그의 은행 계좌에는 그를 파산으로 몰고 갈 철학이 고스란히 반영된다. 세일즈는 세일즈이다. 단지 정보만 전달하는 일이 아니다. 정보 전달만 필요하다면 거리의 차에 전단지를 붙이는 일도 세일즈이고 동네 슈퍼마켓 자동판매기에 명함을 놓아두는 것도 세일즈일 것이다. 그러나 둘 다 세일즈가 아니다. 그저 광고책자를 배포하는 행위에 지나지 않는다. 누군가 전화를 걸어서 전단지나 명함에 관해 문의한다면 그제야 비로소 세일즈가 시작된다. 정보 제공을 세일즈와 혼동해서는 안 된다. 인터넷 검색이 구매 과정의 일부이듯이 정보 제공은 세일즈 과정의 일부일 뿐이다. 내가 길에서 창문 너머로 상점을 들여다본다면, 당신이 아무리 세일즈를 폭넓게 정의한다고 해도 내가 구매하는 중이라고 말할 수는 없을 것이다. 상점 안으로 들어가서 계산원의 손에 돈을 턱 쥐여줄 때까지는 구매가 일어나지 않는다.

유능한 세일즈맨이라면 누구나, 성공한 세일즈맨은 의사소통의 대가라는 사실을 잘 안다. 성공한 세일즈맨은 정보를 영향력 있는 방식으로, 전략적으로 제공해서 잠재 고객이 기분 좋게 구매 결정을 내리도록 설득할 줄 안다.

명심하라. 우리는 대개 감정에 이끌려 물건을 사고, 감정에 의한 결정에 대해 성인으로서 책임을 느끼며, 이성이나 그럴듯한 합리화로 구매를 정당화하려 한다. 표에서는 어떤 의사소통 양식이 어떤 제품 유형에 적합한지 보여준다.

어떤 의사소통 양식이 당신의 제품에 가장 잘 맞는가?

제품을 판매하는 데 주로 필요한 과정	제품 설명에 포함시켜야 할 내용
중심 경로 처리 (깊이 있고 폭넓게 고려하는 사고)	풍부한 사실, 통계, 증거, 증언, 연구, 보고서, 사례, 믿을 만한 논리와 자료를 세일즈 프레젠테이션에 섞어 넣어 설득력을 높인다.
주변 경로 처리 (피상적이고 감정에 이끌리는 사고)	로고, 증언, 만족한 고객들의 사진, 이왕이면 당신의 제품이나 서비스를 즐기는 모습이 담긴 사진, 유명인사의 사진과 보증, 익살스럽거나 인기 있는 주제를 다채로운 이미지로 보여준다.

감정에 호소할까, 논리로 설득할까

소비자가 중심 경로 처리를 통해 제품에 대한 태도를 정할 때는 주변 경로 처리에 의존할 때보다 태도가 오래 지속된다는 점을 알아야 한다. 좋은 감정과 이미지단서를 보고 행복해질 수도 있지만 논리와 추론이라는 두 가지 설득 기제는 감정을 자극하는 단서보다 뇌에 훨씬 더 깊숙이 파고든다. 그러나 중심 경로 처리에 적합하지 않은 제품도 있다. 이런 제품은 감정과 이미지를 자극해야 더 잘 팔린다.

예를 들어 향수 제조업자가 이렇게 말한다면 얼마나 웃기겠는가?

"우리는 향수 신제품 광고에 섹시한 여자들을 내세우지 않을 겁니다. 완전히 새로운 방식으로 접근할 생각입니다. 흰색 실험복과 셔츠를 입고 넥타이를 맨 과학자가 칠판 옆에 서서 향수에 든 화학성분을 모두 열거하면서 정확한 증발율과 분자량, 온도 환경이 달라질 때 알코올 운반체 성분의 확산 속도 변화에 관한 모든 자료를 제시하는 광고를 내보낼 겁니다."

웃기지 않는가? 반대로 변동 금리 저당 대출을 팔면서 향수 광고와 비슷한 이미지를 쓰는 것도 우스꽝스러운 짓이다. 이를테면 웃통을 벗은 남자의 구릿빛 가슴을 어루만지는 여자의 손을 클로즈업하고 여자가 고개를 뒤로 젖히면 비단결 같은 긴 머리카락이 얼굴에 흘러내린다. 남자의 등짝에 이런 문구가 문신처럼 새겨진다. '지원금, 서류 준비 비용, 송금 수수료, 인수 수수료 없음. 15년과 30년 변동 금리 저당 대출 가능. 부동산 매매 수수료까지 부담함!'

핵심은 대다수 소비자의 '사겠어' 스위치를 누르기에 적합한 세일즈 유형을 결정하고 세일즈 프레젠테이션을 구성하는 일이다. 소비자는 복잡한 사고를 바탕으로 제품이나 서비스를 요구한다.

물론 모든 구매자가 똑같이 생각하는 것은 아니다. 어떤 사람은 95만 달러짜리 집을 사면서 고작 '저 집을 살 형편이 될까? 주방과 욕실은 마음에 드나?' 정도만 생각한다. 반면에 어떤 사람은 손님방에 크라운 몰딩이 있는지 없는지까지 살피느라 좀 더 결단력 있는 사람에게 코앞에서 집을 빼앗길 수도 있다. 그러나 이런 발 빠른 구매자는 소비자로서는 문외한이다. 대개의 경우 이런 유형의 구매에서는 더 깊이 있고 철저하고 폭넓게 고민해야 한다. 그렇게 전제하는 편이 훨씬 더 타당하다. 내가 파는 제품을 잘 알면 "이것이 필요할까?"라고 묻는 단계에서 "자, 제 신용카드 받으세요" 단계로 넘어가는 데 정신적으로 어떤 자극이 필요한지도 알 수 있다.

사람들은 종종 목숨이라도 걸린 것처럼 자기 의견을 고수하려 한다.

어렵게 노력해서 현재의 지위에 오른 사람이라면 더더욱 그렇다. 따라서 소비자가 제품에 관해 깊이 생각해본 뒤 돈을 내기로 했다는 결론으로 이끌어주면 이런 정신적 지위가 고착된다.

이제부터는 느긋하게 앉아서 마치 공격자반대 입장을 주장하는 사람가 목에 칼을 들이대기라도 한 것처럼 격렬하게 입장을 지키려 하는 소비자의 모습을 구경하기만 하면 된다. 중심 경로 처리 양식으로 사람들의 마음을 사로잡으면 그들은 마치 당신에게 월급 받는 직원처럼 당신의 제품을 열심히 홍보하는 광신도 집단이 될 것이다.

또 단서를 잘만 활용하면 잠재 고객을 깊은 사고로 밀어 넣지 않고도 세일즈 메시지를 전달할 수 있다. 직관적이지는 않지만 더 나은 방법일 때가 있기 때문이다. 사실과 수치에 덜 의존하는 이 설득 전략은, 경쟁자가 제시하는 인상적인 수치와 맞붙지 않고도 구매자에게 신용카드를 꺼내거나 주문서를 출력하게 만들 수 있다.

앞서 예로 든 인쇄업자의 사례로 돌아가자. 구체적이고 명확한 설득중심 경로 처리를 자극하는 과정을 통해 거래를 성사시키는 데 도움이 되는 논리로 스크립트를 무장해보자.

"저희 업체의 표준 인쇄 품질과 경쟁 업체의 품질이 어떻게 차이가 나는지 봐주십시오. 저희가 인쇄한 글자가 얼마나 또렷한지 보세요. 색채가 경쟁 업체에 비해 얼마나 선명하고 풍성한지 보세요. [초점 지시] 여기 저희가 인쇄한 책자와 경쟁 업체에서 최근에 컬러로 인쇄한 책자를 비교해보세요. [개입 장치: 잠재 고객에게 책자를 건넨다.] 보세요. 차이가 곧바로 눈에 띌 겁니다. 고객님께 차이가 보이면 고객님의 잠재 고객에게도 차이가 보일 겁니다. [복합적인 등치: '이것은 저것을 의미한다.'] 인쇄 상태가 저렴해 보이면 고객님도 저렴해 보입니다. [감정을 건드리는 주장] 사실 품질은 무의식 차원에서 판단됩니다. [검증되지 않은 과학적 주장] 따라서 잠재 고객이 의식 차원에서 알아채지 못해도 무의식 차원에서는 품질이 좋은지 떨어지는지 알아챈다는 뜻이죠. 그리고 그 차이는 고객님의 회사를 판단하는 데도 사용됩니다. [복합적인 등치] [주장의 고리 닫기]

저희 업체의 인쇄 품질이 눈에 띄게 좋은 이유는 경쟁 업체들이 쓰지 않는 최신 모델의 프린터를 쓰기 때문입니다. [불만 생성] 경쟁 업체들은 성능이 좋고 가격이 더 나가는 최신형 프린터에 투자할 생각이 없거나 투자할 여력이 되지 않아서겠죠. [부정적 추측 생성. 결과: '흠, 인쇄 품질이 떨어지는 예전 장비에 만족하거나 좋은 장비를 구비할 만큼 장사가 잘되지 않는군.'] 그래서 저희처럼 산뜻하고 해상도 높은 디지털 인쇄 품질을 제공하지 못하는 겁니다.

다음으로 인쇄용지 얘기를 해볼까요? 우선 간단한 검사를 해보지요. [개입 장치: 감각적 시연] 눈을 감으세요. 동시에 인쇄된 서신 용지 두 장을 건네겠습니다. 여기 이것이 첫 번째 서신 용지입니다. 만져보세요. 한번 말아보세요. 모서리를 접어보세요. 종이의 결과 마감 상태를 느껴보세요. 자, 여기 두 번째 용지를 받으세요. 어느 쪽이 더 잘나가는 업체에서 인쇄한 서신 용지일까요? 당연히 첫 번째죠? 보지 않고 감촉만으로도 품질이 더 좋은 걸 알 수 있습니다. 품질이 더 좋은 종이로 인쇄했으니까요. 더 빳빳하고 더 잘 접히고 더 튼튼합니다.

그거 아세요? 그게 저희 업체의 표준 규격입니다. 두 번째 용지 저렴한 감촉의 용지 는 대다수 경쟁 업체의 표준 규격이고요. [불만 생성] 고객님의 잠재 고객이 알아챌까요? 고객님은 알아채지 않으셨나요? [확인 생성/합리성 진술] 그러나 경쟁 업체들은 이런 문제에 관해 한마디도 꺼내지 않을 겁니다. [소비자를 옹호하는 주장] 물론 귄이 원하신다면 더 얇고 저렴한 용지를 택하실 수 있습니다. [권한 위임] 하지만 인쇄 품질과 용지 품질이 훨씬 좋아지면 모든 인쇄 자료에서 고객님의 회사가 훨씬 더 돋보일 겁니다. 그러면 고객님의 회사는 좋은 이미지와 품질, 안정감을 전달할 수 있습니다. 이 모든 걸 같은 비용이나 더 저렴한 비용으로 할 수 있습니다. [혜택 제시] 저희 업체의 새 장비가 경쟁 업체의 낡은 장비보다 더 효율적이니까요. [차이 진술/불만 생성] 그러면 이용해보시겠습니까? [합리성 진술/상식에 호소]"

지금까지 긴 시간을 들여서 잠재 고객과 고객이 당신의 제안을 진지하게 고민하게 하는 방법, 또한 좋은 결정을 내리는 데 필요한 정보를 자세히 제공하는 방법을 소개했다. 이제부터 적절한 단서를 활용하여 당신에게 유리한 방향으로 영향력을 행사하는 방법을 알아보자.

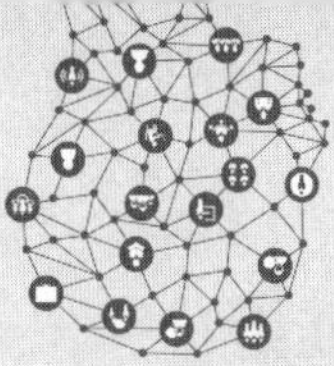

11 | 신념의 순위를 바꾸는 심리학

:

공감대를 형성하는 것이 먼저다

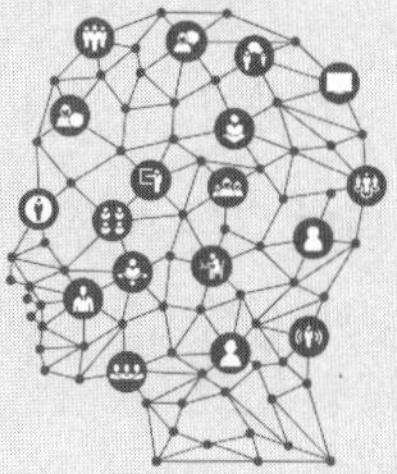

신념이란 무엇인가? 《메리엄 웹스터 사전Merriam-Webster Dictionary》에서는 신념을 "어떤 사람이나 어떤 것이 존재하거나 어떤 것이 진실이라고 확신하는 느낌"이라고 정의한다. 이 정의를 읽으면 머릿속에 다양한 주제에 관한 수십 가지 신념이 가득 찰 것이다. 좋든 싫든, 거짓과 위선과 오해를 바탕으로 하는 신념이 많다. 그런데 중요한 것은, 이 말이 옳을 수 있다고 인정한다 해도 지금까지 굳게 지켜온 모든 신념을 완벽하게 검증 가능한 진실인 양 옹호하려 할 것이라는 점이다.

당신만 그런 것은 아니다. 누구나 그렇고 나도 마찬가지다. 예를 들어 내가 결혼해서 아이들을 낳기 한참 전에, 나는 초등학교 2학년부터 알고 지낸 친구 프랭크와 함께 자취를 했다. 어느 날 나는 식탁 옆 카펫에서 큼직한 웅덩이를 발견했다. "이게 뭐지?" 나는 혼자 중얼거리면서 종이타월을 들고 축축한 카펫을 눌러서 액체를 확인했다.

"아하! 루트비어!"

나는 20세기의 위대한 장군들처럼 자신만만하게 확신했다. 프랭크의 루트비어다! 그즈음 프랭크는 루트비어를 입에 달고 살았는데, 큰 병 하나를 다 쏟아놓고 닦지 않은 게 분명했다.

나는 내가 심장이 뛰는 인간이라는 사실을 아는 것만큼이나 분명하게, 카펫의 칙칙한 웅덩이가 프랭크의 루트비어 때문에 생긴 거라고 확신했다. 누군가 내게 프랭크가 루트비어를 쏟았다고 믿느냐고 물었다면 나는 짜증스럽게 쏘아붙였을 것이다.

"아뇨! 믿는 게 아니에요. 그냥 알아요. 사실이니까. 사실이 그러니까!"

나는 프랭크에게 정중하게 따져 물었다. 프랭크는 내가 믿기 힘들 만큼 확신하던 혐의를 정중하게 부인했다.

"요 며칠 루트비어를 마시지 않았어."

나는 조금 모욕당한 기분에 사로잡혀서 이렇게 말했다.

"야, 프랭크. 저기 저 색깔을 봐. 저게 루트비어가 아니고 뭐야?"

나는 카펫에 쏟아진 액체가 프랭크의 루트비어라고 믿은 게 아니라 확실히 알았다. 이것은 확고한 신념의 힘이다. 단순한 생각이 아니라 그게 '옳은 것'이다.

나는 내 신념이 마치 내 존재의 일부였던 양 고수했다. 사실 내 머릿속에서 나온 생각이므로 내 존재의 일부인 것은 맞다. 그런데 도통 납득이 가지 않는 점이 몇 가지 있었다. 첫째, 프랭크가 어떻게 그 많은 루트비어를 쏟았을까? 둘째, 프랭크가 왜 내 말을 순순히 인정하지 않았을까? 셋째, 프랭크가 왜 깨끗이 닦지 않았을까?

불쌍한 프랭크. 결국 카펫이 젖은 것은 루트비어 때문이 아니라 몇 미터 떨어진 문 너머에서 보일러가 샜기 때문인 것으로 밝혀졌다. 보일러에서 샌 물이 녹물과 섞여서 루트비어 색깔로 보인 바람에 내가 깜빡 속은 것이다. 이 일을 계기로 나는 살면서 거의 모든 것을 의심하게 되었다. 나는 스스로에게 이렇게 물었다.

"현실적인 근거가 전혀 없는데도 어떻게 그렇게 완전하고 철저하게 내가 옳다고 확신할 수 있었을까? 지금 이 순간에도 나는 그때처럼 거짓인 무언가를 믿고 있을까?"

요즘도 나는 지금 이 순간 머릿속으로 보호하고 옹호하는 문제에 관해 달리 생각해본다. 늘 의심의 여지를 두고 모든 신념에 의심의 조각을 끼워 넣는다. 적절한 경우라면 의심의 조각이 자라게 놔두어 내가 굳게 믿던 신념이 깨지고 벌어져서 환한 진실의 햇살에 드러나게 한다. 그것이 결국 말라붙고 쪼글쪼글해져서 바삭바삭해지게 만든다. 이렇게 하지 않고 열심히 내 입장만 고집하면 나보다 더 잘 아는 사람들 눈에 어리석어 보일 것이다.

신념이라는 막강한 적과 맞서야 할 때

당신은 어떤가? 철저한 조사를 통해 완벽히 거짓이고 잘못됐다는 사실이 드러났으며 현실과 비슷한 무엇으로도 전혀 입증되지 않는다고 믿는 것은 무엇인가? 이와 같은 사고가 제품이나 서비스에도 적용된다. 잠재 고객들에게 당신이 파는 물건은 지나치게 비싸거나 싸거나,

믿음이 가지 않거나 일관성이 없거나, 추하거나 비현실적이거나, 위험하거나 지루하거나, 비효율적이거나 신빙성이 떨어지거나, 그 밖의 여러 가지 이유로 지갑이 주머니에 달라붙어 나오지 않게 만드는 물건일 뿐이다.

사람들이 자기 입장을 열렬히 옹호하는 이유를 정확히 파악하고 나면 신념이 얼마나 막강한 적이 될 수 있는지도 알게 된다. 심리학자들에 따르면 사람들은 잘못된 정보를 기반으로 생긴 신념이라고 해도 마치 생존 본능인 양 그 신념을 고수하려 한다. 사람들이 자신의 신념과 얼마나 밀접히 연관되어 있는지 알 수 있는 대목이다.

사람들이 어떻게 본능적으로 생각과 실체적인 자신을 결합시키는지 보여주기 위해 나는 세일즈와 광고 세미나에서 간단한 시연을 하곤 한다. 빈 종이를 들고 청중에게 "이 종이는 여러분입니다"라고 말한다. 그런 다음 종이를 마구 구겨서 바닥에 내팽개치고 불이 붙은 담배를 밟아 끌 때처럼 바닥에 널브러진 종이 뭉치를 발로 짓이긴다. 공포! 생생한 공포 반응이 일어난다.

"드루 씨, 정말 끔찍한 짓이군요! 당신이 방금 여기 모인 모든 사람을 모욕했어요. 그들을 종이라고 부르고는 그 사람들 면전에서 짓밟았어요. 방금 당신은 여기 모인 분들께 결례를 범한 겁니다."

내 목적이 달성됐다. 심리학에서 말하는 반응, 사람들이 스스로를 신념과 연관시킬 때 보이는 그것과 동일한 현상을 끌어낸 것이다. 사람들은 자신의 신념과 자신을 동일시하여, 자신의 신체가 공격당할 때 그러는 것처럼 신념을 지키려 한다. 세미나에 참가한 사람들은 종이, 즉 불과 몇 초 전에 동일시한 대상이 마치 자신인 것처럼 반응한다. 내가 종이를 구기고 짓밟자 그들은 그야말로 모욕감에 사로잡히고 상처받고 속상해하고 혼란스러워했다.

"헉! 드루 씨가 왜 저런 짓을 하지?"

사실 종이는 그들과 전혀 관계가 없다. 내가 종이는 '여러분'이라고 말한 순간 그들의 생각 공장인 뇌에서 이런 생각을 그들 자신과 연관시켰다. 물론 이런 생각은 '그들의 내면'에서 나왔다. 생각해보자. 자기 몸에서 나오는 것보다 더 사적인 것이 있을까? 바로 이런 이유에서 뇌가 생각을 보호하려고 애쓰는 것이다. 사실 무엇이든 생존과 연결해주면 이것이 바로 뇌가 하는 일이다 사람들은 그 무언가를 지키려고 안간힘을 쓰게 된다. 이제 우리가 얼마나 막강한 적을 상대하는지 알겠는가?

프랭크와 홍건한 루트비어에 대한 내 신념처럼 잠재 고객이 당신의 제품에 관해 갖는 수많은 신념은 정확히 들어맞는 것부터 전혀 맞지 않는 것까지 그 범위가 넓다. 잠재 고객이 그 범위 중 어디에 속하든 당신이 맞닥뜨리는 문제는 하나다. 잠재 고객이 신념을 계속 고수하는 한 당신에게 돈을 주지 않는다는 점이다. 이것은 세일즈에서 사실상 가장 중대한 과제다. 그러면 우리가 대체 뭘 할 수 있을까?

다행히 제품과 서비스에 대한 잠재 고객의 신념, 이를테면 제품을 원하지 않거나 필요 없는 물건이라는 초기의 신념을 바꿔줄 방법이 있다. 가장 효과적인 방법은, 제품에 머물러 있는 잠재 고객의 관심을 근본적인 신념으로 옮겨다 놓는 것이다.

새로운 사고방식을 제시하는 방법

잠재 고객이 당신의 제품을 다르게 생각하도록 만들려면 신념의 토대를 약화시킬 수 있는 새로운 사고방식을 제시해야 한다. 이것을 잠재 고객이 스스로 알아서 할 이유는 없다.

당신의 설득 도구함에는 공포와 유머와 죄책감이라는 세 가지 강력한 도구가 들어 있다. 이것은 모두 잠재 고객의 창조적인 뇌 반구로 알려진 우뇌에 영향을 주는 요인들이다. 지적인 좌뇌에 영향을 미치는 데 적합한 도구는 사실과 증거와 사례를 통해 표현되는 논리이다.

우리의 목표는 잠재 고객에게 현재의 신념 체계로 뒷받침되지 않는 새로운 현실관을 제시하는 것이다. 잠재 고객이 당신이 파는 물건에 특정한 생각을 갖고 있다 해도, 다르게 생각할 방법을 제시하면 그들의 신념이 곧 달라질 것이다.

예를 들어볼까? 나는 오랫동안 독감 예방주사를 적극 옹호해온 사람이다. 마치 종교를 신봉하듯이 열심히 예방주사를 맞았다. 몇 달러를 투자해서 독감에 걸리지 않을 수 있다면 주사를 맞지 않을 이유가 없다는 게 내 지론이었다. 주사를 맞는 데는 몇 초밖에 걸리지 않고 대체로 아무 느낌도 없으며, 마음의 평화를 얻는다.

단지 느낌만은 아니었다. 제정신이 박힌 사람이라면 예방접종을 피해서는 안 된다는 게 나의 확고한 신념이었다. 나는 사람들에게 "주사를 맞으세요. 독감에 걸릴 이유가 없잖아요? 주사를 맞아요, 주사를 맞으세요!"라고 설파하고 다녔다. 어찌나 많이 떠들고 다녔는지, 제약회사 직원이라고 해도 믿을 정도였다.

하지만 독감에 관해 구체적으로 알게 되면서 '누구나 예방주사를 맞아야 한다'는 확고한 신념이 무너졌다. 나는 독감 바이러스에 주로 세 가지 유형이 있고, 각 유형이 해마다 돌연변이를 일으킬 수 있다는 사실을 알았다. 언론 매체는 해마다 미국에서 수많은 사람이 독감으로 죽어나간다며 무시무시한 이야기를 쏟아낸다. 하지만 사실 천식과 영양실조로 죽는 사람이 더 많다. 그리고 나는 독감 예방 백신이 어떻게 제조되는지 알았다. 매년 보건 당국에서 연구자들을 아시아로 보낸다. 현지에서 현재 어떤 독감 바이러스 변종이 활동하는지 알아보는 것이다. 그리고 수개월 뒤 같은 변종이 미국으로 건너와 활동할 거라는 가정을 세운다. 다시 말하지만 바이러스는 끊임없이 돌연변이를 일으킨다. 다음으로 보건 당국은 백신 제조업체에 아시아에서 발견한 세 가지 독감 변종을 포함해서 백신을 만들라고 지시한다.

그러면 백신 제조업체는 포름알데히드를 써서 독감 바이러스를 비활성화시키고 수은에서 추출한 치명적인 독성 화학물질 티메로살을 써서 보존한다. 티메로살이 들어 있지 않다고 알려진 백신에도 사실은 인체에 해로울 정도의 양이 들어 있다. 수은이 독성을 띠는 용량은 200ppb 1ppb는 10억분의 1 이상으로 간주되는데, 티메로살이 없는 백신에 수은이 300ppb에서 600ppb 들어 있다. 가장 널리 사용되는 백신에는 5만ppb나 들어 있다.

게다가 독감 백신에 대한 심각한 반응으로는 화학적 매개체에 대한 위험한 알레르기 반응과 길랭·바레증후군Guillain-Barré Syndrome, GBS, 그리고 랑드리마비증Landry's paralysis이라는 질환이 있다. 길랭·바레증후군은 인체의 면역계가 자기 몸의 신경계를 잘못 공격할 때 나타나는 심각한 질환이다. 그 밖에도 여러 연구에서 혈소판감소증[7]과 뇌가 부어오르는 뇌염을 비롯한 수많은 부작용에 관해 상세히 조사했다.

미국질병관리본부Centers for Disease Control, CDC 에서 아동에 대한 예방접종을 지지하기 이전인 1999년부터 2002년까지는 독감으로 사망하는 아동이 매년 평균 17명으로 매우 적었다. 그런데 아동에게 예방접종을 시행한 이후 아동 독감 사망자가 2003년 한 해 동안 90명으로 급증했다.

그러면 독감 백신이 얼마나 효과적일까? CDC에 따르면 약 1년 전에 독감 변종 바이러스를 얼마나 정확히 예측하는지에 따라 효과가 크게 달라진다고 한다. 백신의 변종 바이러스가 현재 유행하는 변종 바이러스와 일치하지 않으면 백신은 무용지물이 된다.

3세 이상 아동을 대상으로 한 종합 연구에서는 백신의 효과가 고작 36퍼센트로 밝혀졌다Cochrane Collaboration, 2006 . 2세 미만 아동에 대한 연구에서는 백신의 효과를 전혀 발견하지 못한 것으로 나타났다The Lancet, 2005 . 65세 미만의 건강한 성인에 대한 종합 연구에서는, 40년에 걸친 예방접종 자료를 검토한 결과 독감 백신이 입원 기간이나 병가 기간, 혹은 인플루엔자와 합병증으로 인한 사망률에 전혀 영향을 미치지 않는다고 결론지었다. 연구자들은 "건강한 성인에 대한 보편적인 예방접종은 연구 자료로 뒷받침되지 않는다"라고 밝혔다Cochrane Collaboration, 2004 . 2006년 〈영국의학저널British Medical Journal 〉에는 현재 확보할 수 있는 모든 독감 예방접종 관련 자료를 검토한 연구 한 편이 실렸다. 이

7 혈소판 감소증 : 혈전을 만드는 혈소판이 혈액에 비정상적으로 적게 들어 있는 질환이다.

연구의 결론도 다른 여러 연구의 결론과 동일했다. 예방접종의 효과가 적거나 전혀 없는 것으로 나타난 것이다.

이렇듯 나는 독감 예방주사의 중요성과 타당성에 관한 신념에 정면으로 도전하는 정보를 만났다. 이제 어떻게 할까? 나는 사람이 모인 곳에서 일하지 않기 때문에 독감에 걸릴 가능성은 희박하다. 게다가 독감 백신의 일부 성분이 독성 물질로 알려졌다. 더구나 종합 연구에서 예방주사의 효과가 높지 않다고 밝혀졌다.

그래서 올해는 예방주사를 맞지 않기로 결론을 내렸다. 독감 바이러스에 노출될 가능성이 적은 상황이고 백신이 효과 없다는 증거가 압도적으로 많은데 굳이 내 몸에 독성 물질을 주입할 필요가 없다. 사실 독감 예방주사에 관해 내가 확신할 수 있는 유일한 사실은 내 몸에 독소를 집어넣는다는 점뿐이었다. 이젠 고맙지만 사양하겠다.

지금 이 이야기를 늘어놓는 목적은 모두에게 독감 예방주사에 대해 분개하자고 부추기려는 것이 아니다. 많은 의사와 과학자가 예방접종을 권하고, 또 당신이 주사를 맞고 싶으면 맞아야 한다. 다만 내가 독감 백신 이야기를 꺼낸 이유는 확고한 신념 정말로 확고한 신념이었다! 이 새로운 정보에 의해 어떻게 달라질 수 있는지 보여주기 위해서다.

잠재 고객의 생각도 예방접종에 대한 내 생각처럼 극히 제한된 자료를 기반으로 도출되었다는 점을 명심해야 한다. 나는 예방접종에 관해 아는 게 거의 없었지만 아무도 내 신념에 반박하지 않아서 그냥 '예방주사를 맞아야 한다. 효과가 있다'고 믿어버린 것이다. 우리가 하는 가장 큰 실수는 생각이다. 사람들이 물건을 사지 않는 이유는 내 제품에 관해 X라고 생각하며, 그 신념이 바뀌지 않기 때문이다.

'바위처럼 단단해 보이는 신념'은 알고 보면 어린아이가 큼직한 뉴욕 스트립 스테이크를 자르려고 들이대는 '플라스틱 안전 칼'만큼 부실하다.

잠재 고객이 처음에 어떤 신념을 선택한 이유와 시기는 중요하지 않다. 우리는 소파에 앉은 잠재 고객의 정신을 분석하려는 프로이트학파 심리학자가 아니다. 잠재 고객의 신념은 지금 이 순간에 존재하고 그 신념이 존재하는 유일한 이유는 이제껏 반박당한 적이 없기 때문이다.

잠재 고객의 반박당한 적 없는 신념은 당신 집에 입주한 바퀴벌레 무리와 같다. 이들 '흥미로운' 새 이웃은 벌레가 득실대는 창고에서 이삿짐을 꺼내 당신 집에 짐을 풀었다.

당신이 신발로 때려잡거나 약을 뿌려 제거하지 않고 그냥 두기로 하면, 귀여운 엄마와 아빠 바퀴벌레들이 친절에 대한 보답으로 당신과 당신 가족을 둘러싼 사방의 벽 속에 마구 알을 깔 것이다. 얼마 후 암컷은 최대 48개의 통통한 알을 품은 잘 빠진 배에서 줄 두 개가 그어진 연갈색 캡슐을 배출하고, 이어서 새로 생긴 캡슐들이 6주에 한 번씩 주방 벽 뒤에 쌓일 것이다. 28일쯤 지나면 부화가 시작되고 1년에 대개 두 세대씩 나온다고 칠 때 1만 마리가 넘는 후손들이 집 안을 활보하며 우리가 먹는 탄수화물이든 단 음식이든 기름진 음식이든 고기든 뭐든 가리지 않고 먹어치울 것이다. 바퀴벌레들의 먹이가 모자랄까 봐 걱정하지 않아도 된다. 집 안에서 먹이를 찾지 못하면 저희끼리 씹어 먹을 테니까. 얼마나 배려심이 넘치는 족속인가!

"드루 씨, 정말 역겨워요!" 그럴 수도 있지만 나는 반박당하지 않은 신념을 곤충에 빗댔을 뿐이다. 신념은 자라면서 더 굳건해지고, 처음

착상된 순간부터 그 사람이 죽는 순간까지 뇌 속에 산다. 반복해서 유지되고 '예행연습'된 신념 남들한테 반복해서 독감 예방주사를 맞으라고 말하는 것. 단 1년 동안이라도 예방주사를 옹호하면서 "예방주사를 맞지 않겠다니 무슨 소리예요? 제정신이에요? 왜 병에 걸리려고 해요?"라고 말하는 것 은 그나마 수십 년에 걸쳐 굳어진 신념 "아, 1960년대에도 소아마비 예방주사에 관해 그런 부정적인 말을 지껄이던 때가 있었지요. 예방주사는 그때도 효과가 있었고 지금도 효과가 있어요. 그냥 예방주사를 맞아요. 효과가 없다고 핑계를 대는 짓은 그만두고." 만큼 바꾸기 어렵지는 않다.

한 번도 반박당하지 않고 유지된 신념이라면 독감 예방주사에 대한 내 신념처럼 그 신념을 얼마나 오래 지켜왔든 바꿀 수 있다. 수차례 공격당해서 굳은살이 박이지 않았기 때문이다. 이제껏 스스로를 옹호할 필요가 없었다. 이런 신념을 가진 사람은 한 번도 중심 경로 처리 깊은 사고 를 통해 자신의 입장을 진지하게 고민하고 향후의 공격을 무사히 막아내기 위해 단호한 입장을 취할 필요가 없었다. 사실을 제시하면서 이런 신념에 도전하면 상상도 못할 만큼 순식간에 녹아버릴 것이다. 이와 달리 변화에 저항하는 고집스러운 신념에 부딪힌다면 다음에 소개하는 전략을 써서 주변부 공격을 효과적으로 감행할 수 있을 것이다.

현재의 신념을 바꾸지 말고 현재의 신념을 약화시켜라

현실을 직시하라. 세상은 완벽하지 않다. 때로는 당신이 아무리 애를 써도 어떤 사람의 신념을 바꿀 수 없다. 조바심치지 마라. 제2안으로 넘어가면 된다. 신념 자체를 바꾸는 것이 아니라 신념의 중요도를 바꾸는 것이다. 신념이 확고하다면 바꾸려고 애쓰기보다는 신념을 강화하거나 약화시키는 편이 낫다.

예를 들어 보자. 패티는 피자 굽기를 좋아한다. 항상! 패티가 피자 굽는 걸 지나치게 좋아한 탓에 남편과 두 아들은 패티가 가끔은 다른 음식도 만들게 해달라고 기도할 정도였다. 패티는 '피자 패티'라는 별명으로 불리고 그 별명을 좋아한다. 전문 피자 가게를 제외하고 카운티에서 밀가루와 이스트, 모차렐라 치즈를 제일 많이 사들이는 사람이 바로 패티다.

패티는 기름칠을 잘한 알루미늄 피자팬으로만 피자를 굽는다. 크기가 다양한 피자팬 여덟 개를 갖춰놓았고, 너무 많이 사용해서 거의 시꺼멓게 변했다. "팬을 쓰세요, 팬을 쓰세요, 팬을 쓰세요." 맛있는 홈메이드 피자를 만드는 비법이 뭐냐고 물으면 패티는 목소리에 힘을 주어 이렇게 조언한다. "아마추어 아니면 바보들이나 알루미늄 팬을 멀리하죠. 이게 피자를 잘 굽는 핵심인데 말이에요." 패티는 누가 의문을 제기할라치면 코웃음을 치면서 눈에서 번갯불이 나올 것처럼 눈을 부라린다.

이런 패티에게 도전해보겠는가? 당신은 피자 석판을 파는 회사에서 나온 사람이다. 당신은 패티가 팬을 버리고 피자를 석판에, 당신네 회사에서 만드는 석판에 굽는 방법을 옹호하도록 설득해야 한다. 피자팬에 열광하고 끊임없이 사람들을 자기편으로 끌어들이려 하는 패티를 상대로 어디서부터 시작할까?

물론 당신은 "하, 패티, 참 어리석군요! 피자 전문가 중에 알루미늄 팬으로 먹을 만한 피자를 만드는 사람은 없어요. 그런 건 어디서 배웠어요? 옛날에 텔레비전 요리 프로그램에서 배웠죠?"라는 식으로 패티를 대놓고 공격하지는 않을 것이다. 패티가 현재 쓰는 방식을 인정하고 두둔하지, 대놓고 면박을 주고 싶지는 않을 것이다. 이 점을 전제로 하고 곧바로 다음 전략으로 들어가자.

목표는 패티에게 피자 석판을 파는 데 방해가 되는 현재의 신념을 약화시키는 것이다. 자존심으로 중무장한 갑옷에 가느다란 틈을 내서 당신이 제시하는 새로운 자료가 그 틈을 뚫고 들어가 정신적 입장을 완전히 바꾸는 데 영향을 미치거나, 아니면 적어도 고려해볼 가치가 있는 다른 대안이 존재한다는 사실을 보여주어야 한다.

그러려면 우선 감정에 근거한 정보든 공포, 죄책감, 유머 논리에 근거한 정보든 사실, 증거, 사례 패티의 현재 신념과 충돌하는 새로운 정보를 제시해야 한다.

"그럼요, 패티. 가정에서 알루미늄 팬으로 피자를 굽는 분들이 많고 다들 피자 맛도 좋다고 하더군요. [현재 신념 인정] 사실 저도 오랫동안 알루미늄 베이킹 시트로 피자를 구웠고, 아무런 문제를 느끼지 못했어요. [공감대 형성: '나도 당신과 똑같다.'] 알루미늄 팬으로 피자를 구울 때는 몇 가지 장점이 있어요. 일단 가벼워서 토핑을 듬뿍 얹은 피자를 굽기 쉽고, 열이 골고루 퍼져서 고르게 조리할 수 있고, 설거지도 간편하죠. [초기 진술을 보완하여 패티가 오랫동안 자존심을 걸고 옹호해온 입장을 더 공고히 하기]"

이쯤 되면 패티는 당신에게 호감을 느낀다. 누군가의 신념을 바꾸려고 시도하기 전에 아주 중요한 단계다. 앞의 예처럼 무례하게 텔레비전 요리 프로그램을 들먹였다면 패티가 당신 말을 귀담아들을까? 패티는 자신의 지론에 동조하는 당신을 마음에 들어 하고, 적어도 무의식적으로는 당신이 어느 정도 자신을 좋아한다고 여긴다. 당신은 지금 공감대를 형성하는 중이다. 《웹스터 사전》에서는 공감대를 '조화롭거나 순응하거나 일치하거나 친밀한 것이 특징인 관계'라고 정의한다.

패티의 마음속에서 계속 변화가 일어난다.

"알루미늄 팬으로 구우면 겉을 바삭하게 구울 수 있어서 좋아요. [현재 입장을 다시 인정] 그런데 전 세계 피자 전문가 1,585명이 저희 회사에서 나온 4센티미터 두께의 파이록 오븐 석판, 그러니까 피자 전문가용으로 특수 제작한 제품과 현재 부인께서 쓰시는 알루미늄 팬을 함께 써보고 비교해봤답니다. 그 결과, 피자 가게를 운영하는 전문가 96퍼센트와 손님 97.5퍼센트, 그러니까 전 세계에서 모두 79만 2,000명 이상이 저희 파이록 석판으로 구운 피자를 선호하는 것으로 나타났습니다. [전 세계 훌륭한 전문가아마추어 요리사가 아니라의 주장을 확인해주는 중요한 자료를 제시해서 패티의 자아가 얼마나 강하고 자기 입장에 대한 자신감이 얼마나 굳건한지 알아본다.]

파이록은 피자 가게들이 수천 달러를 들여 구비하는 화덕과 동일한 고급 소재로 제작했습니다. 구성도 같지요. 실제로 많은 피자 가게가 1,000달러 이상을 들여서 원래 있던 피자 오븐에 저희 파이록을 설치해 구조를 바꾸고 있습니다. 그만큼 좋으니까요. [이런 특수한 사례를 제시하자 패티는 '효과가 없다면 그만한 돈을 쓰지는 않겠지?'라고 생각한다.] 똑똑한 장사꾼이라면 훨씬 맛좋은 피자가 나오지 않는데 그만한 돈을 쓰지는 않겠죠. [패티의 생각을 인정해준다.] 저희 파이록은 평범한 반죽을 아주 바삭바삭하게 바꿔줍니다. [여기서 '만든다'나 '생산한다' 같은 단어가 아니라 '바꿔준다'라는 단어를 써서 '열 전이의 과학'을 은연중에 전달하는 점을 주목하라.] 아무리 좋은 알루미늄 팬이라도, 그러니까 부인이나 제가 쓰는 훌륭한 제품이라도 말인데요, 비교되지 않을 정도로 바삭하게 구워내거든요. [효과: '저는 당신 편입니다, 패티. 우리는 비슷해요. 우리가 함께 결정하는 겁니다.'] 아닌 게 아니라 피자 가게들이 알루미늄 팬으로도 똑같은 결과를 얻을 수 있었다면 알루미늄 팬을 사서 큰돈을 절약했겠죠. [합리적 진술] 그런데 그렇게 하지 않아요. 왜 그런지 말씀드리죠.

부인도 벽돌 화덕 피자를 잘 아시죠? [익숙한 것과의 비교] 전문가들은 이걸 석조 화덕이라고 부르죠. 파이록 피자 석판은 가정에서 벽돌 화덕의 효과를 재현해요. 유약 처리를 하지 않은 특수 마감과 업계 유일의 0.6센티미터 스테인리스스틸 중심부 덕에 알루미늄 팬과 평범한 피자 석판보다 열용량이 훨씬 커서 [과학적 주장] 1.73배나 빠르게 적정 온도에 도달하죠. [과학적 자료 주장] 그리고 통기성이 좋아 반죽의 수분을 아주 빠르게 흡수해서 겉을 더 바삭하게 구워주죠. [과학적 인과관계 진술로 논리적인 프레젠테이션임을 함축하기] 실제로 오븐에서 꺼낼 때 아주 바삭한 소리가 납니다. 맛을 보면 깜짝 놀랄 만큼 맛있어요! [흥미로운 사실을 제시하면 동일한 결과를 내지 않는 제품과 차별화하는 데 도움이 된다.]

그리고 뜨거운 파이록과 촉촉한 반죽 사이에 즉각적인 상호작용이 일어나면서 마법이 시작되죠. 이 둘이 만나면 빵이 구워지는 진한 향이 주방을 가득 메워요. 향이 아주 생생해서 어느 빵집에 들어가서 커다랗고 투박한 나무선반에 차곡차곡 쌓인 장인의 빵 수십 덩어리를 보고 냄새를 맡는 느낌이 들죠. [감각 청각/후각/시각 묘사로 잠재 고객이 제품을 구입하기 전에 머릿속에 그려보게 해준다.]

안타깝게도 우리가 철제 오븐에서 조리하면 이런 효과가 나지 않아요. [최초의 주장 다시 진술. '우리'라는 표현을 써서 '우리가 함께 결정한다'는 의미를 전달한다. 저도 정말로 알루미늄 팬을 좋아해서 [공감대 재설정: '우리는 비슷하다'] 그걸로 동일한 효과를 얻고 싶었지만 안 되더군요. ['우리는 비슷한 사람들이다. 나는 이 사실을 알고 석판으로 바꾸었으니 당신도 안심하고 바꿀 수 있다.']

사실 두 가지를 나란히 놓고 미각 실험을 실시해보면, 실제로 제가 집에서 아내와 아이들에게 해보니까 [상세 설명으로 진실성이 강화됨. 개인적인 상세 진술은 공감대를 형성함] 바삭한 게 뚜렷이 느껴져서 한 입 베어 물고 당장 차이를 알더군요. [운동감각적 정보를 자세히 소개해서 이미지를 확장한다.] 저는 늘 주저 없이 알루미늄 팬을 선택하던 사람이라서 솔직히 이런 차이를 알고 충격을 받았어요. [실제로는 '부인이 알루미늄 팬을 좋아하시는 거 알지만 부인도 저처럼 충격을 받으실 겁니다'라는 뜻이다.]

사실 알루미늄 팬으로도 피자를 맛있게 구울 수 있어요. [실제로는 '우리가 서로 동의한다는 사실을 잊지 마세요, 패티. 저는 부인 편입니다'라는 뜻이다.] 하지만 단돈 35달러면 한 단계 발전해서, 미국과 전 세계 최고의 피자 가게에서 선택한 최고의 석판을 써서 세계적인 수준의 피자를 구울 수 있어요. 저는 주로 피자 가게에 물건을 공급하지만 저 역시 집에서 구운 피자를 좋아하는 사람이라, 부인께는 전문가용 할인가로 드릴게요. 단돈 24.95달러. 거의 30퍼센트 할인된 가격이에요. 이걸 써보시고 부인과 제가 좋아하는 알루미늄 팬에 굽는 것보다 100퍼센트 더 맛있어진다는 데 전적으로 동의하지 않으시면 제가 되살게요. 그리고 시험해주신 데 감사하는 뜻으로 안티코 몰리노 카푸토 피자 밀가루 2.2파운드짜리 세 봉지를 드릴게요. 지금도 밀가루 한 봉지를 가져왔답니다. [15. 호혜성의 심리학을 참조하라.] 파이록을 사용해보실 때 세계 최고의 피자용 밀가루를 써보세요. 사이즈가 세 가지인데 이 집 오븐에 가장 잘 맞는 게 어느 건가요? [이런 가벼운 폐쇄형 질문에 답하면 물건을 사는 데 찬성한다는 뜻이다.]"

물론 가장 좋은 방법은 두 제품으로 나란히 구워보는 것이다. 말하자면 당신이 파이록으로 굽고 패티가 알루미늄 팬으로 굽는 것이다. 그러나 실용적인 방법이 아니므로 위험이 따르지 않는 차선책을 택해야 한다. 새로운 정보를 제시하면 확고한 신념의 토대가 흔들릴 수 있다. 갑옷에 처음 틈을 만들 정도로 신빙성 있는 증거가 충분히 담긴 정보를 제시하면 된다.

반드시 기억하라. 잠재 고객은 당신의 솔깃한 주장을 믿고 싶어 하지만 그들의 생존 본능이 경계하라고 주의를 준다. 따라서 번드르르한 제품 설명에만 치중해서는 안 된다. 신빙성 있는 증거를 충분히 제시하는 데 주력해야 한다. 그러면 벽을 허무는 데 도움이 된다.

o

인간은 자신의 신념으로 만들어진다. 인간은 스스로 믿는 대로 된다.

요한 볼프강 폰 괴테 Johann Wolfgang von Goethe

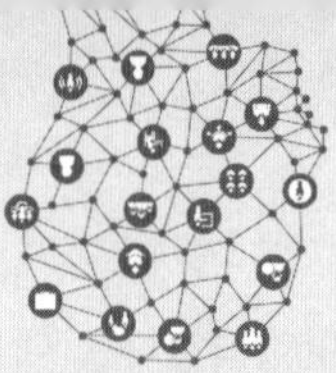

12 | 비교의 심리학

:

인간은 '또래 압력'에 취약하다

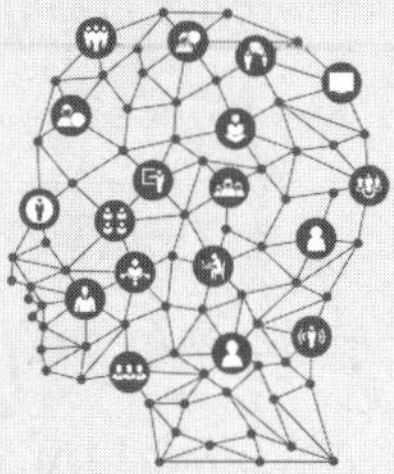

터무니없이 비싼 집과 차, 공장 설비, 전자 제품, 의료 기기, 그 밖에 고가의 품목을 팔아서 수수료를 두둑이 챙기면 좋겠지만 대다수 세일즈맨들은 누군가를 파산에 이르게 할 만한 물건은 취급하지 않는다. 그런 만큼 확신의 바늘을 옮기는 데 많은 정신적 노력을 필요로 하지 않는다.

이쯤에서 단서가 개입된다. 앞에서도 이 문제를 다루었지만 이제부터 본격적으로 살펴보겠다. 앞서 소개한 내용을 환기시키자면 여기서 살펴볼 단서는 이미지와 상징, 로고, 증언, 사진, 평가, 보증 등 구매자에게 영향을 미치는 요소를 말한다. 단서는 또한 사람들에게 우리가 제공하는 정보를 토대로 특정한 방식으로 생각하거나 행동하도록 이끌어주는 심리 전략이 되기도 한다.

영향을 미치기 위한 여섯 가지 지름길

'영향을 미치기 위한 여섯 가지 지름길'은 원래 애리조나주립대학교 심리마케팅학과의 명예교수인 로버트 치알디니Robert B. Cialdini가 제시한 개념이다. 치알디니는 《설득의 심리학Influence: The Psychology of Persuasion》이라는 저서를 준비하면서 3년 동안 비밀리에 현장에서 활동했다. 여러 직업을 전전하면서 해당 업계에서 근로자들이 어떤 말과 행동으로 사람들에게 영향을 미치는지 관찰했다. 일주일 동안은 중고차 업계에 뛰어들었고, 다음 일주일 동안은 텔레마케터가 되어 전화기 앞에서 일했다. 그다음에는 기금 모금자가 되어 갖가지 대의명분을 제시하며 사람들에게 돈을 기부하라고 설득했다. 그의 목적은 무엇이었을까? 직장에서의 설득을 직접 확인하는 것이다. 영리한 방법이 아닌가?

치알디니는 이런 생생한 실험실에서 사람들이 여섯 가지 단서를 통해 어떻게 설득되는지 보여주는 삶의 단서 모형을 개발했다. 이런 단서를 정신의 지름길로 생각하자. 공감대와 관계를 형성하는 것처럼 숙성 과정이 필요한 전략과는 달리 신속히 설득할 수 있기 때문이다. 진지하고 신중하게 생각해야 할 필요가 없거나 이런 사고 과정이 기대되지 않는 많은 상황에서 효과적이다. 주변 경로만 거치고도 설득할 수 있는 물건을 팔 때 이런 단서를 써먹을 수 있다.

반면에 의미 있는 생각과 평가, 심오한 추론, 정당화, 심사숙고가 필요한 물건을 취급할 때는차, 집, 거액의 투자 효과를 기대하기 어렵다. 단서를 이용해서 프레젠테이션에 호소력을 더할 수는 있지만, 이런 물건을 구매하는 사람들은 대체로 구매를 결정하기 전에 단서 이외의 많은 것에 의존하기 때문이다.

CLARCCS라고 첫 글자를 딴 약어로 알려진 치알디니의 여섯 가지 단서는 비교Comparaison, 호감Liking, 권위Authority, 호혜성Reciprocation, 약속·일관성Commitment·Consistency, 희귀성Scarcity이다. 여기서는 비교부터 시작해서 차례로 알아보자.

비교는 본능이다

아이들만 또래 압력의 위력 앞에서 취약한 것은 아니다. 실제로 거의 날마다 우리의 생각과 말과 결정은 주위 사람들에게 영향을 받는다. 아무리 부정하고 싶어도 우리는 의식적으로나 무의식적으로, 특히 남들이 지켜본다고 느끼는 사회적 상황에서 어떻게 행동하고 어떻게 옷을 입고 어떻게 생각할지에 관해 남들에게서 단서를 구한다.

"말도 안 돼요, 드루 씨! 나약하고 미숙한 사람들이나 날마다 남들에게서 지침을 구하려 하겠죠. 저는 성숙하게 자아실현을 해나가는 성인이에요. 저 스스로 결정을 내려요. 제 생각을 남한테 알리지 않아요. 저와는 전혀 상관이 없는 소리군요. 전혀!"

과연 그럴까? 우선 지금 입은 옷을 생각해보자. 1970년대 유행하던 서지오 발렌테나 뒷주머니에 금색 실로 말 머리가 선명히 새겨진 조다쉬 청바지를 입고 있는가? 아니면 '정말 스타일리시한' 샤 드 바론 머슬 셔츠를 입고 있는가? 당신이 남자라면 나팔 청바지에 네루 재킷칼라를 높이 세운 재킷을 입고 저녁 식사 자리에 가겠는가? 당신이 여자라면 반짝거리는 살색 스판덱스 레깅스에 머리띠를 하고 레그 워머를 신고 신나게 동네 헬스클럽으로 향하겠는가?

아무도 이런 유행 지난 차림새로 돌아다니면서 사람들에게 웃음거리가 되고 싶진 않을 것이다. 아무리 이런 패션을 좋아한다고 해도 오늘날 적어도 남들 앞에서는 이런 옷을 입어볼 생각조차 못할 것이다.

왜일까? 물론 주위 사람들의 압력 때문이다. 우리는 거의 남들이 입는 대로 입는다. 아, 어쩌면 더 좋거나 다르거나 고가의 브랜드를 입을 수는 있지만 어차피 비슷한 패션이다. 이것이 바로 비교의 힘이다. 유행에 편승하도록 유도하여 소비자들에게 영향력을 행사하는 것이다. "개인이 무언가를 선택할 확률은 이미 그것을 선택한 사람들의 비율에 따라 증가한다." Coleman, 2003

비교의 힘에 영향을 받는 사람들 지구상의 거의 모든 인간 을 심리적으로 나약한 사람으로 여겨서는 안 된다. 누구나 사회적 존재이고 사회의 일원이라는 느낌을 받고 싶어 한다. 남들이 주위에 있어야만 즐거워서가 아니라 우리의 유전자 깊이 사회에 속하려는 욕구가 새겨져 있기 때문이다. 예를 들어 우리 선조들은 야생에서 살아남을 가능성을 최대로 끌어올리기 위해 비슷한 생각을 가진 사람들로 집단을 이루었고, 그들의 목표는 집단의 성공을 보장하는 데 있었다. 살아남고 사냥하고 서로를 보살피고 보호하면 혼자 살아갈 때보다 생존 가능성이 기하급수적으로 높아졌다.

우리는 집단의 구성원으로서 부족 안에서 신호를 찾았다. 부족의 다른 사람들이 짐승을 사냥하고 포획하고 요리할 때 혼자 움막에 들어앉아 돌멩이로 저글링이나 만칼라 놀이를 하지는 않았다. 사람들 옆에서

도와주고 준비하고 함께 먹었다. 부족이 잠들면 같이 잠들었고, 샘이 마르면 부족민들과 함께 짐을 싸서 이동하거나, 아니면 말린 자두처럼 쪼글쪼글 말라비틀어져서 사흘 만에 죽었다.

물론 우리는 지금 움막이 아니라 집에서 살고 사냥 대신 계산대 앞에 늘어서서 신용카드를 긁는다. 사실 현대사회에 사는 우리에게도 어떤 유형의 집단에 속하고 집단을 발견하는 것은 행복하고 만족스런 삶을 영위하는 데 중요한 요인이다. 우리가 적극적으로 친구를 찾고 집단에 들어가고, 결혼하고 종교회합과 공동체 행사에 참석하고, 상상 가능한 모든 관심사를 반영하는 집단과 비즈니스 조직에 참여하는 이유는 뭘까?

미국의 심리학자 에이브러햄 매슬로Abraham Maslow는 소속하고자 하는 욕구가 인간 동기의 주요 원천이며, 이는 유명한 욕구 위계 피라미드에서 기본 생리적 욕구음식, 물, 수면, 성와 안전 욕구보안, 질서, 안정에 이어 세 번째로 중요한 욕구라고 주장했다.

다른 저명한 심리학자와 연구자들도 매슬로의 주장에 동의한다. 심리학 교수 로이 바우마이스터Roy Baumeister와 마크 리리Mark Leary는 우리가 날마다 하는 행위, 가령 힘과 인정, 성취와 친밀감에 대한 갈망은 주로 집단에 소속되거나 어떤 유형의 관계를 맺고 싶은 욕구에서 에너지를 얻는다고 말한다. 사회 집단은 자존감과 자부심의 원천이다. 심지어 우리는 소속을 알리는 티셔츠를 입고 모자를 쓴다. 여럿이 똑같은 티셔츠와 모자를 쓰고 함께 걸으면서 힘과 고양된 자부심을 느낀다.

우리는 집단에 속하면서 누군가가 된다. 그 집단의 구성원으로 받아들여지는 데 필요한 자격을 갖추었다는 뜻이기 때문이다. 이것은 사적인 연인 관계에도 동일하게 적용된다. 생각해보라! 연인과 헤어지면 왜 가슴이 아픈지도 생각해보라. 연인을 잃어서만이 아니라 헤어지면 더 이상 어디에도 속하지 않기 때문이다. 더 이상 누군가에게 받아들여지지 않기 때문이다. 우리는 누군가가 가치를 발견해줄 때 자부심을 느끼는데, 그것이 사라져버리기 때문이다. 물론 모두 긍정적이고 유익한 관계에만 적용된다. 그 밖의 관계에서는 짜릿한 소속감을 느끼지 못한다.

특정 집단과 어울릴 때 우리 자신과 다른 구성원의 유사성에 주목하는 경향이 있다. 다음에 소개할 호감 휴리스틱을 생각해보자. 또 어떤 조직 안에서는 외부인은 이해하지 못하는 전문용어를 쓰는 경우가 많다. 의도적일까? 물론이다. 집단의 자격을 지키려는 욕구자격이 없으면 집단 안에서 남들이 하는 말을 알아듣지 못한다와 집단 자체를 지키려는 욕구집단이 없으면 어디에도 속하지 못한다 때문이다.

집단의 구성원들은 유사성에 초점을 맞추는 반면에 외부 사람들은 주로 차이에 초점을 맞춘다. 차이를 부풀려서 '저 사람들은 나와 다르다'며 집단에 소속되지 않은 것을 합리화하려고 한다. '여우와 신 포도' 관계다.

"좋아요, 드루 씨. 사회학 강의 고마워요. 그런데 그 얘기가 저나 물건을 팔려는 욕구와 관계가 있을까요? 어떻게 해야 이런 정보를 이용해서 제 은행 잔고를 늘릴 수 있을까요?"

물건을 파는 대상이 인간이라면 직접적인 연관성이 있다. 이런 본능적인 욕구를 이해한다면 제품 설명을 할 때 써먹을 수 있다. 당신이 목표로 삼은 잠재 고객이 집단 X를 동경하거나 인정하거나 좋아한다고 치자.

당신의 제품이나 서비스를 구입하면 집단 X의 구성원 자격이나 연관성을 얻을 수 있고, 그것만으로도 안정감과 자아 만족을 부여하는 배타적이고 매력적인 집단의 일원이 될 수 있다고 암시하면 된다. 다음 예를 살펴보자.

"게일, 최근에 그래픽디자인 사업을 시작하셨다면서요? 새로운 길을 찾으신 거 축하드립니다. 제 동생이 10년째 그쪽 일을 해서 아는데, 충실한 고객 몇 명만 잡으면 큰돈을 벌 수 있다더군요. 그리고 저 역시 15년 넘게 요즘 가장 잘나가는 광고회사 여러 곳의 그래픽디자이너들에게 소프트웨어를 팔아본 사람으로서 [대화 초반에 신뢰성 향상] 확실히 말씀드릴 수 있는 게 있어요. [제품 이름] 같은 저렴한 아마추어용 디자인 소프트웨어에는 손대고 싶지 않으실 거라는 겁니다.

디자인 소프트웨어는 그래픽디자이너에게 가장 중요한 업무 도구예요. 화가의 붓이나 조각가의 끌과 같죠. 창작을 도와주는 도구죠. 개인적인 소통과 고객을 생각하는 고객 서비스와 더불어 이쪽 업계의 심장이죠. [은유로 제품의 중요성 제안] 그래서 요즘 최고의 디자이너들은 몇 푼 더 투자해서 [즉시 비용 차이를 언급하고 가벼운 문제로 치부하기] 어도비 인디자인이나 쿼크익스프레스를 선택하는 겁니다. 초보자용 소프트웨어[재정의: 소비자가 현재 보유한 제품은 '아마추어 소프트웨어'다. 그러면 잠재 고객은 아마추어 소프트웨어와의 관계를 끊고 싶어 한다.]를 쓰면 창작력을 옭아매게 되죠. 전문가용 디자인 소프트웨어가 제공하는 일부 기능이 빠져 있으니까요. 초보자용 디자이너 소프트웨어[재정의: 다른 제품들은 초보자용이지 당신을 위한 제품이 아니다.]는 진지한 디자이너들에게 불만을 삽니다. 간단한 생일 카드나 아이들 생일 파티를 위한 초대장 정도 만드는 것 말고는 거의 기대할 게 없는 일반인을 위한 소프트웨어니까요. [관계 단절. 마지막 일격]

인디자인이나 쿼크익스프레스에 투자하시면 밀턴 글레이저 Milton Glaser, 스테판 사그마이스터 Stefan Sagmeister, 폴 세이어 Paul Sahre, 데이비드 카슨 David Carson 처럼 세계 최고의 광고회사와 출판 디자인 회사에서 수백만 달러를 받고 일하는 잘나가는 디자이너 그룹에 합류하는 셈입니다. 사람들이 많이 거론하고 판매 기록을 계속해서 갈아치우는 광고와 제품, 홍보, 패키지 디자인, 로고를 제작하는 디자이너들 말입니다. [유명인의 이름을 언급하면 성공한 집단의 구성원, 잠재 고객이 현재 소속되지 않은 집단의 일원이 되고 싶은 욕구를 부추긴다.] 이분들은 [제품 이름] 같은 초짜들이나 쓰는 제품을 비웃습니다. 3미터짜리 기다란 막대로도 건드리려고 하지 않아요. [성공한 집단과 연관성을 찾은 뒤에는 결국 '나도 방금 말한 프로들처럼 되고 싶다. 그 사람들이 저런 소프트웨어를 비웃고 손대려고도 하지 않는다면 나도 그럴 것이다'라고 생각하게 된다.]

몇 주씩 들여서 새 소프트웨어 사용법을 익혀도, 결국에는 전문가들이 그런 소프트웨어에 시간을 낭비하지 않는 이유만 깨닫게 된다면, 굳이 왜 그런 제품에 시간을 낭비해야 하죠? 그 시간과 노력을 세계적인 수준의 디자이너 수천 명이 수십 년 동안 증명해온 소프트웨어 패키지에 온전히 투자하는 편이 낫지요. 기본적으로 다음과 같은 질문을 던지셔야 합니다. '그런 훌륭한 디자이너들이 다른 모든 디자인 소프트웨어 대신 인디자인이나 쿼크익스프레스를 선택하는 이유가 뭘까?' 일단 써보시면 확실한 답을 아시게 될 겁니다."

물론 이 스크립트에 전체 세일즈 프레젠테이션이 들어 있는 것은 아니다. 잠재 고객과 공감대를 형성해서 상대에게 어느 정도 친밀감을 느끼게 해주는 과정이 반드시 필요하다. 잠재 고객이 세일즈맨에게 호감을 느끼지 않는다면 세일즈맨이 아무리 설명을 잘해도 모든 말을 반감이나 불신의 필터로 걸러낼 것이다.

세일즈맨은 질문을 던지고 대답을 귀담아듣는다. 제품의 성능과 기능을 자세히 비교해서 설명해준다. 제품의 혜택을 일일이 소개해서 소비자가 699달러짜리 인디자인을 사고 849달러짜리 쿼크익스프레스를 샀을 때 정확히 무엇을 얻게 될지 명확히 알려줄 수 있다.

이 사례에서는 인디자인과 쿼크익스프레스가 저렴한 디자인 소프트웨어와 어떻게 다르고 전문가 디자이너에게 중요한 모든 기능에서 얼마나 뛰어난지를 보여주는 도표를 제시하면 특히 효과적일 것이다. 그러면 구매자는 초보자용 소프트웨어가 정확히 어느 지점에서 한계에 부딪히는지 한눈에 확인할 수 있다.

연상 집단 연결과 회피 집단 연결

당신의 제품이나 서비스가 경쟁자의 제품이나 서비스보다 확실히 더 우수한가? 그러면 제품의 순수한 장점이 분명히 드러나는 이런 도표를 활용하라. 세일즈에서 아주 강한 무기가 될 수 있다. 자료가 풍부한 프레젠테이션은 길이가 강도를 암시한다는 휴리스틱을 유도한다.

"인디자인과 쿼크익스프레스는 훨씬 더 많은 기능과 혜택을 제공합니다. 다른 소프트웨어와 비교한 모든 항목의 체크 표시를 확인하세요. 분명 더 좋은 제품입니다." 더불어 모든 정보를 신속히 전달해주는 이런 양식은 잠재 고객이 조사하고 비교하고 지루하게 연구하는 시간을 절약하게 해준다.

비교는 편승 효과와 유사한 단서이다. 잠재 고객이 현재 속해 있는 집단의 자격이나 연상을 반영, 혹은 강화할 수 있게 해주는 제품을 구입하도록 설득한다. 그런데 여기서 끝나지 않는다.

나는 연상 집단 연결associative-group linking이라는 개념을 활용하여 내 제품이 다음과 같은 새로운 연상을 통해 고객의 지위를 높일 수 있으니 내 제품을 선택해야 한다고 암시할 수도 있다. "당신이 전문 업자가 아니라고 해서 해충 구제 업자들이 쓰는 제품을 써도 똑같은 결과를 얻을 수 없다는 뜻은 아닙니다."

조는 토요일 아침에 벌레가 들끓는 집에서 옥외의 균열과 틈에 살충제를 뿌리고 다닐 것이다. 전문 구제 업자 같은 기분에 젖어서, 홈데포Home Depot, 미국의 가정용 건축자재 유통업체에서 싸고 약한 살충제를 구입하는 무지한 일반 대중보다 현명한 결정을 내렸다고 내심 뿌듯해할 것이다. 우스워 보이겠지만 바퀴벌레를 죽이는 차원에서 소비자의 자존심을 이용할 수 있다.

세 번째로 잠재 고객이 적극적으로 관계를 끊고 싶어 하는 집단으로부터 멀리 떨어뜨려주는 회피 집단 연결dissociative-group linking이라는 방법도 있다.

예를 들어 당신은 흥미로운 최신 운동 장비와 수업을 갖춘 새 헬스클럽의 영업 담당이다. 수업 중에는 장장 45분 동안 쉬는 시간도 없이 줄넘기를 하는 로프번즈RopeBurnz라는 수업이 있다. 노인들이 하는 줄넘기가 아니다. 아주 빠르며, 불가능해 보이는 기술을 구사한다. 2단 뛰기, 3단 뛰기, 양팔 가위뛰기, 한팔 가위뛰기, 줄넘기를 하면서 발동작하기, 그 밖에도 배우기 어려울 뿐 아니라 심혈관계에서 제발 살려달라고 외치게 만드는 격한 동작들이 포함된다.

당신은 스탠이라는 회원과 이야기를 나누는 중이다. 스탠은 헬스클럽의 장기 회원으로 로프번즈가 진행되는 동안 창문 밖에서 흘끔거리며 들여다보기만 할 뿐 한 번도 용기내서 도전하지 않았다. 무엇보다도 수업에 참여한 사람들이 프로처럼 보였다. 스탠은 체격도 좋은 편이고 줄넘기도 잘하지만 줄에 매달린 얼뜨기처럼 보일까 봐 두려워서 수업에 참여할 용기를 내지 못했다.

당신의 신제품 중에 크로스로프CrossRope라고 평범한 줄넘기보다 훨씬 고가인 첨단 줄넘기 장비가 있다. 품질이 훨씬 우수할 뿐 아니라 모든 것이 갖춰진 줄넘기 장비다.

스탠은 잠시 이것저것 물어보고는 애써 용기를 내서 로프번즈 수업에 등록하려 한다. 당신은 스탠의 결심을 알아채고 당장 69.99달러에 크로스로프 하나를 장만하도록 부추기는 신호를 보낸다. 다음 스크립트는 스탠을 설득해서 당신의 주머니에 한 푼도 넣어주지 않는 싸구려 줄넘기 사용자들과의 관계를 끊도록 만드는 데 유용하다.

"수업에 등록해주셔서 기쁘네요, 스탠. 정말 훌륭한 수업이거든요. 뜨거운 칼로 버터를 가르는 것보다 더 빠르게 체지방이 연소될 겁니다. 좋아요. 크로스로프는 이미 구비하셨죠? 아니에요? 음. 저희 수업에서는 다들 그

걸 쓰거든요. 크로스로프라고 들어는 보셨어요? 줄넘기계의 첨단 기술 롤스로이스로, 전직 해군 조종사가 만든 제품이에요. 현재는 전국 각지의 격렬한 크로스핏 센터에서 사용하죠. 일단 한번 써보시면 싸구려 줄넘기는 쓰레기통에 던져버리게 될 겁니다. 농담이 아니에요.

싸구려 줄넘기에는 회전 고리가 없어서 줄이 자꾸 꼬이잖아요. 손잡이 끝 구멍에 줄을 바로 연결하고 이렇게 엉성한 플라스틱 고리로 이어놓지요. 그래서 속도가 잘 나지 않고 3단 뛰기는커녕 2단 뛰기도 훨씬 더 어려운 겁니다. 크로스로프에는 스테인리스스틸 볼 베어링이 붙어 있어서 줄이 잘 돌아가요. 그리고 볼 베어링도 달걀처럼 등급이 있어서 저렴한 등급부터 초정밀 등급까지 다양하다는 걸 사람들은 잘 모르죠. 싸구려 줄넘기에 달려 있는 볼 베어링은그나마 일부 줄넘기에는 볼 베어링이 있거든요 크로스로프의 볼 베어링에 비해 하급이에요. 이렇게 구분하시면 돼요. 손잡이 회전의 차이를 보세요. 크로스로프 손잡이가 얼마나 부드럽고 빠르게 돌아가는지 소리를 들어보세요. [청각 시연: 두 제품의 손잡이를 돌린다.] 또 싸구려 줄넘기에는 가느다란 플라스틱 손잡이가 달려 있어서 손에 저렴한 감촉이 전해질 뿐 아니라, 여기 이걸 만져보세요.[운동감각 시연: 줄넘기를 스탠에게 넘긴다.] 손에 땀이 차면 미끄러지죠.

'혹시 가위뛰기 같은 걸 해본 적이 있어요?' 스탠: '네, 그런데 썩 잘하지는 못해요.'

'음, 그건 회원님 탓이 아니에요. 싸구려 줄넘기로 가위뛰기를 하면 줄이 빠르게 교차되지 않아서 잘 안 되거든요. 에어로빅 수업에서 쓰는 헬스클럽 소유의 싸구려 줄넘기는 솔직히 여학교 운동장에서나 쓰죠. 5달러에서 12달러밖에 안 해요. 품질도 딱 그 정도죠. 이 크로스로프 패키지를 2단 뛰기 도미니언이라고도 하는데요, 세 가지 중량140그램, 340그램, 570그램의 코팅된 철제 줄과 그립감이 뛰어난 손잡이 세트가 들어 있어요. 모두 서로 바꿔 끼워도 되고요. 차이를 느껴보세요. [운동감각 시연] 이렇게 신속히 교체해서 연결할 수 있어서 [시각/청각 시연] 수업 시간에 줄을 여러 가지로 바꿔 쓰면서 운동의 강도를 조절할 수 있어요. 속도를 높이고 싶으면 가벼운 줄을 쓰세요. 고강도로 근육을 만들고 싶으면 좀 더 무거운 줄을 끼우시고요. 줄이 하나밖에 없으면 이런 식으로 못하죠.

정말 굉장해요. 그래서 수업 시간에도 강사님뿐 아니라 거의 모든 회원님이 크로스로프를 쓰시는 거예요. 싸구려 줄넘기하고는 차이가 아주 많이 나서 다른 회원님들이 싸구려 줄넘기를 보면 비웃죠. 즉각 반응이 오는 줄넘기를 써보시면 회원님이 얼마나 점프를 잘하시는지 알게 될 겁니다. 물론 크로스로프를 꼭 사시라는 건 아니에요. 어쩔 수 없으면 학교 운동장에서나 쓰는 플라스틱 줄넘기로 운동하셔도 돼요. 애들 줄넘기 수업에서 쓰는 거 있잖아요. [회피 집단/불만 생성]"

스탠은 싸구려 줄넘기를 쓰는 사람들과 엮이지 않고 뛰어난 크로스로프 프로들의 계급에 들어가고 싶어졌다. 여기서 편승 효과 "그래서 수업 시간에도 거의 모든 회원님이 크로스로프를 쓰시는 거예요" 를 결합해서 약간의 또래 압력을 행사한 걸 알아챘는가? 게다가 유명인의 이름을 거론하며 "해군 조종사가 설계한"과 "전국 각지의 크로스핏 센터에서 쓰는" 신뢰감을 쌓으려 했다. 또한 스탠에게 말로만 설명하는 것이 아니라 일부러 몇 가지 감각 경험을 통합해서 시각 "엉성한 플라스틱 고리" , 청각 "크로스로프 손잡이가 얼마나 부드럽고 빠르게 회전하는지 들어보세요" , 운동감각 "싸구려 줄넘기에서는 저렴한 감촉이 전해지고, …… 여기 이걸 만져보세요. 그립감이 뛰어난 손잡이에요. 차이를 느껴보세요." 으로 시연했다. 또 신경언어프로그래밍의 재구성 원리와 유사한 재정의 원리를 적용해서 사악하게도 일반 PVC 줄넘기를 '누구나 비웃을 싸구려 학교 운동장 줄넘기'로 치부했다. 누구도 선뜻 받아들이기 어려운 꼬리표를 교묘히 붙여서 그 꼬리표가 잠재 고객의 뇌리에 박혀 현재 어떤 줄넘기를 가지고 있든 더 이상 쓰지 못하게 만들었다. 이런 식으로 수업 시간에 누구나 인정하는 것으로 간주되는 줄넘기, 바로 크로스로프를 구입하도록 설득한다.

o

사람들을 위한 일이라도 그 일을 하도록 설득하는 데는 시간이 걸린다.

토머스 제퍼슨 Thomas Jefferson

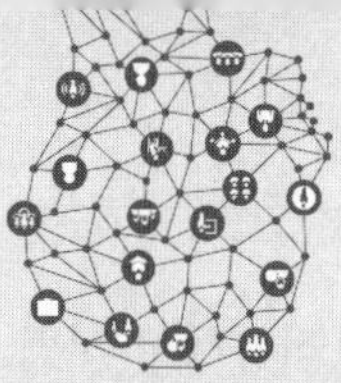

13 | 호감의 심리학

:

호감이 없으면 동의하지 않는다

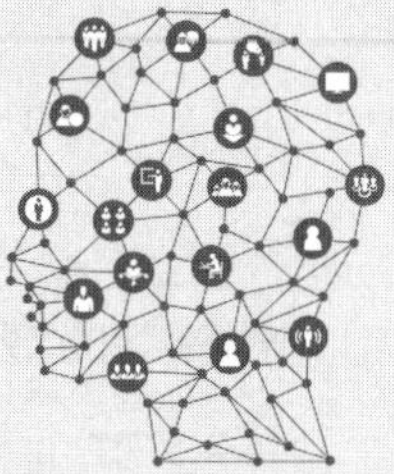

"당신이 마음에 드네요. 자, 제 돈 받으세요!"

이렇게 간단하지는 않지만 이 말은 세일즈에서 자주 함께 묶이는 조건과 결과를 설명한다. 이 원리를 '호감-동의 휴리스틱' 혹은 '균형 이론' Stec and Bernstein, 1999 이라고 하는데, 캐나다 로키산맥 애서배스카 빙하의 추운 날씨와 청정수만큼 확실한 원리다. 연구에 따르면, 잠재 고객이 당신에게 호감을 가질 때, 당신에게 아무 감정이 없거나 싫어할 때보다 거래가 성사될 가능성이 훨씬 크다. 당연한 말로 들리겠지만, 정확한 이유를 이해하면 이 원리를 이용해서 이익을 볼 수 있다.

잠재 고객이 제품에 관한 정보를 충분히 얻지 못한 경우, 특히 제품에 대한 인상을 형성하는 데 호감이 주요 요인이 된다. 가격이 싸서 굳이 진지하게 고민할 필요가 없는 물건을 살 때 더욱 그렇다. 우드 Wood

와 캘그렌Kallgren 1988의 연구에서는 정보가 적은 사람일수록 '상대에게 호감이 없으면 상대에게 동의하지 않는' 경향이 강한 것으로 나타났다.

날 때부터 호감형인 사람이 있는 반면 날 때부터 비호감인 사람도 있다. 단지 상대에게 당신을 좋아해달라고 말하거나, 잠재 고객에게 이가 보일 정도로 환하게 웃으면서 힘 있게 악수하거나, 당신을 좋아하게 만들 만한 기분 좋은 말을 건네기만 해서 되는 일이 아니다. 공감대를 형성하는 일은 학습된 기술이라서 어떤 사람에게는 쉽지만 또 누군가에게는 지독히 어렵다.

처음 본 순간부터 편안한 느낌이 드는 사람을 만난 적이 있는가? 어떤 사람은 평생 알고 지낸 사람처럼 대화가 술술 풀린다. 반면에 어떤 사람은 5분만 같이 있어도 그 시간이 영원처럼 느껴진다. 여기에는 몇 가지 요인이 작용하는데, 대체로 무의식의 차원에서 발생한다. 일부러 지적하지 않으면 전혀 모르고 지나갈 만한 것이다. 미묘한 행동과 동작, 말투와 기호가 결합해서 편안하거나 불편하거나 자신만만한 느낌이 전해지는 것이다. 어떤 사람의 동작은 신뢰감을 주는 데 반해 어떤 사람의 동작은 상대를 움츠러들게 하거나 소름끼치게 만들기도 한다.

호감을 얻기란 물론 어렵다! 온갖 부류의 사람들이 각기 다른 방식으로 행동하고 저마다 다른 말투와 의사소통 양식을 채택한다. 또 그들이 스스로를 표현하려 하는 사이 이 모든 소통 양식이 변화무쌍한 강물처럼 흐르는 갖가지 생각과 지각에 휩쓸린다. 그런 와중에 상대가 우리를 좋아하게 만드는 건 고사하고, 대체 어떻게 공감대를 형성하거나 적어도 대등한 의사소통의 장을 마련할 수 있을까?

말보다 더 많은 정보를 전달하는 것

나는 1980년대에 신경언어프로그래밍을 공부하기 시작했고, 리처드 밴들러 Richard Bandler, 로버트 딜츠 Robert Dilts, 주디스 들로지어 Judith DeLozier, 토드 엡스타인 Todd Epstein, 존 라발 John LaValle 에게서 직접 수학했다. 인간공학디자인 Design Human Engineering, DHE 과 강사 양성 프로그램을 이수하여 밴들러에게 직접 자격증을 받았다.

신경언어프로그래밍은 흥미로운 주제이다. 출발점이 된 세 명의 치료사는 밀턴 에릭슨 Milton H. Erikson, 버지니아 새티어 Virginia Satir, 프리츠 펄스 Fritz Perls 인데, 이들의 치료법은 갖가지 개인적 문제와 심리적 문제, 관계 문제에 시달리는 환자들에게 효과가 있는 것으로 널리 인정받았다. 또한 주요 치료 영역 외부에서도 널리 적용되었다. 내가 나의 수많은 주장을 모두 직접 입증하지는 못하지만, 대인 관계 의사소통에 관한 신경언어프로그래밍의 연구 결과와 지침에 관해서라면 정확히 맞아떨어진다고 장담할 수 있다.

신경언어프로그래밍에 관한 내 믿음도 우리 삶의 다른 수많은 것과 마찬가지이다. 적절히 활용하면 유용하고 유익할 수 있다. 가령 신경언어프로그래밍에서 처방한 공감대 형성 방법을 보자. 사람들이 대개 자기와 비슷한 사람을 좋아한다는 개념을 토대로 삼고 있는데, 이는 이미 널리 인정받은 개념이어서 타당성을 갖는다. 일리가 있지 않은가?

미국의 인류학자 레이 버드휘스텔 Ray Birdwhistell 의 연구를 살펴보자. 그가 1970년에 발표한 연구 내용을 보면, 직접 대화 전화, 문자, 이메일 등과 달리 중에 말은 인간 의사소통에서 7퍼센트 정도만 차지하고, 말투가 38

퍼센트를, 그리고 무려 55퍼센트는 자세가 차지한다고 밝혔다.

간단한 계산을 해보면 우리가 타인과 소통하는 내용 중 93퍼센트가 무의식중에 발생하는 것이다. 말할 때 우리는 입에서 나오는 말보다 더 많은 정보를 전달하는 셈이다. 예를 들어 입으로는 "아, 어머님께서 편찮으시다니 유감입니다"라고 말하면서도 93퍼센트를 차지하는 말투와 신체 언어로는 '잘난 척하는 할망구가 골로 갈 때가 됐지'라고 전달할 수 있다.

한편 불쌍한 조를 예로 들어보자. 조는 의사소통의 93퍼센트를 이해하지 못한 채 관리자에게 임금 인상을 요구했다.

"부장님, 전 정말로 임금을 더 받을 자격이 있다고 생각합니다. 제 일을 진심으로 좋아하는 데다 매일 일에 열중하거든요. 야근도 마다않고 주말에도 일합니다. 보고서도 모두 제때 제출하고 항상 비용을 줄이고 생산성을 높이기 위해 최선을 다합니다. 다들 한마디씩 할 때도 저는 부장님과 회사 방침을 변호하기까지 했고요."

구체적인 내용과 사실, 수치가 다소 부족하긴 해도 임금 인상 요구는 어느 무엇보다도 중요한 세일즈 과제라는 점을 잊어서는 안 된다 조가 상사에게 한 말 자체에는 아무 문제가 없다. 그러나 그는 비언어적 의사소통으로 무의식중에 말끝에 이런 의미를 덧붙였다. '허, 지금 내가 하는 말은 나조차 믿기지 않는군. 음, 지금 무척 긴장돼. 그래도 어쨌든 말은 꺼내봐야겠지. 허, 되거나 말거나.'

이런 식으로 의사소통을 할 때 그중 93퍼센트가 당신의 세일즈 노력에 어떤 의미를 부여해줄 수 있는지 알겠는가? 당신은 혜택으로 무장하고 특징과 사실을 충분히 넣고, 딱 적당량의 감정을 가미해서 잠재 고객에게 완벽한 세일즈 프레젠테이션을 한다고 생각할지 모르겠다. 당신은 그럴듯한 판매 전단지를 꺼낸다. 플립 차트를 휙휙 넘긴다. 손가락이 아이패드 위에서 태양의 서커스 동작을 연기한다. 하지만 안타깝게도 훈련되지 않은 93퍼센트는 잠재 고객의 지갑에 강력 접착제를 들이붓는 효과를 낸다.

결과는 어떨까? 신용카드는 끝내 나오지 않는다. 왜일까? 당신이 오로지 7퍼센트, 즉 말에만 집중하기 때문이다. 말은 흠잡을 데가 없지만 당신의 몸이 이렇게 말하는 것이다. '절 믿지 마세요. 제 얘기를 믿는다고요? 설마.'

정말 이런 일이 있을까? 몸짓과 자세 때문에 더 많은 거래를 성사시킬 가능성이 날아갈 수 있을까? 당신이 제품을 탓하고 상사를 탓하고, 경제와 날씨와 잠재 고객과 형편없는 아침 식사와, 그 밖에도 수십 가지 문제를 탓하느라 여념이 없는 사이, 알고 보면 당신의 가장 큰 걸림돌은 바로 당신의 몸이 움직이는 방식이라는 게 있을 수 있는 일일까?

물론 그렇다. 세일즈맨들은 이런 문제를 진지하게 고민하지 않는다. 93퍼센트나 되는 비언어적 의사소통을 인지하지도 못한다. 하지만 당신은 이제 안다. 이 책을 만나서 기쁘지 않은가? 잘 들어보라. 이 책이 신경언어 프로그래밍 서적은 아니지만 다음번 세일즈 프레젠테이션에서 당장 써먹을 수 있는 공감대 형성 기법의 핵심 과정을 소개하겠다. 잠재 고객이나 고객과 탄탄한 공감대를 형성할수록 판매율이 올라갈 것이다. 아주 단순한 문제다.

사람들은 자기와 비슷한 사람을 좋아한다

어떤 일이든 연습을 많이 할수록 좋은 결과가 나온다. 처음에는 뻔히 드러나는 것처럼 느껴질 수 있다. 당신이 관계에서 주도권을 쥐려고 수 쓰는 걸 잠재 고객이 바로 알아챌까 봐 불안할 수 있다. 물론 기교를 부리지 않고 노골적으로 접근하면 상대가 알아챌 수도 있다. 그러나 교묘히 잘 써먹으면 대체로 상대가 눈치 채지 못하고 넘어간다. 이것은 마치 새로운 언어를 배운 뒤 원어민에게 말하면서 연습하는 것과 같다. 원어민은 당신이 말만 하는 게 아니라 무언가를 '한다'고 생각할 수 있다. 그러나 그들에게는 당신의 말만 들릴 뿐이지 당신의 마음속에 떠오른 모든 생각이 보이지는 않는다.

이와 같은 개념을 보조 맞추기pacing라고 한다. 신경언어프로그래밍에서는 대화 상대의 어떤 행동에 맞춰서 행동하면서 신속히 공감대를 형성하는 기법을 보조 맞추기라고 말한다. 보조 맞추기는 맞추기matching와 따라 하기mirroring로 구성되고, 일단 공감대가 형성되면 유인하기leading로 넘어가서 잠재 고객이 따라오게 만든다.

보스턴대학교 의과대학 연구자들은 사람들이 대화하는 장면을 촬영한 동영상을 연구했다. 고개를 끄덕이고 눈을 깜빡이는 비율과 팔과 손가락 동작을 비롯해 자연스럽고 무의식적인 동작의 조응을 관찰했다. 그리고 추적 관찰해본 결과, 서로 동작을 맞춘 사람들이 훨씬 더 깊은 차원에서 명확한 공감대를 형성하고 실제로 EEG 모니터에 정확히 같은 시기에 뇌파가 치솟는 양상을 보였다. 놀랍지 않은가?

이제 맞추기와 따라 하기에 관해 알아보자. 신경언어프로그래밍에서는 '내담자' 여기서는 잠재 고객 에게 호감을 주기 위해 상담자가 스스로 행동 양상을 바꾼다. 내담자가 무의식중에 동질감을 느끼도록 이끄는 것이다. 실제로 내담자의 뇌는 "흠, 이 사람은 내가 하는 대로 하는군. 우리는 다른 점보다 비슷한 점이 더 많은 것 같아. 이 사람은 나와 비슷한 사람이야"라고 생각한다.

여기서 맞추기란 잠재 고객의 신체 언어와 자세, 호흡과 표정, 말투와 말의 속도, 그리고 잠시 후에 설명할 표상체계 서술어 representational predicate 를 문자 그대로 따라 하는 방법이다. 그리고 따라 하기는 잠재 고객을 거울에 비친 상처럼 따라 하라는 뜻이다. 잠재 고객이 왼팔을 들면 당신은 거울에 비친 상처럼 오른팔을 든다. 상대의 동작을 계속 의식하는 일이 어렵기는 하지만, 이렇게 따라 하다 보면 결국 잠재 고객과 깊은 공감대를 형성할 수 있다. 이에 반해 맞추기는 따라 하기만큼 철저하지는 않다. 예를 들어 상대가 오른팔을 긁으면 그 반응으로 당신은 왼팔을 긁을 수 있다. 상대의 동작을 따라하되, 꼭 대칭으로 따라 해야 하는 건 아니다.

실제로 이런 기법을 어떻게 활용하는지 예를 들어보자. 당신은 프레드의 캔디 매장에 들어가서 새로 나온 고급 초콜릿을 들여놓으라고 설득한다. 프레드의 사무실에 함께 편안히 앉아서 보석함이라 해도 될 만큼 정교한 초콜릿 상자를 꺼내 보여준다. 화려한 금박지와 은색 리본, 웅장해 보이는 동상과 건축물을 그린 빅토리아시대풍 그림, 초콜릿이 뚜껑에 묻지 않도록 덮는 정교하게 자른 두꺼운 담황색 종이, 세계적 수준의 초콜릿을 생산하느라 얼마나 고된 수작업을 거쳤는지를 적은 고풍스러운 데클 엣지 카드까지. 물론 1파운드에 자그마치 90달러나 하는 제품이다!

프레드는 당신을 모르지만 당신이 큰 이익을 약속했기 때문에 만나자는 제안을 받아들였다. 현재 매장에서 파는 초콜릿은 이 제품에 비하면 허접하다. 또한 매장이 있는 곳은 돈만 많은 게 아니라 취향도 고급인 부촌이므로 미식가를 위한 최고급 초콜릿을 구비하는 것도 괜찮은 생각이다. 이런 이유로 당신을 불러 초콜릿에 관해 자세히 알아보기로 한 것이다.

프레드는 몸을 앞으로 내밀어 당신이 테이블에 거창하게 올려놓은 첫 상자를 본다. 당신도 따라서 몸을 앞으로 기울이고 상자를 프레드 쪽으로 밀어준다. "음, 분명히 포장이 고급스럽군요. 이 근사한 상자를 보세요. 맞아요, 저희 매장 손님들이 이 초콜릿을 얼마나 좋아하실지 보여요." 프레드는 손가락으로 금박 뚜껑을 어루만지며 고개를 끄덕인다. 그의 사업가 두뇌는 그 초콜릿 덕분에 주머니에 현찰이 가득 차는 이미지를 떠올린다. 당신도 프레드의 동작에 맞춰 고개를 끄덕인다.

프레드는 턱수염을 매만지며 눈을 가늘게 뜨고 초콜릿 상자를 전기구이 통닭처럼 뒤집어본다. 당신도 그의 행동에 맞춰서 다른 초콜릿 상자를 집어 든다. 턱을 쓰다듬고 눈을 가늘게 뜨고 상자 겉면의 그림을 들여다본다. 상자를 돌려도 보고는 이렇게 말한다. "말씀하신 대로네요. 진짜 한번 보세요, 프레드. 분명히 평범한 초콜릿 상자들 사이에서 돋보여요. 손님들이 상자 안에 든 초콜릿을 보기도 전에 당장 품질을 알 겁니다. 이런 고급스런 포장은 좋은 광고 문구나 마찬가지죠. 손님들에게 한 단계 앞으로 나가서 안에 든 제품이 얼마나 훌륭한지 머릿속에 그려보게 해주죠. 순전히 심리학이에요."

이 예시에서 당신이 프레드의 표상체계 서술어에 얼마나 맞추는지 생각해보라. 프레드가 습관적으로 시각과 관련된 단어를 선택한다는 것을 당신은 알아챘다. 프레드는 '보여요', '분명히' 같은 표현을 쓰는 경향이 있다. 이런 말들은 시각적으로 세계를 해석하는 방식을 보여준다.

명확히 하자면 신경언어프로그래밍에서 표상체계representational system는 우리가 주위의 모든 현상을 경험하는 데 사용하는 감각을 뜻한다. 그리고 경험을 기술하기 위해 선택하는 단어를 서술어predicates라고 한다.

그러나 여기서 용어의 수렁에 빠지지 말자. '감각 특정적 언어의 심리학'에서 VAKOG를 설명한 부분을 기억하는가? VAKOG는 우리의 경험을 구성하는 다섯 가지 체계이다. V = 시각, A = 청각, K = 운동감각, O = 후각, G = 미각이다.

사람들이 하는 말을 들어보면 그들이 무의식중에 어떤 표상체계를 선호하는지, 시각인지, 청각인지, 가장 흔한 운동감각인지 알 수 있다. 표상체계를 알면 공감대를 형성하는 데 도움이 되는 실마리가 생긴다. 그냥 잠재 고객과 고객의 말을 들으면서 그들이 선호하는 표상체계를 판단해서 맞춰주면 된다.

상대가 선호하는 표상체계가 대화의 처음 1, 2분 동안 뚜렷이 드러나지 않아도 실망할 필요가 없다. 잠재 고객이 서술어를 줄줄이 말해서 당신이 보다 효과적으로 그에게 맞출 수 있게 해주지는 않을 것이다. 사실 이런 식으로 말할 가능성은 높지 않다. "그럼요, 당신이 하는 말을 들으니 수익성이 제 귀에 음악처럼 들리지만 당신이 제시하는 가격 정책은 잘 들리지 않는군요. 당신네 회사가 진정으로 경청하고 소매업자들과 화음을 이룬다는 인상이 산산조각 나는군요."

이렇게 간단하면 얼마나 좋겠는가. 당장 눈에 띄는 모든 요소, 가령 자세, 동작, 성량, 속도, 어조, 표정, 눈 깜박임 횟수 따위부터 맞출 수 있을 테니 말이다. 신경언어프로그래밍에서는 또한 호흡을 맞추는 방법도 효과적이라고 제안한다. 잠재 고객의 무의식에 '저는 당신과 상당히 비슷합니다'라는 인상을 심어주기 위해 가급적 잠재 고객과 유사해지려고 노력해야 한다. 잠재 고객이 큰 소리로 말하면 당신도 큰 소리로 말한다. 잠재 고객이 다리를 꼬고 앉아서 발을 흔들면 당신도 그렇게 한다. 잠재 고객이 45도 각도로 앉으면 당신도 그렇게 앉는다.

잠재 고객이 심사숙고하듯 천천히 말하고 여유 있는 손동작으로 단어마다 구두점을 찍으면 당신도 그 동작에 맞춰준다. 물론 이왕이면 자연스럽게 맞추고 싶을 것이다. 상대에게 흉내 낸다는 인상을 주고 싶지는 않을 것이다. 따라서 상대가 머리를 긁으면 곧바로 따라 하지 말고 잠시 뜸을 들였다가 비슷한 동작을 한다. 이른바 교차 따라 하기 cross-over mirroring라는 방법을 활용할 수 있다. 상대의 동작에 비슷한 동작으로 반응하되, 신체의 다른 부위를 이용하는 방법이다.

예를 들어 프레드가 머리를 긁으면 당신은 팔을 긁어도 된다. 프레드가 헛기침을 하면 당신은 기침을 해도 된다. 좀 더 고급 기술을 쓴다면 프레드의 호흡에 맞추면서 좀 더 고급 기술 거의 눈의 띄지 않게 손가락으로 책상을 두드릴 수도 있다. 미묘한 교차 따라 하기를 활용하면 일부러 상대의 동작에 맞추려는 것처럼 보이지 않을 수 있다.

이 기법이 효과적인지 확인하려면 당신이 먼저 동작을 시작하고 잠재 고객이 어떤 식으로 당신의 동작에 맞추려 하는지 확인해서 이제껏 쌓은 공감대의 수준을 점검할 수 있다. 상대가 당신의 동작을 전혀 따라 하지 않으면 계속 더 노력한 다음 다시 점검해보라.

끝으로 세 가지 주요 표상체계를 소개하는 표를 보고, 사람들이 행동과 단어 선택에서 드러나는 한 가지 의사소통 양식을 주로 어떻게 사용하는지 알아보자. 맨 아래 칸에서는 시각이나 청각이나 운동감각의 표상체계 중 한 가지를 선호하는 잠재 고객과 공감대를 쌓는 데 도움이 되는 단어와 어구를 확인할 수 있다.

시각	청각	운동감각
머릿속에 완성된 그림을 설명하기 때문에 빠르게 말한다. • 주로 모양과 시각 자료에 영향을 받는다. 그림, 표, 도표, 표본. • 말이 많고 눈으로 확인할 수 있는 소도구나 물건이 적은 세일즈 프레젠테이션을 지루해한다.	상대에게 어떻게 들리는지가 중요하기 때문에 신중히 말한다. • 주로 말과 소리에 영향을 받는다. 묘사, 증언, 효과음. • 자료를 청각으로 처리하므로 소리와 소음에 주의가 쉽게 분산된다.	주로 천천히 말하고 단어 하나하나를 느끼고 지각한다. • 주로 감정과 다른 사람들이 어떻게 영향을 받는지에 관한 이야기에 영향을 받는다. • 무엇이든 제대로 느껴야 한다. • 딱딱한 자료와 사실, 수치에 치중한 세일즈 프레젠테이션에는 거의 영향을 받지 않는다. 따뜻하고 보송보송한 사람의 손길을 선호한다.
볼 만한 것 ……해 보인다 의심의 그늘 너머 조감도 일별하다 명확히 하다 명백한 비관적인 관점 그림이 보이는가? 더 나아 보이지 않는가? 더 명확한 관점을 얻다 어떻게 보이는가? 보여주겠다	들리다 부르다 종소리처럼 생생히 귀머거리 불협화음 한 바탕 잔소리 우리가 나눈 얘기는 남들 귀에 들어가지 않는다 ……을 설명하다 화음을 만들다 듣다 목소리	모두 마무리했다 내 말을 따라오고 있는가? 바짝 졸아서 ……가 남는다/ 상사와 접촉할 수 있는가? 내용이 잡히는가? 따라잡다 ……을 꽉 잡다 구체적인 증거 차분함/평온함/침착함 납득이 가는가? 확실히 내용이 잡히다 접촉하다 의미를 알아듣다

……에 비추어 ……의 관점에서 분명해진다 수정처럼 명백하다 ……에 초점을 맞추자 정신적 이미지, 그림, 관점 당신의 관점은…… ……의 그림을 그리다 바로 눈앞에서 전체를 조망하다 들여다보다 무슨 뜻인지 보이는가? 근시안적 보기만 해도 반가운 멍하니 응시하다 몰래 엿보다 이걸 보라 잘 정의된 무엇을 마음속에 그리는가?	당신에게 어떤 울림을 주는가? 문의하다 음악을 연주하다 말하는 방식 새끼 고양이처럼 가르랑거리다 질문 반향을 불러일으키다 들어본 적 있다 침묵 그럴듯하게 들리는가? 목적을 말하다 솔직히 말해서 귀 기울이다/듣지 않다 들어본 적 없는 의견을 말하다 잘 아는 정확히 말한 그대로	서로 손잡고 어려운 선택 뜨거운 논쟁 미루다 어떻게 느끼는가? ……을 건드려보자 이것을 돌려보자 연락하자 골칫거리 시위를 당기다 바위처럼 단단한 긁어모으다 아주 날카로운 깜빡 잊어버렸다 비단처럼 부드러운 처음부터 시작하다 경직된 윗입술(불굴의 의지) 건드리다(활용하다) 버리다
제가 (이 지점에서 '결정적인 주요 혜택'을 넣는다)을 위한 매력적인 방법을 보여드리면 틀림없이 한번 들여다보고 싶지 않을까요? 괜찮아 보이면 제가 나머지 질문도 명확히 답해드릴 테니 저와 함께 한발 나아가 서류 작업을 마무리하는 데 집중하시지요.	제가 (이 지점에서 '결정적인 주요 혜택'을 넣는다)을 위한 방법을 말씀드리면 틀림없이 한번 들어보고 싶지 않을까요? 괜찮게 들리면 저와 함께 한발 나아가 다음 단계를 논의하시지요.	제가 (이 지점에서 '결정적인 주요 혜택'을 넣는다)을 위한 구체적인 방법을 파악하기 쉽게 설명해드리면 틀림없이 한번 알아보고 싶지 않을까요? 괜찮은 느낌이 들면 함께 서류를 처리하고 일정을 잡아보시지요.

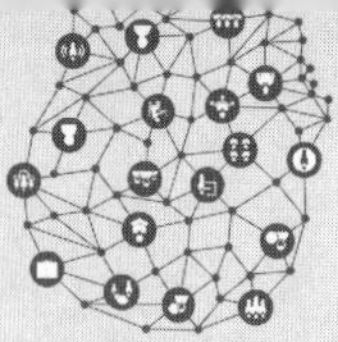

14 | 권위의 심리학

:

신뢰성의 암호를 해독하는 방법

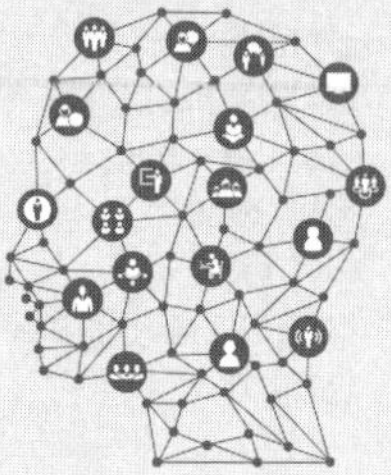

나는 과대망상에 빠진 사람은 아니다. 그랜드피아노를 사려는 사람에게는 세계 최고급 수제 피아노 제작사 스타인웨이Steinway & Sons의 회장 론 로스비Ron Losby보다 내 말의 영향력이 훨씬 떨어질 것이다. 스타인웨이의 공격적인 경쟁 업체이자 19세기부터 궁전의 독특한 예술품 피아노를 제작해온 독일 베히슈타인C. Bechstein 피아노의 CEO 칼 슐체Karl Schulze도 있다.

이런 사람들에 비하면 나는 아무것도 아니다. 이들의 말에는 나로서는 도저히 따라잡지 못할 바주카포 같은 한 방이 있다. 왜일까? 권위의 신뢰성 때문이다. 피아노에 관한 이들의 지식은 내가 따라잡기 힘들 만큼 심오하다. 내가 아무리 시간을 들여 노력해도 이들의 말 한마디에 담긴 권위는 도저히 넘보지 못한다. 누구든 의욕과 의지만 갖고 배울 수 있는 정도는 나도 배울 수 있다. 그러나 아무리 오래 열심히 공부해도 이런 회사의 경영자가 되거나 이들의 오랜 경험을 단번에 습득하지는 못한다. 따라서 데브니, 로스비, 슐체가 말하면 그들이 파는 물건을 사러 나온 소비자들은 자연히 그들의 말을 귀담아듣는다.

"그런데요, 드루 씨, 그 사람들은 절대로 객관적이지 못할 텐데요. 어쨌든 그 물건을 만든 장본인들이니까요."

물론 맞는 말이다. 이들은 단지 전문 지식과 경험이 결합되면 세일즈맨이 아무리 세일즈 자료를 열심히 공부해도 상대가 되지 않는다는 사실을 보여주기 위한 사례다.

《웹스터 사전》에서는 권위authority를 '명령을 내리거나 결정하는 힘, 사람이나 사물을 지시하거나 통제하는 힘이나 권리'라고 정의한다. 광고업자가 가짜 의사를 대리인으로 내세우면, 광고 첫머리에서 그들이 "저는 진짜 의사가 아닙니다. 텔레비전에서 의사 역할을 하는 겁니다"라고 밝히더라도 소비자들은 흰 가운과 목에 건 청진기, 실감 나는 병원 세트장에서 강렬한 인상을 받는다. 미국식품의약국Food and Drug Administration, FDA은 현직 의사가 제품을 권유하지 못하도록 금지하고 있다. 이 때문에 광고업자들은 교묘히 권위의 함정을 파놓는 것이고, 휴리스틱처럼 사실과 상세 정보가 아니라 이미지와 상징을 기반으로 구매하는 행위가 존재하기 때문에 금전등록기가 요란하게 돌아가는 것이다.

타인의 권위를 활용하라

당신 업계에서 프레젠테이션에 신뢰성을 더하기 위해 선택할 만한 저명한 권위자는 누가 있는가? 예를 들어 나는 '신문 광고 마법'이라는 세미나에서 책자 표지에 미국신문협회 회장이자 CEO인 캐럴라인 리틀Caroline Little의 의견을 싣는 식으로 권위의 단서를 활용한다. 일반인에게는 아무런 의미도 주지 못하겠지만, 신문업계 종사자에게는 업계에서 최고로 중요한 인물에게서 가장 인상적인 평가를 들었다는 뜻을 전달할 수 있다.

이런 거물들을 설득해 마케팅에 도움을 받기란 결코 쉽지 않을 것이다. 물론 당신이 파는 물건이 그들 회사의 제품이 아니라면 말이다. 그런데 권위를 끌어오는 훨씬 손쉬운 방법이 있다. 기업과는 관계가 없는 유명인이자 당신이 파는 제품군의 전문가, 다시 말해서 당신의 제품을 기꺼이 써줄 유명인을 활용하는 방법이다.

예를 들어 500달러짜리 수제 아이스크림 기계를 팔려고 한다면 세일즈맨으로서 얼마나 좋은 제품인지 설명하는 방법이 하나 있고, 다른 하나는 독설가 셰프로 유명한 고든 램지Gordon Ramsay나 유명한 셰프인 지아다 드 로렌티스Giada De Laurentiis에게서 보증을 받아내는 방법이 있다.

가치 그리고 아마도 가격 수준을 끌어올리기 위한 방편으로, 나는 그들에게 제품에 관한 짤막한 감상을, 가능하다면 좀 더 긴 평가를 적어달라고 부탁할 것이다. 항공편으로 비디오 작가를 보내서 제품에 관한 평가를 몇 마디 비디오에 담아 오거나, 셰프들이 제품을 극찬하면서 요리하는 결정적인 장면을 건져오게 할 것이다.

아마 당신은 이렇게 말할 것이다. "이봐요, 드루 씨! 그런 비용을 다 어디서 구한답니까? 저는 제 상사가 준 것밖에 없다고요." 혹은 이렇게 말할지도 모르겠다. "전 그냥 작은 회사를 운영하는 사람이에요, 드루 씨. 유명인들에게 보증이나 증언을 받아낼 수는 없다고요. 꿈같은 소리를 하고 있군요!"

물론 당신도 할 수 있다. 유명인은 세상의 관심을 먹고 산다. 그들은 끊임없이 명성을 높이고 싶어서 열심히 자기 이름과 브랜드를 홍보할 기회를 찾아다닌다. 간혹 이름을 사용하도록 허락해주는 대가로 큰돈을 요구하는 사람도 있지만 합리적인 가격이나 다른 형태의 가치를 받고 이름을 빌려주는 사람도 있다. 가장 쉽고 비용이 적게 드는 방법은 유명인들에게 직접 편지를 써서 대리인을 통해서만 연락할 수 있는 거물급 유명인이 아니라면 제품을 보내줄 테니 써보고 짧게 상품평을 보내줄 수 있는지 단도직입적으로 물어보는 것이다. 편지에는 물론 그들이 하는 일에 대해 찬사를 늘어놓고, 폭넓은 전문 지식을 갖춘 그들만큼 제품의 품질을 평가할 만한 자격이 있는 사람도 없다고 적는다. 알겠는가?

이보다 더 강력한 방법을 원하는가? 다음으로는 개인 선물처럼 제품을 보내면서 "저희가 가장 사랑하는, 유명한 고든 셰프님께 드립니다" 처럼 따스하고 사적인 메모를 동봉하는 방법이 있다. 그런 다음 홈페이지나 트위터로 메시지를 보내서 제품을 어떻게 생각하는지 물어본다. 긍정적인 답변이 돌아오면 "친절한 답변에 무척 감사드립니다, 고든 셰프님. 존경해 마지않는 훌륭한 셰프님의 고견이라 저희에게는 의미가 더 큽니다. 저희 수제 아이스크림 기계가 셰프님 마음에 든다니 얼마나 기쁜지 모릅니다! 혹시 셰프님의 친절한 평가를 저희 마케팅 자료에 활용해도 될까요? 셰프님의 후의에 다시 한 번 감사드립니다. 친절한 답변을 기다리겠습니다. 감사합니다."

아주 이상한 사람만 아니라면 대체로 의견을 인용해도 좋다는 긍정적인 답변이 돌아온다. 다만 상대가 답변을 보낼 때 전혀 번거롭지 않도록 미리 조치를 취해두어야 한다. 당신의 부탁이 그들의 '오늘 처리할 일' 목록에 올라가서는 안 된다. 그래서 이메일이나 SNS를 통해 소통하는 것이 가장 좋은 방법이다.

방금 우리는 소비자 심리학 서적을 읽는 사람들조차 알아채지 못할 만큼 잘 알려지지 않은 두 가지 기법을 활용했다. 우리는 제품을 개인적인 편지와 함께 보냈다. 그러자 곧바로 두 가지 원리가 작동하기 시작했다. 우리를 위해 무언가 해준 사람을 위해 우리도 무언가 해주어야 한다는 호혜성의 원리와, 위선자로 간주되지 않는 이상 누구나 이전의 행동과 일관되게 행동한다는 의미의 일관성의 원리가 작동한 것이다. 이 두 가지 원리를 뒤에서 더 자세히 살펴보겠다.

이 책에서 소개한 원리는 모두 실용적이라서 마음만 먹으면 당장이라도 실행에 옮길 수 있다. 특히 권위를 이용해 제품이나 서비스를 지원하는 원리는 상당히 구체적이라서 다른 원리보다 손쉽게 실행에 옮길 수 있다. 우선 유명한 권위자들 중에서 의견이나 평가를 사용하도록 기꺼이 허락해줄 사람을 찾아본다. 나도 수없이 해봤으니 당신도 할 수 있다. 실제로 이 책에서 소개하는 여러 원리 중에서 권위를 이용하는 방법만 잘 활용해도 당신이 투자한 책값을 수천 배로 돌려받는 셈이다.

알겠는가? 이런 원리는 안내서나 샘플과 마찬가지로 엄연한 세일즈 도구이다. 하등의 차이가 없고 중요성이 덜하지도 않다. 직접 시연하는 방법을 제외하고는 현재 당신이 사용 중인 모든 세일즈 기법의 판매력을 압도할 것이고, 질 좋은 제품을 사라고 설득할 때 아주 적합할 것이다.

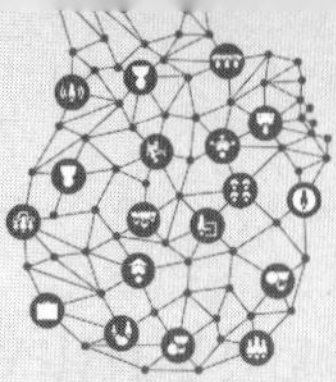

15 | 호혜성의 심리학

:

보상해야 한다는 의무감을 '기술적으로' 자극하라

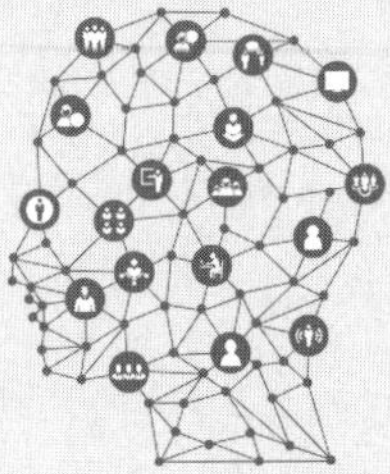

어떤 사람에게 무언가를 사게 하려면 그 사람에게 무언가를 주는 방법이 최선일 때가 있다. 인간의 뇌는 호의를 받으면 갚도록 설계되어 있기 때문이다. 예를 들어 남에게 선물을 받으면, 딱히 인상적이지도 않고 값나가는 물건이 아니어도, 선천적인 도덕적 의무감이 작동한다.

"잘 들어, 체이스. 리드가 쿠키를 주면 너도 오렌지 한 조각을 나눠줘야 해. 그래야 올바른 행동이란다."

이런 행동은 기본적인 사회적 가르침을 통해 학습된 것이다. 사회화 과정에서 우리는 서로 협력해야 최선의 결과를 얻을 수 있다고 배운다. 내가 당신을 도와주면 당신도 나를 도와준다. 서로를 도와주면 우리 둘 다 목표에 더 가까이 다가가고 더 성공한 삶을 영위할 수 있다.

일부 문화권에서는 이런 호혜성의 원리가 일상의 언어에 녹아 있다.

예를 들어 '미안합니다'라는 뜻이면서 '고맙습니다'라는 뜻으로도 쓰이는 일본어 'すみません 스미마센'을 문자 그대로 해석하면 '일이 끝나지 않다' 혹은 '일이 마무리되지 않다'라는 뜻이다. 불가리아에서 '고맙습니다'라는 뜻으로 'Благо-даря 블라고 다리야'라고 말할 때 실제로는 '좋아요, 제가 드릴게요'라는 뜻이다.

남에게 좋은 선물을 받으면 보답해야 한다는 의무감이 드는가? 웬만한 사람은 그렇다. 이것은 모든 인간의 뿌리 깊은 감정이다. 그런데 이 원리를 세일즈에도 활용하는가? 보답하고자 하는 의무감의 원리는 세일즈에 반드시 활용해야 하고, 활용하기 가장 쉬운 원리이다. 이 원리는 우리 수입에 영향을 미치는 세 가지 역할을 수행하기 때문에 세 배로 효과적이다. 이 원리는 어수선한 현실을 곧장 뚫고 나간다.

잠재 고객은 하루 종일 낚싯바늘 100개를 문 물고기 같은 상태로 지낸다. 우리의 경쟁자, 상상 가능한 모든 형태의 광고, 전화, 텔레비전, 라디오, 인터넷, 동료, 친구, 가족, 끝없이 밀려드는 정보, 시간을 내달라는 요청에 의해 끊임없이 끌려다니는 것이다. 하지만 당신이 잠재 고객의 손에 공짜로 물건 선물 을 올려놓는 순간 당장 당신에게 관심을 보일 것이다. 우편으로 보내면 다른 온갖 청구서와 스팸 메일보다 먼저 열어볼 것이다. 직접 만나서 선물을 건네고 물건을 사달라는 말을 전혀 꺼내지 않는다면 어디까지나 선물이라는 점을 잊어서는 안 된다 잠재 고객의 기분을 북돋워주고 나아가 하루 종일 기분 좋게 만들어줄 수도 있다.

명심해야 할 점이 있다. 여기서 핵심은 사람들에게 공짜 선물을 뿌리면서 공덕을 쌓자는 것이 아니다. 호혜성 원리를 행동에 옮기자는 것이다. 어쨌든 이 책은 세일즈 책이 아닌가? 우선 첫발을 내디뎌야 한다.

되로 주고 말로 받는 기술

당신은 부동산업자인가? 어떤 시장에서든 최고의 판매가로 거래하거나 최고의 거래를 성사시키려면 눈에 확 띄는 보고서를 제시해야 한다. 보고서는 내부자의 조언을 담은 것이 좋다.

헬스클럽이나 온천의 세일즈맨인가? 그러면 잠재 고객에게 한 달 무료 이용권을 제공하라. 한 달이 부담스럽다면 기간을 줄일 수도 있다. 무료 회원권 선물은 잠재 고객에게 일단 시설을 이용해서 혜택을 받아보게 하는 데 의의가 있다. 헬스클럽 안의 모든 장비와 피트니스 수업과 편의 시설을 직접 체험해보게 하는 것이다. 일주일 무료 이용권을 주면 평균 한두 번 정도 방문한다고 볼 때, 일단 관심을 끌 수는 있다. 하지만 잠재 고객을 매혹시켜서 더 많은 체험을 갈구하게 만들려면 일주일로는 부족하다.

레스토랑이나 피자 가게를 운영하는가? 무료 식사권이나 피자 한 판 교환권을 제공하라. 에피타이저나 음료나 감자튀김 같은 서비스는 어리석은 선택이다. 인색해 보이고 그다지 좋지 않은 인상을 남겨도 상관없다면 그렇게 해도 된다. 하지만 호혜성의 순환이 시작되려면 그만큼 가치 있는 선물을 해야 한다. 당신이 돈을 아끼느라 어이없는 혜택을 제공한다는 인상을 남겨서는 안 된다.

자동차 서비스센터를 운영하는가? 무료 엔진오일 교환권이나 에어컨 필터 교체권을 제공하라.

빵집을 운영하는가? 초콜릿칩 쿠키 12개짜리 한 상자를 제공하되, 평범하고 특색 없는 흰색 상자에 담으면 안 된다. 지금 우리는 세일즈를 하는 중이다. 이런 포장으로 특별한 의미가 전달될까? 물론 아니다. 내가 주인이라면 눈에 잘 띄는 상자를 따로 제작해서 역시 눈에 띄는 로고를 새길 것이다. 상자마다 따로 포장해서 리본도 달고, 마지막에 작은 선물 카드를 붙일 것이다. 보라! 설탕 덩어리 평범한 쿠키 상자가 제아무리 괴팍한 인간이라도 좋아하지 않기 힘든, 가치 있고 사려 깊어 보이는 선물로 변신했다. 자, 호혜성의 품으로 오라!

당신은 정원사인가? 한 달간 풀베기, 잡초 뽑기, 울타리 다듬기, 전기청소기로 뒷정리하기 무료 서비스를 제공하라.

"와, 드루 씨. 전 못해요! 다들 공짜 서비스만 받아보고 다음번에 저를 찾지 않을 거예요."

과연 그럴까? 첫째, 물론 괴팍한 상대를 만날 가능성도 있기는 하지만 이를 통해 신규 고객을 여럿 확보할 수 있는 유리한 입장에 서게 된다. 세상에서 가장 효과적인 세일즈 기법, 바로 '샘플링' 기법을 활용해서 새로운 고객이 당신과 거래하기 수월하게 만들어준 것이다. 방금 당신은 가장 높은 장벽, 즉 이용당할까 봐 걱정하는 잠재 고객의 두려움을 허물었다. 이제 당신에게 기회가 왔으니 전문가답게 잘 대처하기만 하면 웬만한 고객들은 당신과 한 번쯤 거래해보려 할 것이다.

둘째, 이 방법은 번드르르한 광고와 홍보, 매스컴의 관심과 세일즈 캠페인과는 비교도 되지 않는 방식으로 잠재 고객이 당신을 바라보게 해준다. 새로운 비즈니스 관계로 향한 문을 열어젖히는 완벽한 방법이다. 어쩌면 현재 당신이 쓰는 방법과 크게 다르지 않을 수도 있다. 하지만 화려하게 포장해서 진짜 선물처럼 준다면 가치 있는 선물을 받고 투덜댈 사람이 몇이나 있겠는가.

셋째, 이 방법은 곧장 호혜성의 공을 떨어뜨려서 잠재 고객이 당신의 세일즈 프레젠테이션을 기꺼이 듣고 싶게 만들고, 결국 어떤 형태의 보상이나 가치를 되돌려주고 싶게 만든다.

이것이 호혜성의 원리다. 주는 행위다 원한다면 선물이라고 해도 된다. 기본적으로 잠재 고객과 고객의 마음을 건드려서 다음번 판매로 이어지는 순탄한 길을 닦는 방법이다. 입증된 방법이며, 당신 사업에서 표준 관행으로 삼을 수도 있다. 이것은 전적으로 인과관계이다. 선물은 당신에게 유리하게 작용하는 원인이 된다. 선물이라는 작은 세일즈맨이 당신의 명령을 대신 수행하는 셈이다.

광고회사의 경영자 댄 위든 Dan Weiden 은 사형수의 한마디에서 섬뜩한 영감을 얻어 나이키 광고 카피를 만들었다. 사형대에 오른 사형수가 자기 몸에 스위스 치즈처럼 총알구멍을 내도 된다며 마지막 한마디를 남겼다.

"어서 해봐 Just do it."

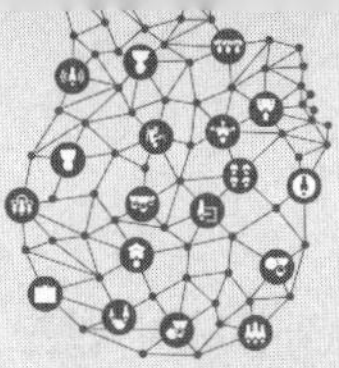

16 | 약속 · 일관성의 심리학

:

사지 않으면 불편해지는 장치를 만들어라

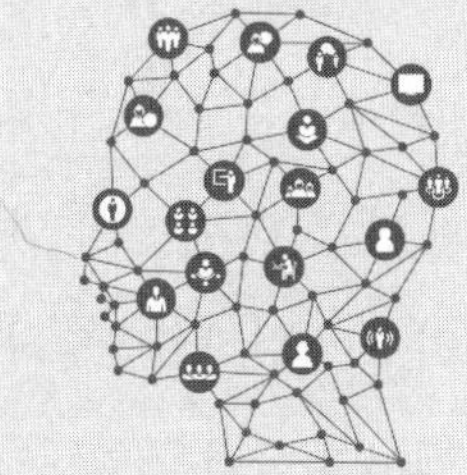

누가 당신한테 위선자라고 하면 기분이 어떨까? 화가 날 것이다. 누군들 화가 나지 않겠는가? 상대가 무슨 까닭에 위선자라고 부르는지는 중요하지 않다. 화나는 건 매한가지다!

《웹스터 사전》에 따르면 당신은 위선자가 될 자격이 있다. '위선자hyp·o·crite : 명사 \hi-pə-krit\ 옳은 일에 관해 어떤 신념이 있다고 주장하거나 그런 척하지만 그 신념과 일치하지 않는 방식으로 행동하는 사람.' 어원은 그리스어 'hypokritēs'이고, 무대 배우, 곧 실제로는 아니지만 그런 척하는 사람이라는 의미이다. 한마디로 하면 사기꾼일까?

이 개념을 세일즈에 적용해보자. 우선 일관성의 원리에 따라 잠재 고객이 어떤 입장을 취하거나 혹은 어떤 입장을 밝혀야 하는 상황을 만들어놓는다. 그다음에 잠재 고객이 위선적으로 행동하지 않으려면 이미 밝힌 입장과 일관되게 행동해야만 하는 구매 결정을 끌어들인다.

모든 것이 자연스럽게 흘러가야 한다

똑똑똑. 몇 집 건너에 사는 여덟 살짜리 귀여운 금발머리 꼬마 숀이다. 당신은 작은 구멍으로 내다보고 아무것도 보이지 않자 문을 열어본다. 그러자 숀이 당신 얼굴에 클립보드를 내민다. 아이는 여린 목소리로 말한다. "안녕하세요. 제 이름은 숀이에요. 전 작아요. 저희 학교에서 따돌림을 없애자고 제안하는 탄원서에 서명해주시겠어요?" 물론 당신은 서명한다. 꼬마 아이가 따돌림 당하는 걸 바랄 사람이 어디 있겠는가? 이 영리한 아이는 자기가 작다고 말해서 당신의 마음을 건드린다. 그러니 당장 서명하고 이제 당신 할 일을 하면 된다.

그런데 그렇지 않다. 당신이 아이에게 클립보드를 넘기자마자 아이는 덫을 잡아챈다. "와! 정말 고맙습니다. 저와 학교 친구들에게 큰 힘이 될 거예요. 저희가 '날 따돌리지 마' 티셔츠를 만드는 데 3달러를 기부해주실 수 있죠? 3달러만 주세요. 정말 고맙습니다!"

어이쿠! 당신의 거위는 방금 깃털이 뽑히고 양념을 뒤집어쓴 채 요리로 완성됐다. 꼬마 숀은 먼저 당신에게 따돌림에 대한 입장을 밝히게 만들었고, 당신은 그렇게 했다. 그다음에 아이는 당신의 입장과 완벽히 일치하는 소액 기부를 요청해서 당신이 밝힌 입장을 시험했다. 특히 숀은 당신이 위선자처럼 굴지 못하게 만들었다. 당신이 먼저 탄원서에 서명하지 않았다면 돈을 달라는 요구를 쉽게 거절했을 테지만, 숀은 미리 완벽한 술수를 써놔서 고사리만한 오른손에 빳빳한 3달러를 쥐고 유유히 걸어 나갔다.

주로 심오한 중심 경로 사고가 개입되지 않는 세일즈에 적합한 원리이다. 잠깐 사이에 사람을 홀려서 새 집이나 차나, 그 밖에 덩치 큰 물건을 거래하게 만들 수는 없다. 다만 이 원리를 활용하여 대규모 거래에서도 점차 수익을 끌어올릴 수는 있다. 다음 두 가지 스크립트를 보고 어떻게 활용하는지 알아보자.

애견 미용사: 현재 우리 주에서 록키산 반점열이 기승을 부리고 있어요. 저희가 플러피를 데려가서 털을 손질하기 전에 이런 치명적인 벌레에 플러피를 노출시키지 않도록 최선을 다하겠다고 약속하는 이 서류에 서명해주시겠어요? [고객이 서명한다.] 서명해주셔서 고맙습니다! 미용한 다음에 새로 나온 벼룩과 진드기 방지 목걸이를 추천해드릴게요. 3.99달러밖에 안 하죠. 예쁘게 털을 깎고 나서 플러피한테 하나 채워줄까요? [결과: 강아지 목걸이는 팔리고 강아지 주인은 위선자처럼 행동하지 않았다.]

인쇄업자: 인쇄를 의뢰해주셔서 감사합니다. 먼저 국립공원과 국유림 보호 정책을 강화하도록 국회에 촉구하는 탄원서에 서명해주시겠습니까? 일부 거대 제지 회사들이 불법으로 벌채해서 숲을 파괴하는 것 같거든요. [고객이 서명한다.] 정말 감사합니다! 그러면 환경보호를 위해서 고객님의 주문을 재생지에 인쇄해도 될까요? 신문 1톤만 재활용해도 나무 17그

루를 베지 않을 수 있고, 대기오염이 75퍼센트나 줄어들고 수질오염이 35퍼센트 감소하는 데다 에너지도 43퍼센트 적게 쓰이거든요. 결과물은 차이를 구분할 수도 없고 품질은 똑같이 좋습니다. 9달러만 더 내시면 됩니다. 괜찮을까요? [결과: 재생지는 팔리고 고객은 위선자처럼 행동하지 않았다.]

인쇄업자가 마지막에 질문으로 마무리한 것을 알아챘는가? 이 스크립트에서 질문을 뺐다면 큰 실수였을 것이다. 사실상 결심 지점이 물 흐르듯 자연스럽게 지나가게 만드는 것이 중요하다. 인쇄업자가 질문 바로 앞에서 "9달러만 더 내시면 됩니다"라는 말로 끝냈다면, 고객은 안내자 없이 세일즈의 황야를 돌아다니면서 무수한 반응들 중에서 선택을 하는 강자의 위치에 계속 머물렀을 것이다.

우리의 목표는 무대를 마련하고 잠재 고객의 입장에 대한 확답을 받아내고, 그다음에 최소한만 생각해도 되는 질문을 던지는 것이다. 고객을 시작 지점에서 판매 지점으로 데리고 가면서 모든 단계를 가능한 자연스럽게 넘어가야 한다. 당신이 바라는 건 고객을 구매 결정에 끌어들이는 일이다. 고객이 육체적으로나 정신적으로 고된 산행을 하거나 장애물 곡예를 하는 건 결코 원하지 않을 것이다.

가치 있고 질 좋은 제품과 서비스만 팔겠다는 약속 다음으로 당신이 선택할 수 있는 최선은 "저와 거래하시면 모든 과정이 믿기지 않을 만큼 수월하게 진행되도록 만들겠습니다"라고 말하는 것이다. 소비자는 다른 모든 조건이 동일하다면 가장 손쉽게 구매할 수 있는 업체에 돈을 쓸 것이다.

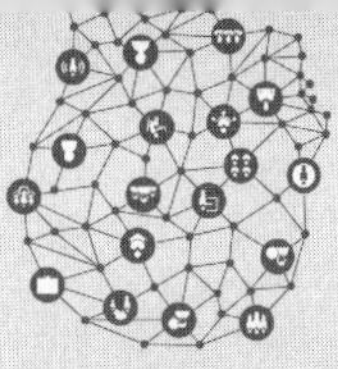

17 | 희소성의 심리학

:

언제든 손에 넣을 수 있다는 느낌을 주지 마라

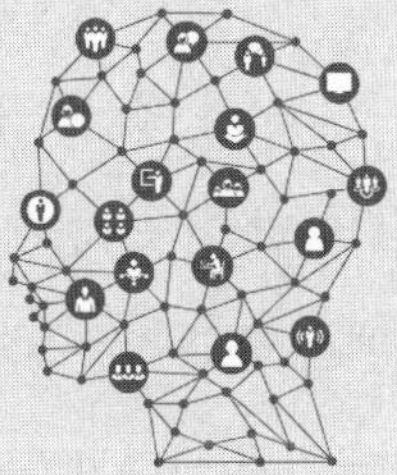

사람들은 갖지 못하는 것을 원한다. 나아가 희귀하거나 개수가 한정된 물건을 소유하려는 욕구가 강하다. 이런 심리는 전통적인 경제 이론과 어긋나는 것처럼 보인다. 경제 이론에서는 수요-공급 곡선처럼 재화의 가격이 떨어지면 수요가 상승하고 반대로 가격이 상승하면 수요가 떨어진다고 가르치기 때문이다. 그러나 수요-공급의 경제 원리가 항상 적용되는 것은 아니다. 간혹 정반대 현상이 나타나기도 한다.

다음 사례에서는 같은 물건을 두 가지 다른 방식으로 제시한다. 두 가지 스크립트에서 전하는 느낌은 극명히 다르다. 고객이 그전까지 그런 제품 유형을 얼마나 갈망했는지는 상관없다. 세일즈 프레젠테이션을 할 때 선택하는 단어가 고객의 뇌에서 일어나는 욕구 수준에 직접 영향을 미친다.

스크립트 1: 조, 이 펜을 원하세요? 어서 가져가세요. 한 다발 가져가세요. 이런 건 얼마든지 있으니까요.

스크립트 2: 조, 이 펜은 특별한 거예요. 딱 50자루만 제작됐는데 마침 제가 두 자루를 가지고 있어요. 아주 부드럽게 잘 써진답니다. 한 자루 드릴까 하는데, 대신 아무한테도 빌려주지 않겠다고 약속하셔야 해요. 한번 빌려주면 다시는 돌려받지 못할 테니까요.

누군가 당신에게 이처럼 제안했다면, 그리고 다른 조건은 모두 동일하다면 어느 쪽 제안에 더 마음이 끌리겠는가? 어느 쪽 제안을 들으면 펜을 갖고 싶은 마음이 더 생기겠는가? 또 어느 쪽 제안을 들으면 펜이 더 가치 있다고 믿을까?

보통 사람이라면 두 번째 스크립트에 더 마음이 끌릴 것이다. 펜의 기능은 "아주 부드럽게 잘 써진답니다"라며 한 가지만 소개했을 뿐이다. 그 밖에는 펜의 다른 물리적 특징을 언급해서 흥미를 끌거나 욕구를 자극하려고 시도하지 않았다. 단지 한정된 수량만 존재하고 "딱 50자루만 제작됐어요" 현재 구할 수 있는 수량도 제한적이라는 언급만으로도 "마침 제가 두 자루를 가지고 있어요", 차별성이나 가치를 거의 알 수 없는 펜 한 자루가 특별히 기분 좋은 소장품으로 변신했다.

어느 정도의 배타성은 필요하다

흥미롭게도 치알디니는 인포머셜[8]에서 "전화 연결이 안 되더라도 계속 연결해주세요"라는 문구를 말하면 "교환원이 대기하고 있습니다"라고 말할 때보다 주문 전화가 더 많이 들어온다는 사실을 확인했다. 직관에 어긋나는 것처럼 보이지 않는가? 치알디니는 사회적 증거의 원리를 설명하기 위해 이 사례를 들었지만 한편으로는 희소성의 원리가 작용하는 예이기도 하다. 이런 문구는 수요가 압도적이라는 의미를 내포하고 있으며, 이는 곧 공급이 유한하다거나 희소가치가 있다는 암시이기 때문이다. 무엇을 팔든 어떤 방식으로 팔든, 소비자들에게 언제든 손쉽게 손에 넣을 수 있는 것이라는 인상을 주어서는 안 된다. 컨설턴트를 예로 들어보자.

"저는 일정이 아주 여유롭습니다. 언제든 원하시는 시간에 맞춰드릴 수 있습니다. 제게는 지금 고객이 절실합니다!" 컨설턴트는 일정이 텅텅 비어 있어서 간절히 고객을 구하는 중이라는 식으로 광고해서는 절대로 안 된다.

"저기요, 드루 씨, 그건 너무 극단적이잖아요!"

물론이다. 다만 희소성의 최저 단계가 최소한의 가치와 그에 상응하는 소비자의 관심에서 시작한다는 사실을 설명하기 위한 예시일 뿐이다. 이를테면 언제든 이용 가능하고 무제한으로 공급되는 단계부터 시작한다. 모래나 공기. 먼지나 벌레나 구정물처럼 말이다.

---

8 Infomercial : Information(정보)과 Commercial(TV광고)의 합성어로, 긴 시간 정보를 제공하는 TV 광고로 홈쇼핑에서 흔히 볼 수 있다.

"저는 일정이 바로바로 채워집니다. 지금 전화해서 약속을 잡으세요." 첫 번째보다는 조금 낫지 않은가? 적어도 어느 정도의 인기와 인정과 수요를 암시하면서 당신이 제공하는 서비스를 다른 사람들도 가치 있게 여긴다는 사회적 증거를 활용한다.

"앞으로 두 달간 일정이 다 차 있습니다. 다만 규모는 작아도 흥미로운 일이고 상담 시간을 넉넉하게 조정하실 수 있는 고객이라면 시간을 내서 한두 분 정도는 더 받을 수 있을 것 같습니다."

무슨 뜻인지 알겠는가? 이 말은 풀어보면 이런 의미를 전달한다. '저는 지금 몹시 바쁩니다. 고객이 많아서 몸이 열 개라도 모자랄 지경입니다. 아무런 확답을 드리지는 못하지만 제게 구미가 당기고 시간이 많이 들어가지 않는 일이라면 도와드릴 수도 있습니다.' 희소성이 명확히 드러난다. 당신이 언제든 시간을 낼 수 있는 것은 아니지 않은가? 이는 사실 첫 번째 사례만큼 일이 절실히 필요한 처지일 수도 있다. 다만 어떤 어휘를 선택하고 그 결과로 어떻게 인식되느냐가 핵심이다.

"죄송합니다만 예약이 다 차서 현재로서는 더 이상 신규 고객을 받지 못합니다. 다만 첫 방문은 받고 있으니 언제든 문자를 남겨 주십시오. 가능한 신속히 답변을 해드리겠습니다. 또 원하시면 신규 고객 대기자 명단에 고객님을 올려드리겠습니다. 저희 홈페이지를 방문해주셔서 감사합니다."

마지막 스크립트에서는 당장은 새로운 고객을 받을 생각이 아예 없다. 사실 잠재 고객이 당신과 거래하고 싶다면 대기자 명단에 이름을 올려달라고 요청해야 한다. 새로운 거래처와의 관계를 완전히 단절하지 않으면서도 당신이 인기 있고 잘나가며 바쁘고 예약이 다 차 있다는 점을 분명히 밝혔다.

위험한 수법일 수도 있지만 컨설턴트들 중에는 이 방법을 효과적으로 활용하는 사람이 많다. 희소성의 궁극적인 표현이다. 새로운 일거리를 적극적으로 찾는 사람에게는 추천하지 않는다. 하지만 실제로 바빠서 새 일거리를 맡을 수 없는데 소통의 창은 열어두고 싶을 때는 이런 스크립트로 특권층의 분위기를 전달할 수 있을 것이다.

"그런데 드루 씨, 저는 컨설턴트가 아닙니다. 저는 제품과 서비스를 파는 사람이에요."

그래도 이 원리를 효과적으로 활용할 수 있다. 예를 들어 당신이 언제든 이용할 수 있고 무제한으로 공급되는 제품이나 서비스를 할인 판매한다면 어떻게 할 수 있을까? 몇 가지 방법이 있다.

- 시한을 확고히 설정한다. "할인은 8월 21일 자정까지입니다." 흔하면서도 매력적인 기법이다.
- 특정 수량이 팔릴 때까지로 할인을 제한한다. "파나소닉 VT60 65 3D 스마트 플라즈마 HDTV를 50대까지만 299달러 할인해드립니다."
- 물건을 구입할 수 있는 때를 특정 시간대로 제한한다. "저희 매장의 모든 가구는 이번 주까지만 낮 12시부터 오후 1시까지 20퍼센트 할인해드립니다."
- 특정 날짜로 제한한다. "내일 오전부터 이번 주 금요일 오후 5시까지 구매하시는 모든 제품은 최대 구매 조건 없이 자동으로 15퍼센트 할인됩니다."

- 특정 구매자 유형으로 제한한다. "12월 마지막 주에 저희 매장을 방문해주십시오. 모든 법 집행 기관과 군인 가족에게는 그분들의 용기와 노고에 대한 크리스마스 선물로 저녁 식사 비용의 50퍼센트를 할인해드립니다."
- 소개받은 고객으로 제한한다. "현재 저희 병원 환자가 소개해주신 신규 환자만 받습니다."
- 판매 미확정 상태라서 구매할 수 없는 품목에 제한을 둔다. "판매 완료 상태라 구입할 수 없습니다. 아, 어쩌면 구매하실 수도 있겠군요."

"오, 맞아요! 이 차는 저희 중고차 매장에서 제일 잘 팔리는 스포츠카, 아우디 R8 쿠페입니다. 안타깝게도 다른 손님이 보증금을 걸어두셨어요. 그래도 이 녀석을 보세요. 찬찬히 살펴보세요. 525마력 V10엔진에 주행거리가 5,150킬로미터밖에 안 돼서 완전 새 차 같죠. [사실은 '와, 굉장한 차예요. 이걸 사지 못하면 참 안타까운 일이에요'라는 뜻이다.]
흠, 그런데 지금은 보증금이 걸려 있네요. 그 손님이 내일 아침에 다시 오실 거예요. 혹시라도 거래가 성사되지 않으면 기꺼이 연락드리겠습니다. 중간에 다른 손님이 끼어들지 못하게 환불이 가능한 보증금을 조금 걸어두시면 어떨까요? 그러면 손님께서 제대로 살펴보시기 전에 누가 채가지 못할 텐데요."

어떤 기법을 선택하든 어느 정도의 배타성을 암시하지 않으면 세미나 중에 내가 가끔 흉내 내는 최악의 세일즈맨이 될 것이다. 최악의 세일즈맨은 '이런 걸 누가 신경이나 쓰나?'라는 식의 따분한 말투로 잠재 고객에게 "아, 그냥 천천히 보시고 결정하세요. 이 물건은 언제든 여기 있으니까 아무 때나 와서 사시면 돼요. 서두를 거 없어요. 집에 가서 생각해보세요"라고 말한다. 당신 회사를 이런 태도로 대변하는 세일즈맨이 있다면 얼마나 더 고용하겠는가?

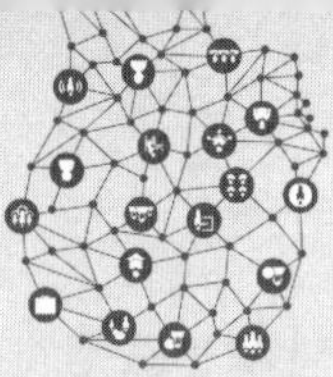

18 | 사례 대 통계의 심리학

:

남들이 얼마나 알아줄지가 핵심이다

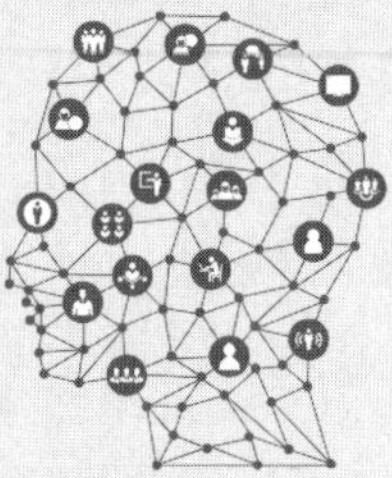

법률 회사의 비품 구매 담당인 스콧은 12개짜리 스테이플러 두 상자와 흰색 복사용지 25상자의 주문서를 넣으면서 물건에 얽힌 사연에는 조금도 관심이 없다. 그의 궁극적인 관심사는 직원들의 요구에 맞고 수량이 예산과 맞아떨어지느냐이다. 또 자기 돈도 아니라서 지출하면서 아무런 감정이 없다. 비품이 떨어질 때마다 주문서 한 장만 넣으면 끝이다. 스콧에게 직장에서의 구매 행위는 주로 숫자 놀음에 불과하다.

반면에 사적인 용도로 물건을 사는 대다수 소비자들은, 자료를 참조해서 지출을 정당화할 수는 있지만 정작 주머니를 뒤져서 신용카드를 꺼내게 만드는 건 감정이다.

"흠, 당장은 컴퓨터를 새로 구입할 필요가 없지만 모든 데스크톱 컴퓨터를 25퍼센트 할인하잖아. 지금 사두지 않으면 장기적으로 돈이 더 나가게 될 거야. 꼭 필요하지도 않을 때 돈을 쓰는 거긴 하지만 현명한 지출이지."

감정은 세일즈의 중요한 동인이므로 각각 사례와 통계를 적용한 다음 두 가지 스크립트 중 어느 쪽이 더 설득력 있는지 알아보자. 우선 사례로 든 스크립트를 살펴보자.

보플렉스 레볼루션 가정용 운동기구

"오늘부터 90일 뒤 더 날씬하고 더 단단하고 모든 사람의 눈길을 끌고 여자들을 매혹시키는 몸매를 가진 당신의 모습을 상상해보세요. 욕실 거울 앞에 서서 옷을 벗고 남성 건강 잡지 표지의 피트니스 모델처럼 언제나 꿈에 그리던 체격과 마주한다고 상상해보세요. 단단한 빨래판 복근. 티셔츠가 팽팽해지면서 힘과 강인함을 말해주는 이두박근과 삼두박근. 대포처럼 떡 벌어진 어깨. 잘 발달한 승모근과 경근. 올림픽 체조 선수 같은 허벅지와 종아리. 어떤 상황에서든 스스로를 지킬 수 있을 것 같은 외모와 자신감을 상상해보세요. 사실 더 우람한 육체는 우두머리 수컷을 의미해서 언뜻 보기만 해도 반 시간 동안 돈과 성공을 자랑하는 사람보다 더 큰 존경을 받습니다. 순전히 동물사회학이고 인간 세계에서도 당신이 날마다 처한 모든 상황에 영향을 미칩니다. 보플렉스 레볼루션 가정용 운동기구는 신체의 모든 부위상체, 하체, 심근를 바꿔주고 모든 일상 운동, 모든 강도, 모든 피트니스 목표를 지원합니다. 일주일에 세 번 20분씩만 투자해도 눈에 띄는 성과를 거두고 단 6주 만에 몸과 생활이 향상되리라 보장합니다!"

감정이 흘러넘치는 이 스크립트를 통계에 치중한 차갑고 생기 없는 스크립트와 비교해보자.

보플렉스 레볼루션 가정용 운동기구는 표준 저항력을 100킬로그램에서 136킬로그램까지 높여서 상체를 강화할 수 있다. 하체 운동을 할 때는 저항력을 272킬로그램까지 높일 수 있다.

- 열 가지 자세와 170도 조정 기능
- 프리쳐 컬 부가 장치
- 수직 벤치프레스
- 광범위한 운동과 변형 완전 구비
- 레그 익스텐션
- 다섯 가지 방향 핸드그립/발목 지지대
- 여러 위치의 케이블/도르래
- 심장강화 운동
- 로잉머신 내장
- 55인치 × 38인치까지 접힘
- 사용자 사용 설명서/운동 지침
- 상세 지시 사항

느낌이 180도 달라졌다. 한마디로 통계 스크립트에는 세일즈에 위력을 부여하는 감정이 결여되어 있다. 감정은 제품을 원하는 사람의 관심을 끈다. 논리는 지갑을 성급하게 열지 말라고 말한다.

감정이 풍부한 사례

혹시 이런 생각을 해본 적 있는가? 흥미롭고 즐거운 주장을 듣거나 읽으면 단순히 그 주장에 관심이 생길 뿐 아니라 믿고 싶어진다 Isen et al. 1982 . 그러나 성인이라는 조건하에서 우리는 스스로에게 "조심해. 바가지 쓰면 안 돼! 사기당하는 건지도 몰라"라고 말한다.

어린아이와 비교해보자. 아이는 아주 근사해 보이는 새 장난감 광고를 보면 당장 갖고 싶어 한다. 아이에게 돈이 있다면 광고가 채 끝나기도 전에 벌써 샀을 것이다. 좌뇌의 경고나 분석, 식별력이 아직 발달하지 않았기 때문이다. 이런 장난감은 별로 좋지도 않다.

개인적인 제품을 구매할 때는 대개 뇌에서 "저 물건을 갖고 싶어" 기제를 가동시킬 만큼의 혜택을 찾는다. 따라서 세일즈 프레젠테이션이나 광고를 설득력 있게 만드는 비법은 문자 그대로 온갖 방식으로 많은 혜택을 퍼붓는 것이다. 또한 혜택을 알아보는 다른 관객을 끌어들이는 방법도 효과가 아주 좋다. 그러면 메타 관점이 생기면서 잠재고객이 자기 눈으로만 시각화하지 않고 다양한 방법으로 최종 결과를 그려볼 수 있다.

이 방법은 이 책에서 소개하는 여러 방법 중에서도 가장 효과가 뛰어난 축에 든다. 무엇보다도 중요한 수단 목적 사슬로 더 깊이 들어갈 뿐 아니라 자아 변형/허영심에 호소하는 원리를 적극 활용하기 때문이다. 구매 후 누리게 될 혜택을 남들은 어떻게 생각하는지 잠재 고객에게 보여주면서 궁극적인 결과 장면을 추가로 만들고 다른 사람의 눈으로도 체험하게 해준다. 구매자가 주저하거나 회의적인 태도를 보이더라도 다른 관객의 스크립트로 접근해서 이미 지각된 감정을 잠시 제쳐두고 남들은 어떻게 생각하는지 상상해보게 만든다. 예를 들어보자.

"이봐요, 조. [제품 이름]은 살도 빼고 활력을 얻는 데 도움이 될 거예요. 날씬한 몸매를 만들어줄 거예요. 다른 사람들도 그런 변화를 알아챌 테지요. [관객을 끌어들인다.] 부인과 친구들, 가족들도 변화를 알아챌 거예요. 한동안 못 만난 사람들은 깜짝 놀랄 겁니다. 친구들은 비결이 뭐냐고 묻겠지요. 다들 당신 같은 몸을 만들고 싶을 테니까요. 가족들은 당신을 흐뭇하게 바라볼 겁니다. 어린 아들은 아빠의 큼직한 이두박근과 삼두박근을 만져보려 할 겁니다. 아들에게 건강한 생활의 모범을 보여주는 건 좋은 일이에요. 그리고 부인께서는, 흠, 부인께서 당신 몸의 변화를 얼마나 고맙게 생각하실지 굳이 말씀드리지 않아도 되겠죠? 부인이 현재 운동을 하시지 않는다고 해도 남편이 운동으로 달라진 모습을 보면 틀림없이 운동을 시작하실 겁니다. 그리고 제 경험을 비춰 보면, 장담컨대 허리띠 아래에 지방 덩어리가 아니라 딱 달라붙은 단단한 복근이 만져지면 분명 더 힘이 생기고 자신감이 넘칠 겁니다. [전형적인 자기 대화의 확인] 뇌에서는 온종일 '나는 뚱뚱해, 몸매가 엉망이야, 운동해야 돼, 어휴, 이 지방 덩어리가 남들 눈에도 보이겠지? 피곤해, 기운이 없어, 저주받은 살덩어리 같아'['예 세트'의 전개]라는 말을 쏟아내는 대신에 기분이 좋아지는 긍정적인 메시지를 쾅쾅 울려댈 겁니다. '나는 날씬하고, 튼튼하고, 기운이 넘치고, 유연하고, 뭐든지 할 수 있어. 나는 옷맵시가 좋아. 사람들이 탄탄한 내 몸매를 보고 감탄해. 가끔 조금 질투하는 사람도 있어. 기분이 아주 좋아. 기운이 넘치고 밝고 자신감이 넘쳐. [혜택 제시] 아주 굉장한 변화야!'"

잠재 고객에게 단지 얼마나 큰 혜택을 받을 수 있는지 알리기만 해서는 안 된다. 그들이 누릴 가치와 혜택을 남들이 얼마나 알아줄지도 함께 말해줘야 한다. 이 원리는 모든 종류의 제품과 서비스에 적용할 수 있다. 물론 1만 달러짜리 청동이나 마호가니 관을 팔 때도 마찬가지이다.

"이런 우아한 관은 사랑하는 고인이 수많은 사람들에게 전해주신 가치를 인정해드리는 진심 어린 선택입니다. 이 관의 고상한 아름다움을 보면 조의를 표하러 장례식에 모인 모든 조문객이 감탄을 자아낼 겁니다. 이렇게 섬세한 장식은 훌륭하게 살아온 삶의 궁극적인 표현이고, 가족과 친지 여러분도 모두에게 큰 사랑과 행복을 안겨준 고인에게 바치는 마지막 선물로 적합하고 아름답다고들 생각하실 겁니다. 게다가 이렇게 고급스러운 관은 저희가 취급하는 관 중에서도 다른 저렴한 관과 달리 훨씬 더 오래 보존되고, 이음새에 밀폐용 고무 패킹을 붙여놔서 습기가 스미는 것을 늦춰주니까 안심하셔도 됩니다."

핵심은 감정이 풍부한 사례에 중점을 둔다는 것이다. 그리고 혜택을 잔뜩 늘어놓되, 구매자가 논리적으로 돈을 쓰는 행위를 정당화할 수 있을 만큼 통계자료를 제시해야 한다.

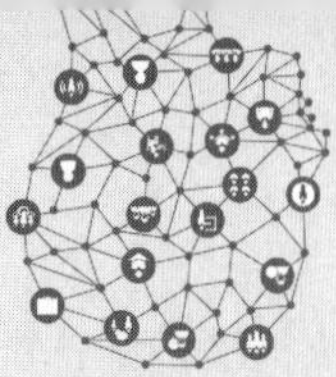

19 | 메시지 구성의 심리학

:

단순한 문장,
단순한 개념이 통한다

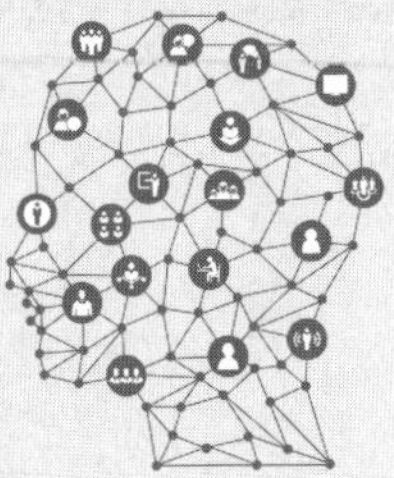

메시지 구성 원리의 이면에는 믿기지 않을 정도로 단순해서 하찮은 것으로 치부할 수도 있지만 위험을 감수하고서라도 시도해볼 만한 요소가 있다. 복잡하지도 난해하지도 정교해 보이지도 않아서 "그래그래, 당연하지" 하면서 권장사항을 따르지 않을 수 있다. 그러면서 심각한 실수를 저지르게 된다.

인간의 뇌는 놀랍도록 효율적이다. 뇌는 합리적 사고와 판단, 언어 능력은 물론 미술과 음악을 감상하는 능력까지 갖추고 있다. 뇌는 성격과 신체 동작, 기억을 관장할 뿐 아니라, 보고 듣고 느끼고 냄새를 맡고 맛을 보는 능력까지 선사한다. 그러면서 심장박동과 호흡, 소화, 체온, 면역 체계, 신진대사를 비롯해 그 밖에 수많은 기능까지 우리가 신경 쓰지 않아도 스스로 알아서 조절한다. 뇌에서 처리하는 일이 이렇게 많은데도 다른 일상적 과제를 수행할 역량이 남아 있다는 사실이 놀랍다.

많은 사람이 과도한 자극에 시달리고 영양이 부족하고 잠이 모자란 채로 하루하루를 살아간다. 처방받은 약 때문에 정신이 흐리고 합리적 판단력을 잃는 사람도 많다. 또 과도한 경제적 압박 때문에 스트레스에 시달리는 사람도 많다. 그 밖에 재정 상태와 가족 관계가 원만한 사람들 중에도 정신 질환에 시달리는 사람이 많다. 어느 해에는 18세 이상 미국인 중 26.2퍼센트네 명 중 한 명가 진단 가능한 정신장애를 앓는 것으로 보고되었다국립정신건강연구소(National Institute of Mental Health), 2014. 뿐만 아니라 미국의 성인 1,800만 명은 알코올중독이거나 알코올 문제에 시달린다국립의학도서관/국립보건원, 2014.

일상에서 잠재 고객의 주의를 빼앗는 요소가 있다. 〈소비자 보고서〉와 미국 신문협회에 따르면, 우리는 하루에 적게는 247개에서 많게는 3,000개 이상까지 언제 어디서나 광고에 노출되는 것으로 추산된다.

이렇게 많은 광고에 노출되는 것이 뇌에 뭔가 영향을 미칠까? 물론이다! 1965년에는 소비자들이 광고를 보고 그중 34퍼센트를 기억했다. 1990년에는 그 수치가 8퍼센트로 떨어졌고, 2007년에는 소비자가 어느 하루에 본 광고 중에서 두 개도 제대로 기억하지 못했다.

이것이 무슨 뜻일까? 그저 우리가 생각보다 집중력이 떨어지는 소비자를 상대한다는 뜻일까? 잠재 고객이 우리의 세일즈 프레젠테이션을 이해하고 처리하고 반응하는 능력이 이상적인 수준보다 훨씬 떨어진다는 뜻이다. 게다가 잠재 고객이 누군가한테서 무언가를 사는 행위에 관해 이미 중립적인 태도를 버렸을 가능성까지 감안하면 우리가 어떤 상대를 마주할지 알 수 있다. 우리가 상대하는 잠재 고객은 다른 기능을 처리하는 데 쓰이지 않는 나머지 뇌 역량조차 마음대로 다 쓰지 못하는 사람들이다.

핵심은 메시지 구성이 얼마나 중요한지 알아야 한다는 것이다. 구체적으로 말해서 세일즈 프레젠테이션을 만들 때 이해하고 처리하고 반응하기 쉽게 구성하지 않는다면 첫마디를 꺼내기도 전에 실패할 수 있다.

메시지 구성의 다섯 단계

혹시 세일즈 프레젠테이션이 너무 길거나 복잡하거나 상세하거나 무질서하다고 아주 잠깐이라도 생각해본 적 있는가? 듣는 사람 중 1퍼센트라도 당신이 하는 말을 이해하지 못할 가능성을 생각해봤는가?

명심하라. 당신의 세일즈 프레젠테이션은 당신이 만든 것이기 때문에 당신에게는 아주 익숙하다. 당신이 만들고, 다시 쓰고, 생각하고, 제시하고, 어쩌면 여러 번 고쳐 쓰면서 바로잡았을 수도 있다. 그러나 새로운 사람에게 프레젠테이션을 제시할 때, 상대는 처음 듣는 얘기라 당신만큼 충분히 이해할 수 없다. 게다가 사람들은 당혹스러운 상황을 피하려고 당신이 무슨 소리를 하는지 모르면서도 솔직하게 말하지 않을 것이다. 그저 고개를 끄덕이며 "음음" 하고 중얼거리지만 머릿속에는 뿌연 안개가 끼어있을 확률이 높다. 그 상태로 물건을 구입할 가능성이 얼마나 될까? 당연히 사지 않을 가능성이 크다.

'AIDPA'라고 들어본 적 있는가? 반응을 최대로 끌어내기 위해 설득력 있는 요소를 특정 순서로 배열하는, 오래전부터 검증된 광고 공식의 앞 글자를 딴 약어이다. 광고는 곧 인쇄된 형태의 세일즈맨이거나 대중에게 광고하는 세일즈맨이므로 세일즈에도 AIDPA 공식이 적용된다.

다섯 단계 기본 공식에 따라 프레젠테이션을 작성하면 어수선하지 않고 깔끔하게, 논리적으로 구성할 수 있다. 그러면 대중 연설의 공포를 극복하는 데 도움이 되는 오디오 강좌를 예로 들어 공식의 구성 요소를 하나씩 짚어보자. 세미나 리더가 참가자들에게 설명하는 장면을 통해 공식을 활용하는 스크립트를 소개하겠다.

- **주의** Attention **를 끌어라** 제품이나 서비스의 최고 혜택을 적는다.

  "여러분, 청중 규모가 크든 작든 상관없이 자신감 넘치게 힘 있고 권위 있게 말할 수 있으려면 어떻게 해야 할까요? 제가 여러분께 알려드리는 것은, 세상에서 가장 큰 두려움인 대중 연설의 공포를 지금 당장 극복하기 위한 몇 가지 기법입니다."

- **흥미** Interest **를 자극하라** 혜택을 자세히 설명한다.

  "잘 들으세요. 얼마나 많은 사람 앞에서 말하는지는 중요하지 않습니다. 사람들 앞에 설 때 얼마나 긴장하고, 얼마나 손이 떨리고, 얼마나 다리가 후들거리고, 얼마나 입이 바짝바짝 마르는지도 상관이 없습니다. ['예 세트' 전개] 저의 '토크파워 시스템'만 있으면 요즘 제일 잘나가는 동기부여 연설가처럼 많은 사람 앞에서 자신감 넘치게 말할 수 있습니다. 이 오디오 프로그램은 단 90분 동안, 유능하고 자신감 넘치는 대중 연설가들이 흔들림 없는 자신감을 키우기 위해 사용하는 검증된 기법을 제시합니다. [혜택 제시] 그냥 오디오를 틀어놓고 정신 훈련을 따라 하시면 틀림없이 뇌 구조가 대중 연설에 알맞게 변화할 겁니다. [수월성과 신속성에 대한 진술] 실제로 현재 여러분이 생각하는 방식을 해체해서, 원한다면 당장 활용할 수 있는 완전히 새로운 양상과 새로운 프로그램으로 바꿔드립니다.

농담이 아닙니다. 사실 저는 로저 도슨Roger Dawson, 지그 지글러Zig Ziglar, 레스 브라운Les Brown, 토니 로빈스Tony Robbins, 짐 론Jim Rohn 같은 백만장자 대중 연설가들을 모범으로 삼았습니다. 그런 다음 이분들의 자신감을 오늘날 최정예 전사인 미국 해군 특수부대의 확고하고 강인한 정신력과 결합했습니다. 제가 이 프로그램이 효과 있다고 생각하는 이유는 대중 연설 경험이 전혀 없는 사람들과, 사람들 앞에 나가서 발표해야 할 때마다 허리케인 속에 든 이파리처럼 파르르 떨던 사람들을 데려다, 하룻밤 새 자신감 넘치는 연설가로 변신시켰기 때문입니다. 비결은 자신의 마음과 어떻게 소통하느냐입니다. 여러분의 뇌에 새로운 프로그램을 심어주는 데 딱 90분밖에 걸리지 않습니다. [재정의: 이것은 학습이 아니다. 수월하게 장착된다.] 농담이 아닙니다. 이미 수천 명이 성공했고, 여러분도 할 수 있습니다."

- **욕구**Desire**를 구축하라**VAKOG를 활용하여 성공을 시연한다.

"헤드폰을 쓰고 누워서 오디오 장치의 '재생' 버튼을 누른다고 상상해보십시오. 눈을 감자 따뜻한 태평양의 어느 섬, 해변의 부드러운 소리가 들립니다. 조용히 철썩이는 파도 소리와 갈매기 소리, 높다란 야자수 꼭대기를 지나 여러분의 살갗을 스치는 산들바람, 바다

내음. 이어서 부드러운 목소리가 흘러나와 처음에는 왼쪽 귀에 들리고 다음으로 오른쪽 귀에 들리고 그다음에는 양쪽에서 스테레오로 들립니다. [여러 가지 감각 특정적 암시를 통해 잠재 고객을 사로잡는다.]

목소리의 주인공인 코치는 여러분에게 특정 상황을 상상하도록 이끌어줍니다. 코치가 상황을 떠올리는 특정 방식을 제시하면 여러분은 여러분의 육체에서 세 걸음 뒤로 물러나, 신중히 선정된 과제를 수행하는 자신의 모습을 지켜봅니다. 스스로 공정한 관찰자가 되어 하루를 살아가는 모습을 관찰하는 셈입니다.

일곱 가지 과제를 수행하고 나면 그 자리에서 코치와 일대일 시간을 갖습니다. 친절하고 온화한 코치가 여러분을 아낌 없이 지지해줍니다. 여러분을 두려움을 모르는 대중 연설의 호랑이로 만드는 일이 코치에게는 가장 중요한 임무입니다. 자신만만하고 편안하게 연단으로 걸어 나가서 자기에게 꽂힌 수백, 아니 수천 개의 눈을 당당히 바라보고 온화한 미소를 지을 줄 아는 사람, 힘 있고 확신에 찬 태도로 연설을 시작하고 매순간과 말 한마디, 그리고 청중의 긍정적인 반응 하나하나를 즐길 줄 아는 사람, 여러분을 그런 사람으로 변신시키는 일입니다.

그 순간 영감을 주는 강렬한 음악이 연주됩니다. 수백 명으로 이루어진 오케스트라와 합창단처럼 들리지요! 그런 다음 코치는 타인의 눈을 통해 자신을 바라볼 수 있도록 여러분을 인도합니다. 이 체험을 통해 자신을 바라보는 시각을 영원히 긍정적으로 바꿔놓습니다. 아주 강렬한 과정이라 매순간 눈물을 흘렸다고 보고하는 분들이 많습니다. 어떤 여자분은 티슈가 없어서 화장실 휴지 한 통을 다 썼다고 하더군요.

다음으로 코치가 자물쇠가 채워진 작은 나무 상자와 은제 열쇠를 건네면서 '힘은 당신에게 있습니다. 마음의 준비가 되면 자물쇠를 따고 뚜껑을 열고 상자 안의 두루마리 종이를 풀어서 큰 소리로 천천히 읽으세요. 다 읽으면 모든 과정이 마무리되고 프로그램이 설치됩니다'라고 말하는 장면을 상상해보세요."

- **증거**Proof**를 제시하라**사회적 증거를 두텁게 쌓는다.

"제 말을 무조건 믿으라고 강요할 생각은 없습니다. 어쨌든 이건 제 프로그램이니까요. [합리성 진술] 지금까지 3,762명이 이 프로그램을 구입해서 이용했고, 그중 2,789명이 일부러 시간을 내서 저희에게 증언을 보내주셨습니다. [신뢰성 향상] 나눠드린 안내서의 145쪽을 펼치시면 이 프로그램에 대한 평가가 463개 나올 겁니다. 나머지 2,335개는 145쪽의 상단에 적힌 저희 홈페이지에서 보실 수 있습니다. [길이가 강도를 암시하는 휴리스틱 단서]

자, 그럼 필라델피아에서 밥 스탠리 씨가 보내주신 특히 인상적인 평가를 소개하겠습니다. [평가를 읽는다.] 이번에는 나파 밸리에서 컴퓨터 전문가 스콧 로렌스 씨가 보내주신 평가를 소개하겠습니다. [평가를 읽는다.] 그리고 다음으로 팜스프링스에서 배관공 짐 바우어스 씨가 보내주신 훌륭한 평가를 소개해볼까요? [평가를 읽는다.] 이건 〈워싱턴타임스Washington Times〉에서 대중 연설과 공포 깨트리기에 관해 저를 인터뷰하고 실은 기사이고 [기사를 보여준다] 이건 잡지에 실린 기사이고……."

• **행동**Action **을 요청하라** 그리고 쉽게 행동할 수 있게 해준다.

"따라서 이 프로그램을 사용해보고 싶으시다면 세미나에 참석하신 모든 분께 특별한 혜택을 드리겠습니다. 오늘은 돈을 한 푼도 받지 않겠습니다. 신청은 아주 간단합니다. 첫째로, 세미나 평가 용지 뒷면의 '예!'라고 적힌 칸을 체크하십시오. 둘째로, 노란색 커다란 칸에 성함과 주소를 적어주십시오. [메시지 구성 – 프로그램 구입 과정을 아주 쉽게 만들기] 다 됐습니다! 여러분께 착불로 프로그램을 보내드리겠습니다. 한번 써보세요. 이 프로그램을 통해 대중 연설에 대한 해묵은 공포가 싹 날아가는 걸 한번 확인해보세요. 여러분이 마주할 어느 연단, 어느 청중, 어느 연설, 어느 발표든 상관없이 온전히 감당할 수 있도록 뇌가 어떻게 완전히 재구성되는지 직접 느껴보세요. 연설이 끝난 뒤 사람들이 여러분에게 몰려들어서 얼마나 놀라운 피드백을 해주는지 들어보세요. [미래 보조 맞추기 future pacing 로 청중에게 프로그램을 사용한 뒤의 긍정적인 결과를 미리 상상해보게 만든다.] 강당을 손에 쥐고 흔들며, 말을 한마디씩 할 때마다 청중을 사로잡는 기분을 실감나게 느껴보십시오. 제 말대로 되지 않으면 1년 안에 언제든 아무것도 묻지 않고 제가 여러분에게서 프로그램을 다시 사겠습니다."

간결하고, 간결하고, 또 간결하게!

현실은 어떤가. 앞서 언급했듯이 당신이 최고의 프레젠테이션을 전달하는 동안 잠재 고객은 다른 일에 더 관심을 가질 수도 있다.

- 당신이 제품의 혜택을 설명하는 동안 잠재 고객은 당신의 치아가 어떻게 그렇게 하얀지 궁금해한다.
- 당신이 자사의 고객 서비스가 경쟁 업체보다 얼마나 앞서는지 설명하는 동안 잠재 고객은 아내가 의심하는 것처럼 자식이 마약을 하는지 궁금해한다.
- 당신이 제품을 시연하는 동안 잠재 고객은 여자 친구가 얼마 전에 진단받은 암을 이겨내고 살아날지 생각한다.

당신은 잠재 고객에게 물건을 판다는 사실을 명심해야 한다. 당신이 그들에게 500만 달러짜리 수표를 써 줬다면 그들은 당신 말을 한 마디도 놓치지 않으려 할 테지만, 사실 잠재 고객은 대체로 당신이 생각하는 것만큼 당신 말에 관심이 없다. 따라서 당신이 적극적으로 그들의 주의를 끌어야 한다. 잠재 고객의 주의를 끌 만한 프레젠테이션을 작성해야 한다.

그러니 우선 프레젠테이션을 검토해야 한다. 간결하고, 간결하고, 또 간결하게 만들어야 한다. 단순한 단어, 단순한 문장, 단순한 개념을 사용해야 한다. 더 잘 설명할 수 있는가? 어린 아이를 이해시켜야 한다면 어떻게 접근하겠는가? 누구보다 지적이고 교양 있는 소비자도 간결성을 높이 평가한다. 간결성이 명료성으로 이어진다. 프레젠테이션이 잘 정리되었는가? 많이 던져놓으면 뭐든 하나 걸려서 물건이 팔릴 거라는 기대로 두서없이 펼쳐놓지는 않았는가?

계약서는 어떤가? 계약서가 세일즈 도구가 아니라는 생각을 버려야 한다. 그렇지 않으면 그동안 프레젠테이션에 쏟아 부은 노력이나 거래를 성사시키기 위해 들인 모든 노고가 물거품이 될 수 있다.

예를 들어 나는 강연 계약서를 만들면서 $8\frac{1}{2}$인치×14인치 용지 양면을 불길한 글자로 가득 메우곤 했다. 내용이 너무 많았다. 나는 이 계약서를 시범 삼아 돌려보고 길이를 절반 이상 줄여서 읽기도 쉽고 이해하기 쉽게 만들었다. 결과는? 완성된 계약서가 아주 많이 돌아왔다. 그것도 몇 주가 아니라 며칠 이내에 돌아왔다. 예전 계약서에는 훨씬 많은 조건이 들어 있어서 모든 위원회에서 읽고 이해하고 승인하는 데 훨씬 더 긴 시간이 걸렸다.

뭐든 간단해 보이면 겁을 덜 먹는 법이다. 그래서 영리한 광고업자는 광고와 안내서, 판촉 우편물과 기타 인쇄 자료의 글자를, 활자의 크기와 상관없이 한 줄에 알파벳 39자로 제한한다. 그러면 눈이 한 줄 한 줄 더 빠르게 훑어서 자연히 읽는 속도가 빨라진다. 단이 좁아도 더 쉽고 더 깔끔하고 더 읽고 싶게 보인다.

아주 쉽게 행동하도록 만들고 싶은가? 가장 좋은 방법은 어떻게 하는지 단계별로 정확히 짚어서 말해주는 것이다. 단계별로 번호를 붙여서 사람들이 쉽게 따라오도록 제시하는 것이야말로 아주 영리한 방법이다.

- 1단계: 이 양식을 작성하십시오.
- 2단계: 조건을 확인하십시오.
- 3단계: 지불 정보를 입력하십시오.
- 4단계: 커다란 초록색 주문 버튼을 누르십시오.

잠재 고객의 손을 잡고 데려가면서 그들이 주문 과정에서 길을 잃지 않도록 도와주는 전략이다. 각 단계가 너무나 확실해 보일지도 모르겠다. 하지만 잠재 고객에게 어떻게 하라고 일러줌으로써 혼자 생각하고 당황스러워하며 "좋아, 이 빌어먹을 물건을 어떻게 사라는 거야?"라고 소리 지를 필요성을 줄여준다. 다음 스크립트처럼 직접 손을 잡고 데려가도 좋다.

"좋아요, 방금 계약서를 이메일로 보냈습니다. PC에서 작성해도 되니까 원하지 않으시면 인쇄하지 않아도 됩니다. 그냥 2페이지 맨 아래에 성함을 입력하고 다시 제게 이메일로 보내주시면 됩니다. 계약서를 받는 즉시 확인 이메일을 보내고 제품 배송 날짜를 알려드리겠습니다. 아시겠죠? 좋습니다.

첨부파일을 열어보시겠어요? 좋습니다. 모든 항목이 다 채워져 있는 게 보일 겁니다. 성함과 주소, 서비스 날짜와 가격 정책까지요. 그러니 한 번 죽 훑어보시고, 별다른 문제가 없어 보이면 오늘 중으로 다시 제게 보내주세요. 얼마나 걸릴까요?"

마지막으로 하나 더. 루돌프 플레시Rudolf Flesch의 《평범한 말투의 미학The Art of Plain Talk》이라는 고전을 한 권 구하라. 1946년에 출간된 책이긴 하지만 요즘 같은 정보 과잉 세계에서는 다른 어느 때보다 가치 있는 책이다. 사람들이 이해할 수 있는 세일즈 프레젠테이션을 온갖 의사소통 유형과 함께 작성하는 데 유용할 것이다. '내 프레젠테이션은 누구나 다 이해할 거야'라고 생각한다면 가능한 모든 측면에서 단순하게 간결하게 만들어보라. 그러면 잠재 고객의 주의를 더 많이 끌 뿐 아니라잠재 고객이 당신을 더 잘 따라서 거래를 더 많이 성사시킬 수 있다.

o

단순함은 궁극의 정교함이다.

레오나르도 다빈치 Leonardo da Vinci

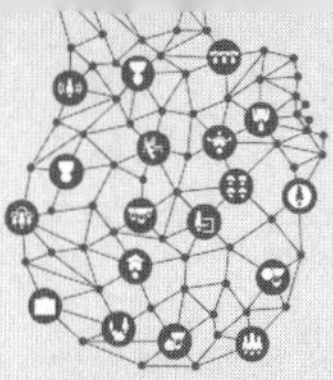

20 | 자아 변형의 심리학

소비자의 결핍과 열등감을 읽어내는 몇 가지 방식

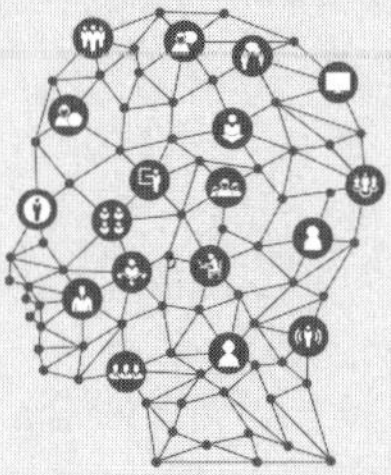

조는 평범한 소비자다. 그는 자신에게는 특징이 여럿 있다고 생각한다. 그중 조가 진실이라고 여기는 몇 가지가 있다. '나는 창의적인 사람이고 일을 잘하고 재미있고 요리를 끝내주게 잘한다.' 진실이라고 믿고 싶지만 진실이 아닌 것도 있다. '나는 매력적인 여자들 앞에서 편안하다. 나는 거의 모든 상황에서 자신만만하다. 나는 폭력배들을 지나칠 때 필요하다면 내 한 몸 지킬 수 있다고 자신한다. 나는 요령껏 소비하는 사람이다.'

사실 이것은 전형적인 소비자의 심리 상태다. 잠재 고객이 스스로에 관해 믿는 몇 가지 특징이 있고, 믿고 싶어 하지만 정반대인 몇 가지 특징이 있다. 자아 변형의 기반과 허영심에 호소하는 방법에 관해서는 프랫카니스Pratkanis 와 애런슨Aronson 이 《설득 전략Age of Propaganda》에서 설명했다. 이들은 "우리는소비자는 '제대로 된 물건'을 구매해서 자아를 향상시키고 무능함을 합리화한다"고 말했다.

이것이 자아 변형의 힘이다. 당신의 제품이나 서비스를 사는 사람들은 성적 매력과 자신감, 권력과 지위처럼 제품이 반영하는 이미지를 필요로 한다. 그들은 당신의 제품이나 서비스를 구입해서 자신의 성격에 생긴 구멍을 메우고 스스로에게 부족하다고 느끼는 부분에 대한 깊은 갈망을 충족시킨다.

자아 변형이 일어나면 잠재 고객은 스스로를 보완하고 주위 사람들에게 자신이 이미 어떤 특성을 갖고 있다고 증명할 수 있다. 소비자들은 이런 제품을 구매해서 남에게 보여주고 싶은 특성을 과시할 수 있고, 또 그렇게 함으로써 자아를 고양시키고 개인적으로 엄청난 만족을 얻을 수 있다.

남들이 내 모습을 긍정적으로 해석하리라는 기대

우리의 목표는 잠재 고객이 제품의 이미지와 밀접한 연관을 가짐으로써 그 이미지가 잠재 고객의 정체성 일부를 형성하도록 만드는 것이다. 말하자면 잠재 고객의 자아를 제품에 맞게 변형시키는 셈이다. 당신은 제품을 산 고객이 어떤 식으로든 그 제품이 전하는 이미지와 자신을 연결시키기 바랄 것이다. 실제로 그들이 제품을 사는 이유는 당신이 목소리 높여 주장하는 혜택 때문이기도 하지만 제품의 이미지가 무의식중에 믿는 것처럼 자아를 향상시킨다는 생각 때문이기도 하다.

예를 들어 내가 이종격투기 선수들을 위해 시합이 없는 날 신는 특별한 남성 신발운동화 브랜드를 개발했다. 사실 그 신발을 브라질의 이종격투기 선수 앤더슨 실바Anderson Silva가 신든 이제 막 네 살 된 꼬마 토미 터커가 신든 상관없지만, 나는 제품을 이런 분위기로 브랜드화하고 싶다. 왜냐하면 인생에서 마지막으로 싸워본 기억이라고는 초등학교 2학년 때 학교 운동장에서 훔친 알사탕을 두고 싸운 일이 전부인 수많은 젊은 남성들이 이 제품에 매료되리라고 믿기 때문이다.

왜 격투기 선수가 아닌 남자들도 격투기 선수들을 대상으로 제작한 신발에 끌릴까? 매니큐어나 거품 목욕제나 향기 나는 예쁜 비누를 파는 것과 다른가?

"네, 드루 씨, 당연히 다르죠. 운동화를 사는 남자들은 실제로 그 물건을 사용할 수 있으니까요. 매니큐어나 거품 목욕제나 비누와는 차원이 다르죠."

정말로 이렇게 생각한다면 반은 맞고 반은 틀렸다. 제품에 관해 실질적인 필요나 지각된 필요, 혹은 제품의 최종 용도만이 구매를 정당화해준다고 말하는 셈이기 때문이다. 하지만 지금 나는 효용이나 필요에 관해 말하는 게 아니다. 욕구에 관해 말하고 있다. 필요는 좌뇌가 관장하는 논리적인 영역이다. 나는 지금 우뇌에서 일어나는, 모든 구매에서 가장 중요한 동인에 관해 설명하는 중이다. 뇌기능을 좌뇌와 우뇌로 분류하는 방법이 신경학 연구로 뒷받침되지는 않지만 논리와 감정의 구분을 설명하는 데는 유용하다.

사실 격투기 선수가 아닌 남자들이 격투기 선수를 대상으로 한 브랜드를 구입하는 이유는 그 운동화가 주는 느낌 때문이다. 운동화를 신고 자랑하면서 이종격투기 선수 같은 거친 남자의 기분을 만끽하려는 것이다. 그렇게 해서 이종격투기 집단의 구성원이 된 느낌을 얻고 싶어 한다. 남들이 그의 신발을 보고 '저 친구, 이종격투기 신발을 신었네. 흠, 격투기 선수인지도 몰라'라고 생각해주길 바란다. 당신이 그런 신발을 신은 남자라면 남들이 그렇게 생각해주길 바랄 것이다. 당신이 인정하든 아니든, 당신이 신은 운동화를 아무도 알아봐주지 않는다면 만족감이 훨씬 떨어질 것이다. 당신이 그 운동화를 신었을 때 다른 사람들이 보인 태도와 그에 대한 당신의 해석사람들이 당신을 거친 이종격투기 선수라고 생각한다이 중요하다. 이로써 당신이 스스로 부족하다고 느끼거나 어떤 이유로든 더 많이 표현해야 하는 무언가가 당신의 자아에 덧붙여진다.

운동화 끈을 매자마자 더 용감하고 더 거칠어지고 더 자신감이 넘치고, 나아가 남들이 운동화에 붙은 상표를 보고 내가 필요한 순간에 나 스스로를 지킬 수 있는 남자라고 짐작한다면, 85달러에 꽤 괜찮은 거래를 한 셈이다.

이런 것이 자아 변형이다. 제품을 통해 본인 스스로를 좋게 생각한 나머지 그 제품이 없으면 결핍감을 느끼게 되고, 또 그 제품의 품질을 더 열심히 표현해서 제품과 나와의 연관성을 높이려는 심리적 요구에 이끌리는 것이다. 일리가 있는가?

"저 사람, 돈이 많은가 봐.
저렇게 비싼 브라우니를 사 먹네."

당신의 제품을 통해 자아 변형의 힘을 활용할 수 있다면 다른 제품으로는 결코 도달할 수 없는 영향을 잠재 고객과 고객에게 미칠 수 있다. 소비자 스스로가 자아상을 제품과 동일시하게 만들 수 있다면 굉장한 능력이다. 이렇게 할 수만 있다면 어떻게 할 수 있는지에 관해서는 잠시 후 설명하겠다 소비자가 당신 제품에 얼마나 충실할까? 아마 놀랄 만큼 충실할 것이다. 이제 당신의 제품은 효용만 채워주는 게 아니라 소비자를 심리적으로 만족시켜서 보다 완전한 인간이 된 느낌을 전달해줄 수 있기 때문이다. 말하자면 정신적 반창고인 셈이다. 정말 대단하지 않은가.

모든 제품과 서비스를 당장 자아 변형에 활용할 수 있는 것은 아니다. 어떤 품목은, 이를테면 대걸레나 화장실 변기 세제 같은 제품은 심리적으로 아무런 보상을 주지 않는다. 이런 제품과 동일시하고 싶어 하는 사람이 있다면 어떨까? 생각만 해도 섬뜩하다.

아니면 당신이 빵집을 운영한다고 생각해보자. 내가 당신의 경쟁자 빵집이 아니라 당신네 빵집의 도넛을 선택한다고 해서 내 자아가 고양되는 것은 아니지 않은가? 음, 그런데 조금만 창의적으로 생각해보면 가능하다! 좀 극단적인 사례를 통해 약간의 비틀기와 창조적인 사고로 당신의 제품이나 서비스에 자아 변형을 활용할 수 있는 방법을 알아보자.

올림픽 베이커리는 설탕과 지방을 적게 써서 소비자의 죄책감도 덜고 건강에도 좋으면서 맛까지 좋은 빵을 만드는 작은 빵집이다. 이 빵

집을 좋아하지 않을 이유가 없지 않은가? 이 빵집은 세일즈 포지셔닝 전략으로 도시 전역의 거대한 광고판에 전도유망한 올림픽 선수들이 군침 도는 도넛과 케이크, 파이를 기분 좋게 들고 있는 사진을 붙여놓았다. '올림픽 베이커리: 단 것을 좋아하는 선수들을 위한 빵집'. 신선한 블루베리가 터져 나올 것 같은 머핀, 높다랗게 쌓인 바나나크림 파이를 덮은 몽글몽글한 크림, 딸기 쇼트케이크, 초콜릿 쿠키, …… 군침이 돈다.

그리고 아주 영리한 사업가인 당신은 봉투와 상자에 빵집 이름과 로고를 스포티한 그림과 함께 새겨놓았다. 얼마나 영리하고 손쉬운 방법인가? 내가 당신네 빵집 봉투와 상자를 들고 돌아다니면 빵에 돈을 더 쓰는 행위를 정당화할 수 있을 뿐 아니라 당신네 빵이 다른 빵보다 더 건강한 빵이므로 멋진 운동선수와 나를 동일시하게 된다. 남들이 당신네 빵집 봉투와 상자를 보고 나를 운동선수로 봐주거나, 내 체형이 누가 봐도 운동선수가 아니라면 적어도 내가 운동선수처럼 건강에 신경 쓴다고 생각해주기를 은근히 기대한다.

그런데 당신 빵집에서 전통적인 더 맛있는 빵만 팔고 죄책감을 덜 유발하는 빵을 팔지 않는다면 어떨까? 당신네 도시에서 제일 비싼 쿠키와 케이크, 브라우니 제품 라인을 따로 만들고 홍보도 그런 식으로, 그러니까 고가 정책을 적절히 정당화하는 식으로 홍보하면 어떨까? 한 시간에 한 번씩 빵을 굽고, 재료도 베네수엘라, 트리니다드, 코트디부아르, 에콰도르의 카카오 농장에서 공수한 세계에서 제일 비싼 카카오와 타히티의 골드 바닐라 열매만 쓴다고 홍보하는 것이다. 무슨 뜻인지 알 것이다. 특별한 봉투와 상자를 기억하는가? 물론 금색 바탕에 와인 상표 같은 아름다운 그림이 그려져 있다.

10달러짜리 쿠키? 20달러짜리 브라우니? 농담이 아니다. 애틀랜틱시티의 브륄레 Brulee 라는 디저트 가게에서는 750달러짜리 브라우니를 판다. 거기에 비하면 훨씬 저렴한 것이다. 이런 가게에서는 어떤 식으로 자아 변형이 일어나는 것 같은가? 대걸레와 동일시하고 싶어 하는 사람에게 일어나는 자아 변형과는 분명 다를 것이다.

물론 소비자가 감당하지 못할 무언가를 만들라는 말이 아니다. 당신이 속한 시장에서 감당할 수 있는 한계 안에서 가격을 설정해야 한다. 소비자가 스스로를 동일시하고 싶어 할 모습, 분위기, 비즈니스나 제품의 포지셔닝이 목적이다. 느슨하게나마 운동선수와 연관시켜주든, 아니면 그 사람에게 20달러짜리 페스트리를 살 만한 금전적 여유가 있어 보이게 만드는 방법이든 상관없다. "저 여자, 돈이 많은가 봐. 엄청 비싼 브라우니를 사 먹네. 디저트에 20달러나 쓰는 사람이면 차는 대체 어떤 걸 탈까?"

내가 아름다운 그림이 그려진 금색 봉투를 들고 다니는 건 마치 아에테르니타스 메가 4 시계를 차거나 존롭에서 나오는 1만 3,985달러짜리 악어가죽 맞춤 구두를 신는 것과 마찬가지이다. 물론 훨씬 저렴하지만 동일한 심리가 작용한다. 이 시계와 구두는 내가 보고 즐길 만한 물건이 아니다. 불가능하다! 내가 이런 물건을 착용해서 남들에게도 보여주는 이유는, 남들이 나를 특정한 방식으로 생각할 거라 믿고 또 그런 믿음에서 큰 즐거움을 얻기 때문이다. 이것은 대리 메타 관점 쾌락 중에서 자아 고양 유형으로, 남들이 내 모습을 긍정적으로 해석하리라는 희망 섞인 기대에서 나오는 감정이다. 방금 이 문장을 다시 읽어보라.

결국 자아가 관건이다. 이 책은 소비자와 세일즈 심리학 관련 서적이다. 일부 사례나 원리 자체가 하찮거나 어리석어 보이지만 사실 인간의 뇌가 어리석거나 하찮은 수준으로 작동하지 않는다고 말할 수 있는 사람이 어디 있는가?

구매로 이끄는 가장 중요한 동인

그러면 자아 변형의 원리를 세일즈 프레젠테이션에 통합하는 방법을 알아보자. 제품을 제시할 때는 소비자가 자신을 제품과 동일시하고 싶게 만들어야 한다. 그러려면 세일즈 프레젠테이션만 갖고는 안 된다는 사실을 알아야 한다. 제품의 내재적 특징이 반응을 끌어낼 만큼 매력적이어야 한다. 마음의 그림을 그리고 제품에 관한 거짓 사실을 만드는 데 치중하는 게 아니라면, 말만 늘어놓는다고 해서 제품의 품질이 채워지지는 않는다. 따라서 제품의 내재적 특징 때문에 과시용3만 8,000달러짜리 펜디 셀러리아 핸드백이나 활동적인 용도2만 7,850달러짜리 버루 팩터 001 자전거로 소비자의 관심을 끌 만한 제품이나 서비스를 만든 것으로 간주하자.

세일즈 프레젠테이션에서 이 원리를 어떻게 활용할 것인지 알아보기 위해 스크립트를 하나 만들어보자. 우리에게 친숙한 제품인 카펫을 예로 들자.

우선 간단히 인사를 나누고 잠재 고객이 무엇을 원하는지 파악한 뒤 두 가지 최선의 선택을 제시한다. 선택 A는 유명 제조업체에서 만든 일반적인 컷 앤 루프 카펫으로 품질이 꽤 괜찮다. 선택 B는 세계에서

가장 유명하고 가장 규모가 큰 바닥재 제조사 쇼플로어스Shaw Floors의 최고급 브랜드, 터프텍스Tuftex의 색소니 카펫을 보여준다.

잠재 고객인 스콧이 이렇게 말한다. “이건 스타일이나 품질 면에서 제가 찾던 제품이군요.” 그러자 당신은 이렇게 답한다. “네, 질 좋은 카펫이라 그걸로 하셔도 됩니다. [결정을 확인해주면서 잠재 고객이 스스로 통제한다는 느낌을 갖게 하고 이쪽에서 세일즈 압력을 행사하지 않는다는 뜻을 전달한다.] 그런데 마지막으로 결정하시기 전에 이 제품을 한번 봐주세요. 터프텍스라고, 세계 최대의 카펫 제조업체인 쇼 플로어스의 고급 카펫 브랜드지요. 남부 캘리포니아에 본사를 둔 업체예요. 1평방 야드에 몇 달러 더 비싸기는 해도 아까 그 제품보다 훨씬 좋습니다. 액셀라드 저택, 리드 랜던 영지, 저 유명한 체이스 라이더 심포니 홀 바닥에 깔린 카펫과 동일한 제품이죠. 이른바 돈 많고 유명한 사람들이 많이 선택해서 ‘유명인사 카펫’이라고 불리지요. 그저 몇 달러 더 비싸지만 더 오래가고 오염을 덜 타고 저렴한 브랜드처럼 잘 구겨지지 않아요. [저렴한 제품 재정의, 논리적 근거를 제시하여 값을 더 치르고 싶은 정서적 욕구를 뒷받침해준다.]

하기야 유명한 영지와 저택에서 최우선으로 선택하는 제품이라고 해서 이 카펫을 선택하고 싶으시진 않겠죠. 실제로 장점을 확인하고 싶을 겁니다. 우선 이 패턴이 타 브랜드에서는 찾아보기 힘듭니다. 이 카펫에만 나오는 패턴이죠. 디자이너의 서명 같은 겁니다. ‘인테리어 정보 방송’과 ‘백만 달러짜리 집’ 같은 프로그램을 즐겨 보시는 분들은 터프텍스 카펫을 많이 보셔서 고객님 댁에 깔린 걸 보면 금방 알아볼 겁니다. 이런 것도 물론 장점이지만 가장 중요한 건 내구성이죠. [자아 요인을 언급하고 좌뇌의 합리적 사고로 그 요인을 강화하면, 잠재 고객은 오히려 세일즈맨이 프레젠테이션으로 자아 욕구를 계속 충족시켜주기를 바란다. 세일즈에서는 감정이야말로 관심을 불러일으켜 구매로 이어지게 하는 주요 동인이기 때문이다.]

자, 이 대저택용 카펫에 제곱미터당 몇 달러 더 쓰셔야 할 정당한 이유를 찾으실 수 있다면 [재정의: 대저택에만 사용되는 카펫은 아니지만 '대저택용 카펫'이라고 말해서, 은연중에 상류층 고급 주택 전용 제품이라는 의미를 전달하여 제품의 내재적 특성을 단지 질 좋은 카펫에서 상류층 카펫으로 변형시킨다.] 나중에 이 저렴한 카펫을 바꿔야 할 때도 이 고급 카펫은 여전히 괜찮아 보이는 걸 알면 좋아하실 텐데요. 아, 물론 저렴한 카펫도 좋지요. 오해하진 말아주세요. [더 비싼 물건을 팔려고 강요하는 것처럼 들릴 수 있는 상황을 무마하기 위한 물러서기] 다만 이 고급 터프텍스 제품을 선택하시면 몇 년은 더 쓰실 거예요. 그러니 조금 비싸기는 하지만 길게 보면 손해 보는 장사는 아니고 사실 더 나은 선택일 수 있습니다. [반론의 여지가 없는 산술 비교를 제시해서 합리화하기]

그러니까요, 스콧. A 카펫도 좋은 제품이지만 터프텍스의 저택용 카펫이 현명하고 경제적인 선택이에요. 당신이 어떻게 보시냐에 달렸지만요. [권력 넘겨주기: 잠재 고객인 스콧에게 결정은 그의 몫이고 세일즈맨인 당신은 전혀 강요하지 않는다는 사실을 일깨워줘서 긴장 풀어주기]"

여기서는 세일즈맨이 더 이상 자아 요인을 적극적으로 공략하지 않는다. 굳이 그럴 필요가 없다. 스콧의 머릿속에 이미 자아 변형 욕구가 자리 잡았기 때문이다. 스콧이 최후의 결정을 내리기 위해서는 돈을 더 지불하는 데 대한 정당한 이유를 찾을 수만 있으면 된다. 이제 세일즈맨이 할 일은 잠재 고객의 자아가 좌뇌 영역에 있으며 한 사람의 성인으로서 논리적으로 사고하고 있다는, 그러니까 재정 상태를 고려하지 않고 무책임하게 감정에 이끌려 결정하는 게 아니라는 느낌만 전달하면 된다.

"개인적으로 2년 이상 같은 집에서 살 예정이라면 저택용 카펫을 선택할 겁니다. 더 부드럽고 내구성이 좋고 얼룩이 잘 묻지 않고 엉겨 붙지도 않고 아주 풍성하고 고급스러워 보여서 저는 마음에 들거든요. A 카펫도 괜찮기는 한데 그냥 밋밋하고 오래되고 평범해 보여요. 무슨 뜻인지 아시죠? [불만 생성] 게다가 댁에 오시는 손님들이 속으로 당신이 고급 터프텍스 카펫에 아주 큰돈을 썼다고 생각해도 개의치 않으신다면, [관객 끌어들이기. 생명력 8의 6번 우월해지기 과 8번 사회적 인정] 사실 저희가 지금 세일 중이라 이걸로 하신다고 해도 큰돈이 드는 건 아니지만요. 어쨌든 저라면 고급 카펫을 사겠지만 물론 전적으로 스콧, 당신이 결정하실 일이지요. [권력 넘겨주기]"

소비자의 양쪽 뇌를 건드려라

위의 대화에서 세일즈맨은 심리적 시소의 가운데 서서 소비자의 양쪽 뇌를 효과적으로 건드렸다. 두 가지 카펫의 기본 요소 특징과 장점 를 설명할 뿐 아니라 저렴한 카펫으로는 얻지 못하는 매력을 고가의 카펫에 할당하면서 구매자의 자아에 호소했다.

다시 말해서 이 세일즈맨은 무생물인 섬유제품에 실제로 존재하지도 않는 자질을 불어넣어 준 셈이다. 그는 말만으로 제품을 변형해서 소비자의 심리적 안녕에 영향을 미치는 물건으로 만들었다. 따라서 이렇게 전적으로 변형된 특질을 받아들인 소비자는 돈을 들여서 직접 체험해볼 수밖에 없다.

한마디로 심리 마술이다. 이런 식으로 변형된 심리적 혜택이 제품의 물리적 혜택만큼 가치가 없다고 말할 수 있을까? 스콧은 자기 집 현관문을 열고 들어가 평생 본 것 중 가장 훌륭한 카펫, 돈 많고 유명한 사람들이 깐다는 그 카펫을 바라볼 때마다 감탄을 하며 뿌듯해할 것이다. 그리고 그런 훌륭한 결정을 내린 능력과 그런 좋은 물건을 구입할 여력이 되는 자신의 삶에 기뻐할 수도 있다. 가족과 친구들이 집에 놀러 와서 아름다운 카펫에 관해 한마디씩 건넨다면, 그는 똑같은 카펫을 소유한 사람들 중에 세일즈맨이 언급한 유명인과 대저택, 영지를 이야기할 것이다.

손님들이 먼저 카펫 얘기를 꺼내지 않더라도, 그저 두루뭉술하게 집이 예쁘다고 칭찬하더라도, 스콧은 "참, 혹시 '인테리어 정보 방송' 보셨나요? 거기서 만날 나오는 대저택에서 이 카펫을 보셨을 수도 있겠네요. 저희 집에도 어울리는 것 같아요"라고 말할 수 있다.

"저기요, 드루 씨. 그런 쩨쩨한 사람들이나 바닥에 까는 직물 따위를 칭찬받고 싶어 하겠죠."

그럼 자동차에 대한 칭찬을 듣고 싶어 하거나 정장이나 신발, 사는 동네나 지갑, 목에 건 금속 사슬이나 주방의 고급 냉장고에 관한 칭찬을 듣고 싶어 한다면 통이 큰 사람일까? 이런 물건에 대한 칭찬을 원한다면 대범한 사람일까? 지금 우리는 감정에 관해 이야기하는 중이다. 감정은 '논리'라고 적힌 상자에는 담기지 않는다.

당신이 어떻게 생각하든, 실제로 대다수 사람들이 자기 소유 물건에 대한 칭찬의 말을 듣고 싶어 한다. 게다가 사람들은 구성원 자격만으로 엄청난 만족감을 안겨주는 집단과 연결되고 싶어 한다.

누군가 당신 제품에서 자아 만족을 얻는다면 그것이 아무리 하찮아 보이는 제품이라도 좋은 일이 아닌가? 사람들에게 그 제품에서 어떤 만족을 얻을 수 있는지 일깨워준다면 당신과 당신의 사업, 당신의 가족에게도 좋은 일이 아닌가? 물론이다. 실제로 그런 감정이 존재하는 것에 대해서나 그런 감정이 얼마나 성숙하게 표현되는지에 대해서 지나치게 우려할 일은 아니다. 그저 있는 그대로 받아들이면 된다. 그 감정을 활용하여 잠재 고객의 심리적 요구를 충족시키고 돈을 벌 수 있다는 정도만 알면 된다.

현실적으로 접근하자. 우선 당신의 제품이나 서비스가 허영과 존경, 자만심과 우월감, 사회적 인정에 직접 호소하는 방식으로 어떤 자아 만족을 제공하고 있거나 제공할 수 있는지 판단하라. 잠재 고객이 당신의 제품을 공개적으로 드러내서 얻는 만족이든, 속으로 조용히 즐기는 만족이든 상관없다. 그런 다음 이런 매력 요인을 특정 집단이나 사람들과 연결한다. 구매자들이 제품의 특징이나 품질 때문에 동일시하고 싶어 할 법한 특질을 실제로 구현하는 집단이나 사람들 말이다. 다음 예를 보자.

"시중에 갖가지 [제품이나 서비스]가 나와 있지만 사실 자, 직접 확인해보세요 이 [제품이나 서비스]는 고객님께서 찾는 구체적인 특징과 혜택을 아주 좋은 가격에 특별히 제공할 뿐 아니라 [특징과 혜택을 언급한다], [가장 좋고 빠르고 내구성이 뛰어나고 정교하고 효율적이라서] 이 특정 [브랜드나 모델]은 [아주 인기가 많거나] [연관 집단이나 야망 집단]에서 최고의 선택으로 통용됩니다. 보디 밀러와 그레테 엘리아센 같은 오늘날 최고의 프로 스키선수, 이영호, 이재동, 대닐로 이슈틴 같은 막강한 프로게이머, 도널드 트럼프, 스티브 윈, 탐 버락 같은 성공한 부동산 투자자, 오늘날 최고의 [이종격투기 선수/인테리어업자/애견업자/요리사/기타 등등] 다들 경제적 수단을 가지고 있고 기술 관련 지식도 풍부해서 최고의 [제품]을 선택하는 분들이죠. 이런 분들이 모두 저희 제품을 선택하고 계십니다."

당신 제품이 잠재 고객의 연관 집단이나 야망 집단에서 사용된다는 주장을 뒷받침하는 인쇄 자료가 있으면 제시하라. 말로 설명한 후 신뢰할 만한 시각 자료로 확인해주면 잠재 고객의 자아 변형을 가장 확실히 이끌어줄 수 있다. 시간을 들여서 시각적 인쇄 자료를 모아두면 세일즈 프레젠테이션을 할 때마다 유용할 것이다.

Note 이 책에서 사례를 소개하는 목적은 완성된 세일즈 프레젠테이션을 제공하는 것이 아니다. 그보다는 프레젠테이션의 한 단면, 곧 이 책에서 설명하는 심리적 책략에만 중점을 둔다. 개념을 어떻게 활용하는지 맛보기를 보여줘서 독자가 나름의 언어로 해석하고 스크립트를 수정해서 각자의 제품으로 최대 효과를 끌어낼 수 있게 해주는 데 목적이 있다.

o

당신이 만나는 모든 사람이 “내가 중요한 사람이라는 느낌이 들게 해주세요”라고 적힌 알림판을 목에 걸고 있는 것처럼 대하라. 세일즈뿐 아니라 인생에서도 성공할 것이다.

메리 케이 애시 Mary Kay Ash

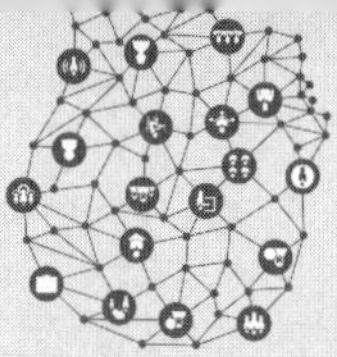

21 | 중복의 심리학

:

소비자의 기억 속에 살아남는 것이 핵심이다

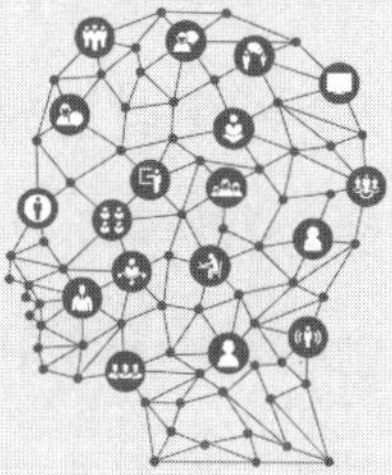

메시지 구성의 심리학에서 이미 메시지 구성은 설명했다. 우리가 자주 접하는 사람들이 우리에게 온전히 집중하는 듯 보일지 몰라도 사실 그들은 그 순간에 끌어낼 수 있는 관심의 일부만 우리에게 할애한다고 설명했다.

당신이 프랭크에게 자녀 학용품 구입비를 크게 절약할 수 있는 방법을 소개하는 사이, 그는 속으로 '플래닛 89'의 어딘가를 떠돌면서 말썽쟁이 아들이 이번 학년에 또 학교에서 쫓겨나지 않을까 걱정하는 중이다. 바로 이때 반복과 중복이 우리의 구명줄이 된다.

우선 두 단어를 혼동하기 쉬우므로 각 단어의 정의부터 밝히자. 반복은 어떤 것을 되풀이해서 말하거나 행동하는 것이다. 반면에 중복은 같은 의미를 다른 단어나 어구를 사용해서 전달하는 것이다.

다시 말해서 "창문을 닫아주세요. 추워요! 창문을 닫아야 돼요. 닫아주실래요? 얼어 죽을 것 같아요!"라고 말하면 동일한 내용을 두 가지 다른 방식으로 다시 진술하므로 중복이다. 반면에 "창문을 닫아주세요, 추워요. 창문을 닫아주세요, 추워요"라고 말한다면 반복이다.

반복과 중복은 모두 세일즈에서 중요한 도구이다. 요점을 전달하는 데 도움이 될 뿐 아니라 이해를 높이고, 나중에 정보를 쉽게 떠올릴 수 있도록 변환하는 부호화encoding 과정의 효율을 향상시킨다. 소비자 심리학 언어로 말하자면 우리의 목표는 잠재 고객의 정보 처리 기회를 향상시키는 데 있다. 그래야 가장 중요한 상품의 장점이 잠재 고객의 단기 기억에 저장되지 않을 때도 도움을 받을 수 있다. 잠재 고객이 당신의 말을 전혀 기억하지 못하면 거래가 성사되지 않기 때문이다.

반복보다는 중복이 강하다

광고에서는 반복하기가 쉽다. 그냥 똑같은 광고를 틀고 또 틀면 된다. 이 책은 방송 매체를 통해 불특정 다수에게 내보내는 광고와 달리 개인을 대상으로 하는 세일즈를 다룬다. 그러므로 반복보다는 중복에 관해 알아보겠다.

당신이 항상 십 대 아들에게 '운전 조심하라'고 말한다면, 아들이 당신 말을 새겨듣고 운전대를 잡았을 때 안전하게 행동하기를 기대한다. 앞서 설명했듯이 여기서 첫 번째 실수는 아들이 당신 말을 들었을 거라고 생각하는 것이다. 당신 입에서 나온 소리의 파동은 분명 아들의 고막에 가서 부딪쳤을 것이다. 엄밀히 말하면 아들이 당신 말을 들었을 수도 있지만, 그 소리를 의미 있는 표현으로 처리하는 것은 다른 문제다.

당신 말은 굶주린 백상아리에게 잡아먹히듯 다른 생각에 잡아먹혔다. 헤어스타일이 이상하지 않은지, 옷은 잘 골랐는지, 여자 친구가 숲 향이 나는 새 A&F 피어스 향수를 마음에 들어 할지 따위, 데이트에 대한 기대와 흥분에 잡아먹히고, 테스토스테론과 자기 성찰에 이끌린 대뇌의 늪에 빨려 들어간 것이다.

중복은 잠재 고객의 머릿속에 무슨 생각이 똬리를 틀고 있든 그 속으로 뚫고 들어가는 데 도움이 된다. 뿐만 아니라 연구 Feustel, Shiffrin, Salasoo, 1983 에 따르면 프레젠테이션 중에 잠재 고객이 당신의 요점을 알아채는 속도와 정확성을 높여준다고 한다.

다시 당신이 아들에게 안전 운전이라는 개념을 판매하는 예로 돌아가자. 중복에는 '안전 운전'의 다양한 경우를 포함한 스크립트를 만드는 과정이 수반된다. 여러 단어로 표현하고 사실과 직설적인 정서를 보완해서 스크립트를 강화한다. 예를 들어보자.

"스콧, 밤늦게 나갈 때는 운전 조심해라. 방금 인터넷에서 기사 하나를 읽었는데, 네 또래 청소년들한테는 자동차 사고가 사망 원인 1위래. 자동차 사망 사고는 주로 토요일에 일어나고, 대부분 운전자가 사망하고, 주로 음주 운전과 과속 때문에 일어난 사고라더라. 생각만 해도 속이 울렁거려. 오늘밤엔 각별히 조심해라. 너도 아빠처럼 운전을 안전하게 잘하는 줄은 알아. 그래도 함부로 운전해서 애먼 사람 두개골을 부수고 턱을 빠트리고, 이빨을 부러뜨리고 얼굴에 400바늘을 꿰매게 해놓고, 그러고도 나 몰라라 하는 부주의한 운전자들을 조심해야 돼. 그 사람들은 네가 죽든 말든 관심도 없거든. 아주 조심해서 운전하고 백미러와 사이드미러를 계속 확인해. 네 옆에 달리는 어느 정신 나간 사람이 어리석은 짓을 할지도 모른다는 걸 감안해야 돼. 자동차 사고 희생자들 사진 본 적 있니? 그중 어떤 사람은 프랑켄슈타인 같더구나. 돌이킬 수 없이 훼손되고 얼굴이 뭉개져서 떡이 됐더라. 시계를 보렴. 5초에서 30초마다 한 번씩, 쾅! 방금 누가 자동차 충돌로 사망했어. 쾅! 또 방금 누가 나무를 들이받아 그 자리에서 몸이 마비됐어. 쾅! 또 방금 누가 다른 차량과 정면으로 충돌해서 내일 그 사람 부모가 장례식장에서 아들 관을 고를 거야. 이런 식으로 매년 사고가 600만 건씩 발생한단다. 그러니 스콧, 오늘밤에 제발 정신 나간 인간들을 조심하고 안전하게 운전하렴."

스크립트를 만들 때 우리가 상대할 사람, 주어진 시간, 상대방의 현재 심리 상태, 그 밖에 여러 가지 요인에 따라 적절히 구성해야 한다는 건 누구나 안다. 중복적이고 감정적으로 강렬한 메시지를 담아 이해의 등불을 켜는 버튼을 누를 기회, 그러니까 상대방이 계약서에 서명하거나 돈을 꺼내지 못하게 막는 마지막 방어 전선을 싹둑 끊어버리는 순간을 더 많이 제공해야 한다.

중복은 요점을 잘 전달하고 잠재 고객이 프레젠테이션에서 가장 중요한 사항을 더 빠르고 정확하게 기억하도록 도와주며, 중복된 부분만이 아니라 전체 프레젠테이션을 더 잘 이해하게 해준다MacInnis, 1988. 나아가 잠재 고객이 프레젠테이션을 마음속에 더 효과적으로 새겨서 나중에 더 쉽게 떠올릴 수 있게 해준다Kieras, 1978. 처음 악수를 나누고 실제로 계약서에 서명하는 시점까지 두 번 이상 만나야 하는 프레젠테이션에 특히 유용한 방법이다.

내 조언은 이렇다. 분주히 중복하라! 세일즈 스크립트에 약간의 수술을 가하라. 프레젠테이션 하나를 녹음한다. 내용을 글로 적는다. 당신의 머릿속에서 꺼내어 뇌의 맥락 밖에서 더 쉽게 보고 편집하고 판단할 수 있는 스크립트 양식에 그 내용을 담는다. 가장 중요한 사항을 강조한다. 그런 다음 각각의 요점 몇 가지를 변주해서 적어본다. 그리고 '사례 대 통계의 심리학'에서 다룬 메타 관점을 위해 관객을 끌어들인다. 이렇게 흥미롭게 중복하고 핵심 요소를 다양하게 변주해서 프레젠테이션을 신선하고 흥미롭게 만들 수 있다. 그러는 사이 프레젠테이션의 핵심을 전달하는 데 훨씬 효과적인 스크립트가 어떻게 만들어지는지를 보고 놀랄 것이다. 틀림없이 예전 스크립트는 던져버릴 것이다. 여기서 소개한 조언을 따르거나, 아니면 약점이 많은 스크립트를 계속 쓰다가 결국 쓰레기통에 던져버릴 것이다.

당신을 기억하는 건 고객이 할 일이 아니다.
고객에게 당신을 잊어버릴 틈을 주지 않는 것은 당신의 의무이자 책임이다.

패트리샤 프립 Patricia Fripp

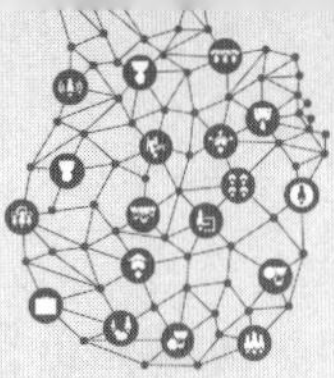

22 | 메시지 측면성의 심리학

단점을 우아하게 드러내야 구매욕이 올라간다

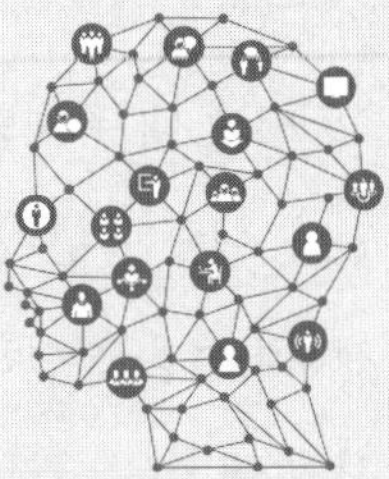

직시하자. 삶의 모든 것이 위대하지는 않고 당신의 제품이나 서비스도 마찬가지다. 경쟁자의 제품이나 서비스보다는 나을지 몰라도, 당신의 제품을 있는 그대로 보여주는 것이 가장 완벽한 접근이다.

선문답처럼 들리는 게 사실이다. 그러나 불완전성은 엄연한 현실이고 결코 비밀이 아니다. 소비자들이 형편에 맞으면서도 물건을 사주지 않는 근본적인 이유는 당신의 주장을 믿지 않기 때문이다.

그들은 당신이 자기 제품에 관해 좋은 점만 늘어놓을 것이라고 짐작한다. 그저 "이 물건은 제일 좋고, 튼튼하고, 부드럽고, 유연하고, 수명이 길고, 안전하고, 신뢰할 수 있고, 정교합니다"라고 말하고 그 밖에도 당신이 상상할 수 있는 최고의 찬사를 줄줄이 늘어놓을 뿐이라고 예상하는 것이다.

그런데 만약 내가 내 제품의 훌륭한 특징과 혜택을 소개할 뿐 아니라 아쉬운 단점까지 함께 보여준다면 어떨까? 그리 근사하지도 않고 경쟁자만큼 좋지도 않으며 100퍼센트 완벽하지는 않다는 것을 보여줄 단점 한두 가지에 관해 말한다면 어떨까?

광고계의 대가 존 케이플즈John Caples는 "어두운 면도 알려라"라고 조언했다. 제품이나 서비스의 약점이 될 만한 측면을 밝히는 순간, 잠재 고객은 '저 사람은 자기 제품이 경쟁자보다 못한 측면에 관해 말하고 있어. 내가 모르는 게 나은 세세한 부분까지 숨기려고 하지 않아'라고 생각한다.

"아휴, 드루 씨. 왜 그런 짓을 해요? 그런 어리석은 짓이 어디 있습니까! 세일즈의 숨통을 끊는 짓이죠. 그냥 제 물건의 훌륭하고 좋은 점만 말하면 돼요. 일단 나한테 돈을 건넨 뒤 단점을 알든 말든 상관없죠. 굳이 제 물건을 헐뜯어서 세일즈 프레젠테이션을 깎아먹을 이유가 없잖아요?"

이 질문은 바로 콜로라도 주 그랜드정크션에서 세미나를 마친 뒤 누군가 내게 던진 질문이다. 우선 솔직한 것이 헐뜯는 것은 아니다. 그저 솔직히 말하는 것뿐이다. 충격을 받는 세일즈맨도 있겠지만 사실 이렇게 하면 잠재 고객에게 더 믿을 만한 사람으로 비쳐서 큰 이익을 가져온다.

단점을 드러내는 것은 신뢰의 에스컬레이터에 발을 딛는 격이다. 곧바로 정직과 투명성 면에서 높은 점수를 받는다. 나아가 회의주의와 의심, 이용당할까 봐 두려운 마음에서 기인한 무력감도 줄어든다. 제품의 단점을 밝히면 소비자는 경쟁자의 제품에도 똑같이 단점이 있을 것이라는 의혹을 품고, 경쟁자가 그 점을 언급하지 않으면 경쟁자가 말하지 않은 다른 결함이 또 있을 것이라고 의심한다. 그러면 당신이 갑자기 더 솔직하고 진실해 보인다. 어쨌든 세일즈맨이 정직하려는 이유 말고 다른 어떤 이유에서 제품의 단점을 밝히겠는가? 이해가 가는가? 아주 사소한 결함이라도 밝히려는 노력은 상식에 크게 어긋나는 행위이므로 세일즈 전략으로 보이지 않는다. 그러면서도 완전히 유리하게 작용한다.

이 방법은 거의 마법 같은 효과를 낸다. 당신은 고객에게 로봇처럼 기계적이고 철저히 편파적이고 수수료에 눈이 먼 원격 조정 장치가 아니라 좀 더 객관적인 정보원이 된다. 그러면 잠재 고객은 자연히 당신이 이익을 얻기 위한 정보뿐 아니라 전체 사정을 들려주려 애쓰고 공정한 자세와 균형 잡힌 태도로 다가오는 사람이라고 판단해서 당신이 하는 말을 더 신뢰한다.

사실 소비자들은 이 방법을 환영한다. 그러지 않을 이유가 있을까? 소비자들이 돈을 내기 전에 정보를 충분히 제공할 뿐 아니라 당장 당신에게 더 편안함을 느끼게 해주기 때문이다. 세일즈 성공률을 높이는 확실한 방법이다.

시장에서 2등을 차지하겠다는 소박한 방식

방어적인 잠재 고객을 상대하는 일은 계란으로 바위 치기와 같다. 방어벽이 조금이라도 허물어질 때까지는 무모할 정도로 끊임없이 시도해야 한다. 아무리 열심히 노력해도 세일즈에 성공하지 못할 수 있다. 몇 주 동안 아무도 건드리지 않은 우물처럼 잠재 고객의 신뢰를 계속 길어내야 겨우 그들의 마음을 얻는 데 필요한 만큼 경청하게 만들 수 있다. 신뢰는 거래를 성사시키기 위한 첫 번째 열쇠다. 신뢰를 쌓지 못하면 문전박대를 당할 수밖에 없다.

제품의 단점을 밝히는 방법은 효과적인 사회적 증거의 원리에 전략적으로 리본을 묶어놓는 격이다. 다만 오해하지 말아야 할 점이 있다. 제품을 모든 측면에서 철저히 비판하라는 뜻이 아니다. 그건 어리석은 짓이다. 어디까지나 사회적 증거의 원리를 견지해야 한다.

가장 효과적인 전략은 하찮아 보일 수도 있겠지만, 당신의 제품이 경쟁에서 2등을 차지했다고 전달하는 것이다. 이를테면 잠재 고객이 대수롭지 않게 여기기 쉽고 크게 신경 쓰지 않을 방법이어야 한다. 이렇게 제 살을 깎아먹으면서까지 비교하는 이유는 잠재 고객에게 프레젠테이션을 비교적 온전히 전달하기 위해서다.

부동산 중개업자를 예로 들어보자. 우선 잠재 고객에게 당신이 어째서 집을 팔려는 사람들에게 가장 적합한 부동산 중개업자인지 설명한다. 그런 다음 세일즈 프레젠테이션을 제공하면서 경쟁자가 당신보다 더 낫거나 더 많이 제공하는 서비스 두 가지를 언급한다.

"저는 12년 넘게 팜스프링스 지역에서 제일 좋은 가격에 신속히 집을 팔아야 하는 분들께 최선의 선택이었습니다. 그래도 솔직히 말씀드릴 게 있습니다. 몇몇 중개업자들이 저보다 잘하는 점이 두 가지 있습니다. 예를 들어 그 사람들은 대개 2시간 내로 회신을 드립니다. 저는 주택을 거래하느라 바빠서 가끔은 3시간에서 5시간 정도 걸리거든요. [딱히 중요한 일이 아니므로 희생적 비교로는 완벽한 후보다.] 게다가 그 사람들은 집을 개방합니다. 저는 아닙니다! 제 경험상 그건 시간 낭비예요. 차라리 그 시간에 국내외 매체를 통해 수백, 수천 명의 잠재 고객에게 적극적으로 마케팅 공세를 펼치는 편이 낫습니다. 매물을 공개해봤자 정작 집을 사려고 오는 손님은 거의 없고 주로 동네 사람이 옵니다. 더러운 신발을 신고 남의 집 침실까지 들어가서 마구 돌아다니며 어떻게 꾸며놓고 사나 살피는데, 그러느니 차라리 집을 공개하지 않는 편이 낫습니다. [부정적인 내용을 말한 뒤 대조적으로 긍정적인 면을 제시해서 부정적인 측면을 크게 상쇄시키는 방식이다. 잠재 고객은 '이 중개업자는 이 지역에서 잘나가는 사람은 아니군'이라며 잠깐 실망할 테지만, 감정이라는 롤러코스터에 태워 더 강력한 장점으로 끌고 올라가 정확히 정반대인 반응, 완전히 긍정적인 반응을 끌어낸다. '아, 그래. 이 중개업자가 그저 몇 사람을 위해 집을 공개하지 않는다고 해서 문제될 건 없잖아? 대신에 전 세계 수천 명에게 우리 집을 광고하는 데 시간을 더 쓴다잖아. 게다가 오지랖 넓은 동네 사람들이 우리 집을 들쑤시고 다니게 놔두는 것도 꺼림칙하고. 집을 개방해 놓지 않아도 돼.']"

어떻게 자기희생적 비교로 신뢰를 쌓으면서도 물건의 가치를 훼손하지 않는지 알겠는가? 당장 써먹어야 할 매우 효과적인 전략이다. 생각해보라. 당신의 사업 방식 중에서 고객에게 더 큰 신뢰감을 주기 위해 희생할 수 있는 요소는 무엇인가? 스스로에게 물어보라. "나한테 없는 게 뭘까?"

• **당신이 제일 빠르지 않은가?**

"저희 피자집은 시내의 거의 모든 피자집보다 족히 10분은 더 걸립니다. 저희는 소스를 조금씩 직접 만들어 쓰기 때문에, 몇 달 전에 제조된 커다란 철제 통조림 소스를 따서 쓰는 다른 경쟁 업체들과는 다르지요."

• **제품을 최상으로 구비하지 않는가?**

"저희 안경점은 다른 경쟁 업체들처럼 안경테를 수백 개씩 갖다 놓지 않습니다. 요즘 제일 인기 있는 최신 유행 스타일 50여 점만 매장에 갖다 놓지, 어지간한 백화점에는 다 있는 값싸 보이는 안경테는 취급하지 않습니다. 고객님들이 잡동사니 같은 안경테를 일일이 둘러볼 필요가 없어서 실제로 새 안경을 고르는 데 걸리는 시간이 절반도 되지 않습니다. 어차피 아무도 쓰고 싶어 하지 않는 안경을 살피느라 시간을 허비할 필요가 없으니까요."

• **공격적으로 할인하지 않는가?**

"사실 저희는 이 동네 대다수 정원사들보다 한 달에 20달러 정도 더 받습니다. 경쟁자들은 주로 풀을 베고 전기청소기로 정리하고 가버리지만, 저희는 매주 15분에서 20분씩 시간을 더 들여서 손질한 구역을 직접 비질하고 전기청소기로 정돈하고 물청소까지 끝내서 티끌 하나 없이 깨끗하게 만들어드립니다. 저희가 작업을 마치면 잔디 조각이나, 나뭇가지나, 푸른 잔디 얼룩이나, 낙엽이나, 먼지 따위가 조금도 눈에 띄지 않을 겁니다. 게다가 저희 서비스 조사관이 매번 가정을 방문해서 12점짜리 서비스 수행 목록의 모든 항목이 수행되었는지 확인합니다. 이 목록에는 관개시설의 살수 횟수를 조정하는 작업과 고장난 정원 전구를 교체하는 작업부터…… 모두 들어 있습니다."

각자의 사업에 맞게 조정할 수 있도록 좀 더 상세한 스크립트를 살펴보자. 용어만 각자의 사업에 맞게 바꾸면 되고, 구조와 말투는 그대로 유지해야 한다. 경쟁자의 제품과 비교적 사소한 차이를 선정해서, 비록 부정적으로 배치했지만 사실상 장점으로 해석될 수 있도록 만드는 데 목적이 있다.

"네, 다른 청소업체들과 비교해서 저희가 더 드리는 혜택은 그 정도입니다. 그래도 완전히 투명하게 밝히자면, 그리고 고객님께서 가장 이익이 되는 최선의 결정을 내리실 수 있도록 말씀드리자면, 솔직히 저희가 경쟁사보다 30분쯤 더 걸리는 편입니다. 저희가 과하다 싶을 정도로 철저하거든요. [느림의 재정의] 예를 들어 먼지를 닦을 때는 물건들 주변만 닦지 않습니다. 물건을 조심스럽게 옮겨놓고 그 자리 전체를 닦습니다. 게다가 저희는 시간을 들여서 문손잡이와 전구, 환기팬 스위치까지 살균 처리합니다. 어느 가정이든 이 세 군데에 세균이 제일 득실거리니까요. 다른 청소업체들은 이런 부분을 완전히 배제합니다. 아예 건드릴 생각조차 안 하죠. [구체적이고 부정적인 비교/학습된 2차 욕구의 3번: 몸과 주변 환경의 청결]

그러니 다른 무엇보다 아주 신속히 청소를 끝내는 데만 중점을 두신다면 저희 업체를 원하지 않으실 겁니다. [물러서기] 게다가 저희 업체를 원하지 않을 만한 또 한 가지 요인은 저희가 고객님 가정의 진공청소기만 고집한다는 점입니다. 다른 집 먼지를 고객님 댁으로 묻혀 오지 않기 위해서입니다. 저희가 한 집을 청소하고 다음 집을 시작하기 전에 모든 장비를 철저히 살균하는 이유이기도 합니다. 저희는 걸레와 물수건과 먼지떨이를 전부 새것으로 사용합니다. 다른 업체들은 이런 부분까지 꼼꼼히 따지지 않을 겁니다. [부정적 비교]

끝으로 비용은 일반 청소업체에 비해 시간 당 3달러 정도 더 들어갑니다. 저희 업체에서는 합법적인 미국 시민권자만 고용하고 모든 고용 혜택을 보장하기 때문입니다. 그리고 직원들 사이에 유대감이 강하고 모두 보험에 가입되어 있습니다. 말하자면 일부 경쟁 업체와 달리 [부정적 비교] 저희 직원이 고객님 댁에서 작업 중에 부상을 당해도 저희가 보험으로 전액 처리한다는 뜻입니다. 고객님 입장에서는 소송을 당하거나 주택소유자보험에 대한 보상금을 청구당해서 보험료가 치솟을 염려가 없습니다. [공포에 호소/생명력 8의 3번: 공포와 고통, 위험으로부터의 자유] 이상의 세 가지 이유에서 저희가 모든 가정에 어울리는 업체는 아니지만, 저는 단지 저희의 작업 방식에 관해 제대로 설명해드리고 싶었습니다. [합리성 진술]"

지금 무슨 일이 일어나는지 알겠는가? 당신이 드러낸 검은색 썩은 이빨이 꼭 나쁜 결과를 초래하는 것은 아니며, 이런 식으로 부정적 측면을 드러내는 동시에 같은 측면에서 경쟁자를 비난하고 있다. 돈 한 푼 들이지 않고서 매력적으로 써먹을 수 있는 매우 효과적인 기법인 것이다.

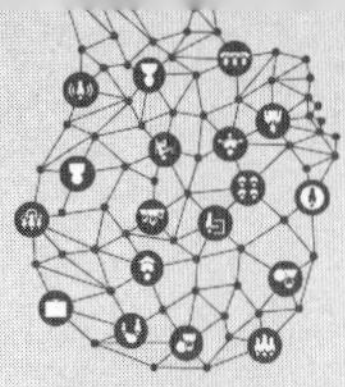

23 | 길이가 장점을 암시한다는 휴리스틱 심리학

:

"저렇게 말이 많은 걸 보니 분명 사실이겠지."

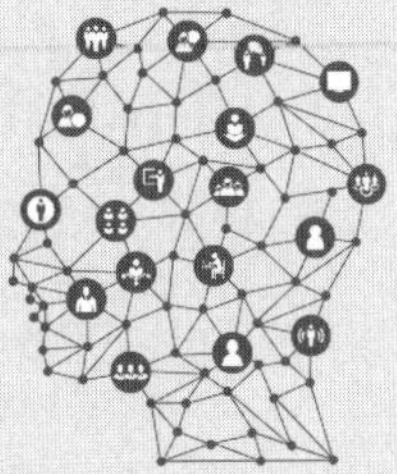

말 많은 재능을 타고난 사람들은 스텍Stec과 번스타인Bernstein 1999이 소비자 설득의 세계에 기여한 연구에 경의를 표하고 싶을 것이다. 길이가 장점을 암시한다는 휴리스틱에 관한 연구이다. 이 원리는 실제로 할 말이 많을수록 신빙성도 높아진다는 뜻이다.

학생들이 시험을 싫어한다는 걸 모르는 사람은 없다. 1987년, 한 실험에서 사회심리학자 셸리 차이켄Shelly Chaiken은 학생들에게 많을수록 더 좋다거나 많을수록 더 즐겁다는 개념에 관한 여덟 가지 문구를 암기하게 했다. 그런 다음 학생들을 시험을 많이 치를수록 더 바람직하다고 주장하는 강연자 두 명에게 노출시켰다. 한 사람은 이유를 두 가지만 제시하고 다른 한 사람은 열 가지를 제시했다. 열 가지 이유를 댄 사람이 학생들의 태도를 훨씬 더 효과적으로 변화시켰다. 물론 이 학생들은 휴리스틱의 하위 검사라는 사실을 미리 알고 있었다. 그런데 이런 인식은 이미 대다수 소비자 사이에 퍼져 있다.

프레젠테이션에서 자료와 사실, 통계와 증언, 그 밖에 다른 증거 자료를 풍부하게 제시할수록 거래 성사 가능성이 높다는 걸 모르는 사람은 없다. 다만 휴리스틱에서 말하는 설득은 단지 자료의 설득적 가치에서 나오는 것이 아니다. 휴리스틱이 작동하는 이유는 순전히 주장, 곧 심오한 차원의 집중적인 사고가 아니라 주변 사고 양식으로 처리하는 주장에서 길이가 본질과 신뢰성, 진실성과 '심사숙고한 것 같은 태도'로 해석되기 때문이다. 그러면 '뭔가 있겠지. 그것도 아주 많이'라는 마음이 드는 것이다.

예를 들어 내가 펜을 팔면서 "이 펜은 종이에 쓸 수 있습니다"라고 말하면 당신은 아마 "그냥, 펜이군요"라고 답할 것이다. 그런데 내가 "이 특수한 펜은 종이에만 써지는 게 아니라 플라스틱, 유리, 나무, 알루미늄, 강철, 가죽, 코르크, 얼음, 쇠, 구리, 스티로폼, 발포고무, 주석, 벽돌, 돌, 도자기, 대리석, 뼈에도 써지며 비스듬히, 뒤집어서, 수중에서나 우주에서도 써집니다"라고 말하면 당신은 그 펜을 전혀 다르게 생각할 것이다. 당연하지 않은가? 내가 펜에 관해 훨씬 더 많은 새로운 사실, 새로운 장점과 새로운 용도를 알려주었으니 말이다. 역시 놀랄 일은 아니지 않은가?

만약 내가 새로운 자료를 추가하지 않고 같은 정보를 몇 가지 다른 방식으로 되풀이하면서 프레젠테이션을 30분으로 늘렸다면, 당신은 아마 프레젠테이션의 길이를 보고 내가 딱 2분간 설명했을 때보다 펜에 엄청난 가치가 있다는 뜻으로 해석할 것이다. 따라서 "많이 말할수록 많이 판다"는 말을 "많이 말할수록, 시간을 더 들여서 흥미롭게 말할수록 많이 판다"로 바꿀 수 있다.

기회는 한 번뿐이다

이 원리를 어떻게 활용할 수 있을까? 이 원리에는 스크립트가 따로 없어도 된다. 가장 실용적인 방법은 프레젠테이션을 중단하고 사실과 세부 정보, 특징과 혜택을 가능한 풍부하게 늘어놓는 것이다. 가급적 증언을 풍부하게 제시한다. 그 제품을 써본 사람들의 사진, 직접 쓴 편지, 이메일, 상품평을 있는 대로 다 보여준다. 현재 인터넷에 올라온 상품평을 두 배 나 세 배로 늘리려면 어떻게 할 수 있을까? 당신의 제품에 관한 신문 기사를 보여줄까? 어떻게 하면 창의적인 보도 자료로 신문사들이 기사를 더 많이 쓰게 해서 잠재 고객에게 당신에 관한 좋은 이야기 다섯 가지나 열 가지나 스무 가지를 알릴 수 있을까? 라디오 방송국에서 당신의 이야기에 관심을 가져줄까? 웹사이트나 미니 CD나 MP3 형식의 인터뷰 오디오 자료는 세일즈 프레젠테이션에 큰 보탬이 된다. "KRMX 라디오로 저희 이야기를 들으시려면 여기를 클릭해주세요" 하는 식이다.

앞서 소개한 메시지 구성 원리를 활용하면서 잠재 고객이 기죽을까 봐 걱정할 필요는 없다. 당신은 잠재 고객이 이렇게 생각해주기를 바란다. '와, 이 제품 혹은 서비스는 널리 인정받고 많은 소비자에게 동의를 얻었군요. 다른 구매자들이 이미 저 대신 검증해주었어요. 심사숙고를 거친 제품이군요. 그걸로 충분하니까 따로 시간을 들여서 비판적으

로 분석하지 않고 안심하고 구매할 수 있겠어요.'

모든 소비자가 휴리스틱을 활용하는 것은 아니고 대체로 저렴한 제품이나 서비스를 구매할 때 활용한다는 점을 기억해야 한다. '길이-장점 휴리스틱'으로 소비자가 집을 매입하도록 만들 수는 없다. 하지만 사실과 통계와 좋은 상품평이 넘쳐날수록 대체로 판매 성사율도 높아지기 때문에 무엇을 팔든 이 원리를 활용한다고 해서 손해 볼 것은 없다.

소비자들은 제품에 만족한 고객에게서 흘러나온 사실과 수치, 증언을 지나치게 많이 공유한다고 해서 구매를 거부하지 않는다. 프레젠테이션이 채 끝나기도 전에 구매하기로 마음먹었을 수도 있으므로 시험 삼아 자주 구매 의사를 타진해야 한다. 신문이나 온라인 광고와는 달리, 일대일로 대면하면서 잠재 고객의 신체 언어를 읽고 질문을 던질 수 있으므로 잠재 고객의 요구에 맞춰서 프레젠테이션을 조정할 수 있다. 적절히 비틀고 뒤집고 속도를 늦추거나 높일 수 있다.

"그래요, 좋아요, 드루 씨. 그런데 광고에 많은 정보를 집어넣을 수 있을까요? 다들 광고가 길어지면 읽으려 하지 않잖아요?"

틀렸다. 이것은 광고의 가장 큰 오해이고, 주로 직접반응광고 전문가들만 옳게 이해한다. 광고문을 작성하면서 사람들이 몇 번이나 그걸 읽고 나중에 다시 볼 거라고 생각하는가? 한 번이라도 다시 보면 운이 좋은 편이다.

사실 대다수 소비자는 광고를 재미있는 읽을거리로 오해하지 않는다. 기회는 한 번뿐이다. 그리고 운 좋게 사람들에게 반향을 불러일으키는 광고를 만들었다면 그 한 편의 광고에 모든 것을 쏟아부어 사람들이 전화하거나 직접 찾아오거나, 홈페이지를 방문하거나 신용카드를 굵게 만들어야 한다.

설득하는 데 많은 노력이 들어가는 사람이 있는가 하면 별다른 노력 없이 잘 넘어오는 사람도 있다. 광고문을 짧게 작성하면 정보를 더 많이 필요로 하는 사람은 보지 않을 것이다. 광고문을 길게 작성하면 많은 정보를 필요로 하는 사람들이 당신이 공들인 세일즈에 노출될 테고, 당신이 제 역할을 톡톡히 해내기만 하면 결국 당신 주머니로 돈이 들어올 것이다.

"그런데 드루 씨, 정보를 조금만 원하는 사람들은 어떻게 하죠? 지루해하거나 짜증을 내고 그냥 신문을 넘기거나 인터넷이라면 클릭해서 다른 페이지로 넘어가지 않을까요?"

이런 사람들도 도중에 어느 지점에서든 넘어올 것이다. 구매할 마음만 있다면 "아, 이런! 이 물건을 살 생각이 있기는 한데, 이걸 봐요. 읽을 게 더 있잖아요. 흠, 그렇다면 더 이상 사고 싶지 않아요. 관둬요!"라고 말하지는 않을 것이다.

설마! 소비자는 언제든 하던 일을 중단하고 차를 몰아 당신네 매장으로 달려오거나 전화를 들거나 홈페이지를 방문하거나 '지금 구매' 버튼을 눌러서 당신이 지시한 대로 거래를 완료할 수 있다. 긴 광고는 짧은 걸 좋아하는 남자든 긴 걸 좋아하는 여자든 모두를 만족시킨다. 짧은 광고는 항상 누군가를 소외시킨다. 항상.

논리적 비약을 시도하지 않아도 세일즈 프레젠테이션에도 같은 원리가 적용된다. 잘 구성된 긴 프레젠테이션은 잘 구성된 짧은 프레젠테이션보다 항상 더 큰 판매 실적을 올린다. 설득할 방법을 안다면 그 방법을 실행에 옮길 시간은 얼마든지 있다. 그만큼 간단한 일이다.

세일즈 귀재와 패자의 차이는 뭘까?

축하한다. 이제 여러분은 평범한 소비자를 설득하려면 무엇이 필요한지에 관해 다른 99퍼센트의 경쟁자가 결코 알아내지 못할 비책을 배웠다. 결코 과장이 아니다. 증거를 보고 싶은가? 여러분의 경쟁자들에게 이 책에서 배운 내용을 하나라도 아는지 물어보라. 엉뚱한 답을 내놓거나 그냥 멀뚱하게 쳐다볼 것이다.

우리는 이 책에서 소비자 심리학의 21가지 원리를 알아보았다. 인간의 뇌에 설득력 있는 대화를 제시할 때 뇌가 어떻게 작동하는지 들여다보았다. 오랜 세월에 걸쳐 검증된 원리를 이해하기 쉬운 스크립트에 결합해서 가능한 모든 제품이나 서비스에 활용할 수 있다는 점을 배웠다.

이 책의 원리는 인간의 사고 차원에서 작용하기 때문에 제품과 서비스 자체는 크게 상관이 없다. 이 책의 원리는 내용이 아니라 맥락에 영향을 미친다. 거울을 들여다보는 것과 같다. 거울은 여러분이 어떤 산업에 종사하는지 상관하지 않는다. 여러분의 순자산이 얼마든 여러분이 좋은 사람이든 아니든 상관하지 않는다. 그저 거울 본연의 역할대로 반사해줄 뿐이다. 이와 마찬가지로, 생각하는 인간을 상대로 무언가를 파는 한 이 책의 원리가 그 사람을 설득하는 데 도움이 될 것이다.

한편 글로 적은 스크립트는 역동적으로 주고받는(또는 그래야 하는) 생생한 상호작용의 모든 특징과 미묘한 차이와 성격을 보여주지 못한다. 이런 세세한 요소까지 끝도 없이 괄호 안에 넣어 설명하다 보면 이 책은 결국 고질라처럼 덩치가 불어날 것이다. 대신 나는 각 원리가 어떻게 적용되는지를 보여주는 핵심만 소개했다. 스크립트를 만드는 건 독자 여러분이 직접 해보고, 좀 더 효과적이고 즉흥적인 세일즈 대화를 구현하기 위해 이 책을 지침서로 삼기를 바랐다. 내가 제시한 스크립트를 각자의 의사소통 양식에 맞게 수정하면서 각자의 버릇과 성격을 통합하라. 다만 이 책의 원리를 응용하는 본질적 방식을 건드려서는 안 된다.

◆ ◆ ◆

어떤 시스템이나 계획, 기법, 세미나, 책을 보아도 모든 세일즈에서 매번 성공하는 비법을 알려주지는 않는다. 불가능하고 비현실적인 얘기다. 이 책의 목표는 여러분이 세일즈 성공률을 서서히 늘리도록 도와주는 데 있다.

한 가지 원리를 실행에 옮길 때 세일즈 성공률이 10퍼센트나 20퍼센트나 30퍼센트까지 늘어날 수 있다. 어떤 원리는 성공률을 더 많이 올리고 또 어떤 원리는 덜 올릴 수 있다. 어느 것이 여러분에게 가장 잘 맞을까? 직접 실험해보면서 찾아내야 한다. 몇몇 원리는 너무 까다로워서 구체적인 상황에서 적용하기 어렵다고 생각할 수 있다. 반면에 누군가는 여러분이 꺼리는 바로 그 원리가 자기네 사업에 가장 쉽게, 가장 많이 적용된다고 생각할 수도 있다. 또 누군가는 이 책에서 배운 내용을 조금도 써먹지 않고, 평소 하던 대로 일하면서 사업이 번창하지 않는다고 투덜대기만 할 것이다이 책을 읽는 독자 여러분은 이런 부류가 아니라고 믿는다.

이 책의 원리를 가급적 많이 시도해보라고 조언하고 싶다. 여러분은 이미 여기까지 왔다. 버튼을 하나씩 다 눌러보고 자기한테 맞는 버튼이 무엇인지 알아보면 되지 않겠는가?

책을 쓰는 건 쉽지 않다. 정신을 모으고 절제하고 희생하는 과정이 때로는 벅차다. 하지만 이 책에서 소개한 원리 중 한 가지라도 도움이 된다면, 여러분의 주머니에 돈이 더 많이 들어가고, 여러분과 가족이 더 잘 살고, 더 성공하고, 더 안락해지는 데 일조한다면, 내 본분을 다 한 셈이다. 또한 이 책에 쓴 매순간이 진정한 보상을 받은 셈이다.

◆ ◆ ◆

이 책을 읽어주신 여러분께 감사드린다. 여러분이 이 책에 투자한 돈보다 내가 쓴 단어 하나하나를 읽어준 노력이 더 값지다. 내게는 값을 매길 수 없을 만큼 소중한 선물이다.

어떤 식으로든 내게 도움을 구하고 싶은 일이 있다면 홈페이지 DrewEricWhitman.com 를 방문해주시기 바란다. 이 책에 관해 혹은 자문이나, 세미나, 워크숍에 관해 질문이나 의견이 있으면 언제든 Drew@DrewErickWhitman.com으로 이메일을 보내주기 바란다. 여러분을 친구로 생각하고 고견을 듣고 싶다. 끝으로 새로운 책이나, 훈련 프로그램, 세미나로 다시 만날 때까지 여러분의 건강과 행복과 번영을 기원한다.

드루 에릭 휘트먼

옮긴이 **문희경**

서강대학교 사학과를 졸업하고, 가톨릭대학교 대학원에서 심리학을 전공했다. 전문 번역가로 활동하고 있으며 옮긴 책으로는 《식탁 위의 세상》, 《밀턴 에릭슨의 심리치유 수업》, 《타인의 영향력》, 《장사의 시대》, 《가족의 죽음》, 《플로팅 시티》, 《왜 학생들은 학교를 좋아하지 않을까》, 《너브》 등이 있다.

심리학으로 팔아라

초판 1쇄 발행 2016년 4월 25일
초판 2쇄 발행 2016년 6월 10일

지은이 드루 에릭 휘트먼
옮긴이 문희경
감 수 곽준식

펴낸이 박선경
기획/편집 • 이지혜, 인성언
마케팅 • 박언경
교정/교열 • 윤수정
표지 디자인 • dbox
본문 디자인 • 디자인원
제작 • 디자인원(031-941-0991)

펴낸곳 • 도서출판 갈매나무
출판등록 • 2006년 7월 27일 제395-2006-000092호
주소 • 경기도 고양시 덕양구 은빛로 43 은하수빌딩 601호
전화 • 031)967-5596
팩스 • 031)967-5597
블로그 • blog.naver.com/kevinmanse
이메일 • kevinmanse@naver.com
페이스북 • www.facebook.com/galmaenamu

ISBN 978-89-93635-69-0/03320
값 14,000원

이 도서의 국립중앙도서관 출판예정도서목록(CIP)은 서지정보유통지원시스템 홈페이지(http://seoji.nl.go.kr)와 국가자료공동목록시스템(http://www.nl.go.kr/kolisnet)에서 이용하실 수 있습니다.(CIP제어번호: CIP2016008830)